Stefanie  Stahl

Jeder ist beziehungs- fähig

Der goldene Weg
zwischen
Nähe und Freiheit

Der Verlag behält sich die Verwertung der urheberrechtlich
geschützten Inhalte dieses Werkes für Zwecke des Text- und
Data-Minings nach § 44 b UrhG ausdrücklich vor.
Jegliche unbefugte Nutzung ist hiermit ausgeschlossen.

Penguin Random House Verlagsgruppe FSC® N001967

11. Auflage

Originalausgabe
© 2017 Kailash Verlag, München
in der Penguin Random House Verlagsgruppe GmbH,
Neumarkter Straße 28, 81673 München
produktsicherheit@penguinrandomhouse.de
(Vorstehende Angaben sind zugleich
Pflichtinformationen nach GPSR)

Lektorat: Carola Kleinschmidt, Judith Mark
Umschlaggestaltung: ki 36 Editorial Design, Daniela Hofner München
Umschlagmotiv: © plainpicture/ganguin
Gestaltung der Innenklappen und Illustrationen: bob-design, Trier
Foto der Autorin: Roswitha Kaster, Riol
Satz: Satzwerk Huber, Germering
Druck und Bindung: GGP Media GmbH, Pößneck
Printed in Germany
ISBN 978-3-424-63139-5

www.kailash-verlag.de

*Für Holger, meinen Ehemann,
Geliebten und besten Freund*

Zwischen Reiz und Reaktion liegt die Freiheit.
Viktor Frankl

Inhalt

Wie bitte?! Jeder ist beziehungsfähig? 15

Sind wir nicht doch eine Generation von
Beziehungsunfähigen, Frau Stahl? 19

Bindung und Autonomie 23

Anpassung und Selbstbehauptung 26

Unterlegenheit und Überlegenheit 30

Unser Beziehungsprogramm 33

Unser Beuteschema 36

Typisch Mann, typisch Frau 40

Verlustangst macht scharf, Sicherheit
langweilt 44

**Der plötzliche Gefühlstod und andere
Distanzierungstechniken** 47

Weitere Ursachen für den Verlust von Liebesgefühlen 51
   Du schmückst mich nicht! 52
   Du bist mir sicher! 53
   Ich darf mich nicht trennen! 54
   Ich kann niemandem vertrauen! 55

Exkurs: Ich bin gern Single! 57

Prägung oder Gene? 60

**Das Elternhaus: Trainingslager für unsere
Liebesbeziehungen** 62

**Urvertrauen und das gespiegelte
Selbstwertempfinden** 65

**Der fließende Übergang von negativer Prägung
zum Trauma** 72

Mut zur Ehrlichkeit 76

Finde dein Bindungsprogramm 80
   Erster Schritt: Welcher Qualität war deine Bindung
   zu deinen Eltern? 81
   Übung: Erkunde die Bindung zu deinen Eltern 81
   Zweiter Schritt: Welche Gefühle waren daheim
   erwünscht bzw. unerwünscht? 83

Übung: Wie gingen deine Eltern mit Gefühlen um? 83
Dritter Schritt: Welche Rolle, welchen Auftrag hattest du in deiner Familie? 85
Übung: Was war deine Familienrolle? 85
Vierter Schritt: Finde deine Glaubenssätze 86
Übung: Deine Glaubenssätze zu Bindung, Liebe und Familie 87
Übung: Finde deine Kernglaubenssätze 91
Fünfter Schritt: Identifiziere deine Gefühle 91
Übung: Erkenne deine Gefühle 94
Sechster Schritt: Zusammenfassung 95
Übung: Dein Bindungsprogramm auf den Punkt gebracht 95

Finde dein Autonomieprogramm 97
Erster Schritt: Wie gut haben deine Eltern dein Bedürfnis nach Autonomie erfüllt? 97
Übung: Durftest du Autonomie entwickeln oder nicht? ... 97
Zweiter Schritt: Welches Vorbild waren dir deine Eltern? 99
Übung: Durftest du Selbstständigkeit entwickeln oder nicht? 99
Dritter Schritt: Wie sind deine Eltern mit deiner Wut umgegangen? 100
Übung: Durftest du wütend sein und einen eigenen Willen haben? 102
Vierter Schritt: Finde deine Glaubenssätze 103
Übung: Deine Glaubenssätze zu Autonomie 103
Übung: Finde deine Kernglaubenssätze 106
Fünfter Schritt: Identifiziere deine Gefühle 107

Übung: Erkenne deine Gefühle 107
Sechster Schritt: Zusammenfassung 108
Übung: Dein Autonomieprogramm auf den Punkt
gebracht 108

Lerne dein Schattenkind kennen 110
Übung: Visualisiere dein Schattenkind 111

Unser 4D-Film: Von der Feld- in die Beobachterperspektive 114

Unser Erwachsenen-Ich 117

Das Schattenkind und seine Schutzstrategien 120
  Extra- und introvertierte Schutzstrategien 123
    Intros und Extras in der Partnerschaft 126
  Selbstschutz im Dienste der Bindung 128
    Idealisieren und Verdrängen 131
    Unterdrücken der eigenen Gefühle 133
    Harmoniestreben 136
    Das Helfersyndrom 144
    Perfektionsstreben 146
    Kindbleiben und Hilflosigkeit 147
    Jammern, Klammern und Fordern 149
    Shoppen, Konsum und Sucht 150
    Hysterische Schutzstrategien 153
    Depressive Schutzstrategien 161
  Selbstschutz im Dienste der Autonomie 165
    Misstrauen und Abwertung 168
    Verlust von Liebes- und Lustgefühlen 170

Machtstreben und Wettkampf	170
Flucht und Vermeidung	173
Angriff und Attacke	175
Mauern und Gesprächsverweigerung	176
Intellektualisieren und Rationalisieren	180
Narzisstische Schutzstrategien	182
Zwanghafte Schutzstrategien	187
Schizoide Schutzstrategien	192

Typische Konflikte rund um das Thema Elternschaft .. 200
    Verlust von Gleichberechtigung 201
    Ungleiche Machtverteilung 205
    Ungerechte Verteilung von Geben und Nehmen 206

Heilung

Wie sieht eigentlich eine glückliche Beziehung aus? ... 213

Stärke dein erwachsenes Ich 218
    Ertappe dich und schalte um 219
    Übung: Zwei Positionen der Wahrnehmung 223
    Übung: Die drei Positionen der Wahrnehmung 226
    Unterscheide Fakten von Interpretationen 228
    Übung: Realitätscheck 230
    Nimm dich aus der Verstrickung 231
    Argumente statt Bauchgefühl 233
    Nimm dein Schattenkind an die Hand 234
    Übung: Das Schattenkind an die Hand nehmen 236
    Alltagsstrategien für das Schattenkind 238

Aufmunternde Sprüche 239
Klare Ansagen 240
Kraftquellen 240
Powerposen 241
Übung: Powerposen – kraftvolle Körperhaltungen 242

Entdecke dein Sonnenkind 244
Übung: Schöne Kindheitserinnerungen 245
Übung: Finde deine positiven Glaubenssätze 246
 1. Positive Glaubenssätze aus der Kindheit 247
 2. Umdrehen der Kernglaubenssätze 249
Übung: Argumente für das Sonnenkind 250
Übung: Finde deine Stärken und Ressourcen 252
Übung: Spüre dein Sonnenkind 254
Vom Sonnenkind in die Beobachterposition 256

Finde deine Schatzstrategien 259
 Allgemeine Schatzstrategien 259
 Übernimm die Verantwortung und bejahe,
 was ist 260
 Löse deine Projektion auf und finde eine
 Metahaltung 262
 Sieh zu, dass dir dein Leben Spaß macht 264
 Schatzstrategien im Dienste der Autonomie:
 Lerne, dich abzugrenzen, mach dein Ding! 268
 Nimm dich wichtig 270
 Mach die Augen auf 270
 Spüre dich selbst 272
 Übung: Das verärgerte Schattenkind beruhigen 273
 Entscheide und handle 274

Übung: Körperliche Empfindungen als Entscheidungshilfe nutzen	275
Diskutiere und argumentiere	279
Lerne, Nein zu sagen	281
Lass los	284
Schatzstrategien im Dienste der Bindung:	
Lerne, dich anzupassen, vertraue und lass dich ein!	289
Löse deinen Widerstand auf	289
Übung: Widerstand auflösen mit den drei Positionen der Wahrnehmung	291
Lass deine schwachen Gefühle zu	293
Übung: Schwache Gefühle bejahen	294
Lerne zu vertrauen	295
Übe dich in Wohlwollen und Empathie	298
Übung: Wohlwollen einüben mit den drei Positionen der Wahrnehmung	299
Du darfst dir auch mal helfen lassen	301
Sag einfach mal Ja	302
Finde deine persönlichen Schatzstrategien	304
Zusammenfassung: Acht Schritte in ein neues Leben	305
Literaturverzeichnis	309
Register	312

Wie bitte?! Jeder ist beziehungsfähig?

Ja, Sie haben richtig gelesen: Die allermeisten Menschen, die vergeblich ihr Glück in der Liebe suchen, weil sie scheinbar nie den oder die Richtige finden oder weil sie in einer unglücklichen Partnerschaft verharren, haben das Potenzial, mit einem Partner – auch mit dem, den sie schon haben – glücklich zu werden. Voraussetzung ist allerdings, dass man ein paar Dinge lernt, die für eine glückliche Partnerschaft grundlegend sind. Um welche Fertigkeiten es sich hierbei handelt und wie man sie erlernen kann, das will ich Ihnen in diesem Buch erklären. Eine erfüllte Liebesbeziehung ist nämlich keine Glückssache, sondern eine Frage der persönlichen Entscheidung und der inneren Einstellung.

Natürlich gibt es in Einzelfällen Menschen, die nahe Liebesbeziehungen nicht bzw. nur sehr eingeschränkt gestalten können. Diese Menschen haben entweder so massive psychische Traumata erlitten, dass ihr Vertrauen in andere Menschen zerstört ist, und/oder ihnen fehlen, zum Teil auch genetisch bedingt, Fähigkeiten wie zum Beispiel Einfühlungsvermögen und eine gewisse emotionale Schwingungsfähigkeit, die für die Liebe wichtig sind. Bei sehr schweren Störungen des emotionalen Erlebens sind dem psychotherapeutischen Handeln Grenzen gesetzt. Insofern möchte ich mein freches Statement: »Jeder ist beziehungsfähig!« für diese Fälle einschränken.

Aber ich bin überzeugt: (Fast) Jeder kann eine glückliche Beziehung führen, wenn ihm die *Balance zwischen Anpassung und Selbstbehauptung* gelingt oder, wie die Psychologen sagen, zwischen Bindung und Autonomie. Das klingt geradezu banal und ist es irgendwie auch. Und trotzdem ist kaum jemandem bewusst, wie ungeheuer weitreichend diese beiden Fähigkeiten – also sich einerseits anpassen zu können und sich andererseits selbst zu behaupten – unser Fühlen, Denken und Handeln bestimmen. Bindung (hierzu gehört die Anpassung) und Autonomie (hierzu gehört die Selbstbehauptung) sind Themen, die die gesamte Menschheit betreffen und stellen existenzielle psychische Grundbedürfnisse dar. Sie prägen sogar unser *Selbstwertgefühl*. Denn unser Gefühl dafür, ob wir uns eher als wichtig und wertvoll empfinden oder häufig an unserem Wert zweifeln, resultiert letztlich aus den Erfahrungen, die wir als Kinder und Erwachsene mit Bindung und Liebe auf der einen Seite und Selbstbehauptung und Autonomie auf der anderen machen bzw. gemacht haben.

Ich bin zu der Überzeugung gekommen, dass die Wahl unseres Partners, unserer Partnerin ebenso wie das Gelingen oder Scheitern einer Beziehung sich auf die Gegensätze Bindung und Autonomie sowie Unterlegenheit und Überlegenheit (Selbstwertgefühl) reduzieren lassen. Auch das Problem, keinen Partner zu finden, obwohl man sich eine Beziehung wünscht, sowie der Wunsch, als Single zu leben, haben ihre Wurzeln in einem ungünstigen Umgang mit den Polen Bindung und Autonomie.

Gerechtigkeit, Aufgabenverteilung, Kompromisse, Machtkämpfe, Attraktivität, Leidenschaft, Erotik, Elternschaft, Heirat, Singleleben, Seitensprünge, Affären, Vertrauen, Misstrauen ... all diese Themen, die in Partnerschaften oder auch beim Alleinleben eine so wichtige Rollen spielen, kann man auf die Bindungswünsche und Autonomiebedürfnisse der Beteiligten sowie auf ihre Unterlegenheits- bzw. Überlegenheitsgefühle zurückführen, verstehen, und ganz wichtig: verbessern und lösen. Wer eine gute Balance zwischen Anpassung und Selbstbehauptung findet und sich auf Augenhöhe mit seinem Partner (und anderen Menschen) fühlt, ist *beziehungs-, arbeits- und genussfähig*. Diese drei Fähigkeiten sind auch gleichsam die Säulen seelischer Gesundheit.

Der Schwerpunkt dieses Buches liegt jedoch auf der *Beziehungsfähigkeit*, so wie es der Titel verheißt. Ich möchte Ihnen erklären, wie tief unsere menschlichen Grundbedürfnisse nach Bindung, Autonomie und Selbstwerterhöhung unsere Beziehungsgestaltung durchdringen. Unser Umgang mit diesen Grundbedürfnissen bestimmt wesentlich, was wir wollen und wer wir sind; wen wir lieben und wie wir mit unseren Partnern umgehen; was uns Angst macht und wie wir uns vor dieser Angst schützen; ob wir uns selbst verwirklichen oder fremdbestimmt leben; was uns anmacht und was uns abtörnt; worüber wir streiten und wo wir nachgeben und noch viel, viel mehr.

Außerdem möchte ich Ihnen natürlich erklären, wie Sie, um Ihr Glück in der Liebe zu finden, Ihre Bindungsfähigkeit und/oder Ihre autonomen Fähigkeiten verbessern können und damit einhergehend Ihren Selbstwert stabilisieren. Für diesen Zweck gebe ich viele praktische Anregungen und Übungen.

Dieses Buch richtet sich an Menschen jeglicher sexueller Ausrichtung, da die beschriebenen Mechanismen von Bindung, Autonomie und Selbstwert in jeder Beziehung eine zentrale Rolle spielen. Auch wenn die Beispiele in diesem Buch sich auf heterosexuelle Paare beziehen, mögen sich bitte Schwule, Lesben und Transsexuelle genauso angesprochen fühlen.

Mein Anliegen ist, dass Sie Ihr Glück in der Liebe selbst in die Hand nehmen und nicht passiv darauf warten, dass sich Ihr Partner irgendwann verändert oder Mr bzw. Mrs Right bei Ihnen anklopft. Mithilfe dieses Buches können Sie sich aktiv selbst auf den Weg zu Ihrem Wunschpartner begeben oder auch erkennen, dass Sie ihn vielleicht schon längst gefunden haben.

Ich habe viele praktische Übungen zusammengestellt, die Ihrerseits Einsatz verlangen. Es sei Ihnen überlassen, ob Sie alle Übungen aktiv durchführen oder sie nur lesen und sich hierbei innerlich sortieren. Sie können natürlich auch nur diejenigen Übungen machen, die Sie ansprechen.

Sind wir nicht doch eine Generation von Beziehungsunfähigen, Frau Stahl?

Diese Frage wird mir seit dem Erscheinen des Bestsellers »Generation Beziehungsunfähig« des Bloggers Michael Nast Anfang des Jahres 2016 von Journalisten häufig gestellt. Nast behauptet ja, dass der Perfektionismus und der Selbstoptimierungswahn in unserer Gesellschaft, vor allem in der jungen Generation, exorbitant seien und die Jüngeren deswegen immer bindungsunwilliger würden. Die jüngere Generation suche nach dem perfekten Partner, den es aber leider nicht gebe. Außerdem werde, vor allem von jungen Männern, die Aussage: »Ich bin beziehungsunfähig!« häufig schlicht als Ausrede für Bindungsunwilligkeit benutzt. Diese sei sozusagen die Migräne des Mannes. Dating-Portale trügen ein Übriges dazu bei, dass die Beziehungen immer oberflächlicher und unverbindlicher würden, so Nast. Michael Nast schreibt aus seiner persönlichen Erfahrung, und wie seine große Anhängerschaft zeigt, teilen viele Menschen seine Erfahrungen.

Sicherlich gibt es nicht wenige Menschen, die man als beziehungsunfähig bezeichnen könnte – aber war das nicht schon immer so? Könnte es nicht sein, dass die Beziehungsunfähigkeit heute nur anders ausgelebt wird als früher? Um diese Frage zu beantworten, habe ich mir als Erstes die aktuelle psychologische Studienlage zum Thema »Liebe und Beziehung über verschiedene Generationen« angeschaut und bin zu folgenden Schlussfolgerungen gekommen: Schwierige Beziehungen und kaputte Ehen hat es schon immer gegeben, und man darf nicht die Dauer einer Beziehung/Ehe als Kriterium für Beziehungsfähigkeit heranziehen. Heutzutage trennen sich Paare zwar öfter und auch schneller, aber nicht, weil die Menschen weniger beziehungsfähig sind, sondern weil die Ansprüche an die Beziehungsqualität gestiegen sind. Dies hat etwas mit der wachsenden Unabhängigkeit von Frauen zu tun, die sehr viel seltener als früher geneigt sind, in einer unglücklichen »Versorgungsehe« auszuharren: Die meisten Scheidungen werden von Frauen eingereicht. Außerdem ist auch das gesellschaftliche Korsett viel lockerer geworden: Kein Mensch muss heutzutage heiraten und eine Familie gründen, um als ein wertvolles Mitglied der Gesellschaft zu gelten. Auch die Sexualität kann heute viel freier und unverbindlicher ausgelebt werden. Das Internet macht die Anbahnung von sexuellen Abenteuern mühelos. Aber all diese Umstände tragen nicht dazu bei, dass die Menschen beziehungsängstlicher werden, sondern sie machen es Betroffenen lediglich leichter, mit ihrer Beziehungsangst zu leben. Es gibt also nicht mehr Beziehungsängstliche als früher, sie sind in unserer modernen Gesellschaft nur besser sichtbar. Außerdem möchte ich an dieser Stelle daran erinnern, dass schon in den 1960er Jahren die Beziehungslosigkeit zum Wunschzustand deklariert wurde: »Wer zweimal mit derselben pennt, gehört schon zum Establishment!«, lautete die Devise – das ging damals auch schon ganz ohne Internet.

Beziehungsunfähigkeit entsteht nicht durch das Internet und die vielen Wahlmöglichkeiten, die sich daraus ergeben, und auch nicht durch das Leben in der Großstadt. Beziehungsfähigkeit ist etwas, das man im Elternhaus lernt. Bei Mama und Papa erfahren wir, ob wir liebenswerte Wesen sind und ob man zwischenmenschlichen Beziehungen im Großen und Ganzen vertrauen kann. Die Prägungen, die wir durch unsere Eltern erfahren, beeinflussen unser späteres Beziehungsleben ganz erheblich. Die Bedingungen für Kinder sind in den letzten Jahrzehnten jedoch nicht schlechter geworden. So sind die Eltern jüngerer Generationen im Schnitt wesentlich besser darüber informiert, was Kindern guttut, und sie gehen einfühlsamer mit ihrem Nachwuchs um, als es die häufig traumatisierten Eltern der Nachkriegsgenerationen taten. Das Wissen über Kindererziehung hat unglaublich zugenommen, und auch in bildungsfernen Schichten hat sich herumgesprochen, dass es nicht gut ist, seine Kinder zu schlagen. Dem steht zwar eine höhere Scheidungsrate gegenüber, aber – auch das haben zahlreiche Studien ergeben – eine Scheidung ist für Kinder besser zu ertragen als ein Dauerstreit der Eltern. Eine hochzerstrittene Beziehung der eigenen Eltern ist übrigens eine häufige Ursache von Bindungsangst.

Bindungsangst entsteht, wenn Kinder sich zu sehr anpassen müssen, um ihren Eltern zu gefallen. Wenn also die Eltern nicht in der Lage sind, die Entwicklung ihres Kindes einfühlsam zu fördern, übernimmt das Kind die Verantwortung dafür, dass seine Beziehung zu seinen Eltern gelingt. Es ist existenziell von ihnen abhängig und bereit, alles zu tun, damit seine Eltern es liebhaben. Hierfür zahlt es jedoch den Preis der Überanpassung, für die ein Teil seiner eigenen Identität auf der Strecke bleibt. Dies ist der Nährboden für Bindungsangst im Erwachsenenalter. Bindungsängste resultieren aus der Mischung von Verlustangst und Angst vor dem Selbstverlust in einer nahen Liebesbeziehung.

Hierauf werde ich noch ausführlich zu sprechen kommen. Die Phänomene, die Nast in seinem Buch beschreibt, wie die Suche nach dem perfekten Partner, plötzliches Abtauchen nach den ersten Dates, Promiskuität, Unverbindlichkeit und heftige Wechsel von Nähe und Distanz, sind typische Symptome von Bindungsangst. Wer jedoch meint, Bindungsängstliche heirateten grundsätzlich nicht – weit gefehlt. Es gibt nicht wenige Ehen mit bindungsängstlichen Strukturen: Einer oder beide Protagonisten halten innerhalb der Ehe mithilfe zahlreicher Distanzmanöver Abstand, wie etwa Flucht in die Arbeit und Hobbys, sexuelle Lustlosigkeit, Außenbeziehungen, schweigen oder häufig streiten etc.

Der Bindungswunsch als angeborenes Grundbedürfnis ist jedoch in allen Menschen vorhanden. Und er wird auch in aktuellen Umfragen genau so formuliert: Die allermeisten Menschen wünschen sich nach wie vor, den Partner fürs Leben zu finden bzw. mit ihrem Partner alt zu werden. Daran hat sich nichts geändert. Auch meine persönliche Beobachtung bestätigt dies: Ich kenne sehr viele junge Leute, die sich sehr früh, manchmal schon zu Schulzeiten, an einen Partner binden, und die ewig lang zusammenbleiben – das hat es in meiner Zeit so gut wie nie gegeben. Wir haben früher viel öfter die Partner gewechselt. Vielleicht haben wir es heutzutage also sogar mit einer Generation »beziehungsfähig« zu tun.

Bindung und Autonomie

Wie ich bereits gesagt habe, zählen unser Bedürfnis nach Bindung und Zugehörigkeit und unser Bedürfnis, freie, autonome Menschen zu sein, zu unseren existenziellen menschlichen Grundbedürfnissen. Unser gesamtes Leben von Anfang bis Ende ist von ihnen durchdrungen. Wir kommen an die Nabelschnur gebunden auf die Welt und werden dann entbunden. Wenn der Säugling keine Bindungsperson findet, die sich seiner annimmt, stirbt er. Er ist vollkommen abhängig von der Pflege und Versorgung durch andere Menschen. Unser erstes Erleben auf dieser Welt ist also von einer existenziellen Abhängigkeit bestimmt. Bindung und Abhängigkeit sind miteinander assoziiert. Die einzig autonome Handlung, die dem Säugling verbleibt, um auf sich aufmerksam zu machen, ist Schreien. Nur durch Schreien kann er Einfluss auf seine Eltern nehmen. Wenn die Eltern darauf nicht reagieren und das Kind ewig schreien lassen, macht es die Erfahrung, dass sein Handeln wirkungslos ist und es nicht in sein Leben eingreifen kann. Dies ist eine tiefe Ohnmachtserfahrung, die Auswirkungen bis in das Erwachsenenalter hat, vor allem dann, wenn auch die weitere Kindheit und Jugend davon bestimmt sind, dass das Kind wenig Einfluss auf seine Eltern nehmen kann, weil diese autoritär und rigide an seinen Bedürfnissen vorbei handeln.

Unsere gesamte Entwicklung ist darauf ausgelegt, dass wir immer selbstständiger und autonomer werden. Das Ziel ist, dass wir als junge Erwachsene vollkommen autonom und losgelöst von den Eltern ein eigenständiges Leben führen können. Somit werden auch die Einflussmöglichkeiten des Kindes im Laufe seines Heranwachsens immer größer: Es lernt greifen, krabbeln, laufen, sprechen, und sein Handlungsspielraum wird immer größer. Gleichzeitig spielen aber auch die Bindungsbedürfnisse des Heranwachsenden durchweg eine sehr wichtige Rolle: Am Anfang steht die Bindung an die Eltern, danach folgt die Bindung an die weitere Familie wie Geschwister und Großeltern. Im Kindergarten erweitert sich der Bezugsrahmen um Erzieher, Erzieherinnen und Spielkameraden und in der Schule um Lehrkräfte und Freunde. Ab der Pubertät werden zumeist die ersten Versuche einer Liebesbeziehung gestartet.

Unser gesamtes Leben sind wir damit beschäftigt, einerseits unsere Bindungswünsche zu erfüllen und andererseits selbstbestimmt und frei zu handeln. Dabei beschränkt sich unser Bedürfnis nach Bindung natürlich nicht nur auf Liebesbeziehungen, sondern kann auch beim Chatten, Public Viewing, in der Kneipe oder im Beisammensein mit Freunden erfüllt werden. Sind die ersten zwei Jahrzehnte unseres Lebens davon bestimmt, dass wir immer autonomer werden und sich unser zwischenmenschlicher Bezugsrahmen erweitert, so sollte die Mitte unseres Lebens davon gekennzeichnet sein, dass wir eine gute Balance zwischen Bindung und Autonomie finden. Gegen Ende unseres Lebens verringert sich unsere Autonomie hingegen vielfach wieder, weil wir auf die Hilfe anderer angewiesen sind, und wir verlieren die Bindungen an nahestehende gleichaltrige Menschen, weil diese sterben. Mit unserem eigenen Tod lösen sich schließlich sowohl unsere Bindungen als auch unsere Autonomie auf.

Anpassung und Selbstbehauptung

Soll eine zwischenmenschliche Beziehung, welcher Natur auch immer, gelingen, so müssen die Beteiligten in der Lage sein, sich sowohl anzupassen als auch selbst zu behaupten. Die Anpassung dient unserem Bindungsbedürfnis und die Selbstbehauptung unserem Bedürfnis nach Autonomie. Wer sich nicht anpassen kann, kann sich nicht binden, und wer sich nicht selbst behaupten kann, verliert innerhalb einer Beziehung seine persönliche Freiheit. Die meisten Menschen passen sich tendenziell eher zu sehr an, oder sie grenzen sich zu stark ab. Einige pendeln auch zwischen beiden Polen, je nach Art und Phase der Beziehung. Einem sehr starken Partner unterwerfen sie sich vielleicht. In einer anderen Beziehung nehmen sie selbst die dominante Position ein.

Überangepasste Menschen unterdrücken in zwischenmenschlichen und insbesondere in Liebesbeziehungen weitgehend ihre Wünsche und Bedürfnisse. Sie versuchen, die Erwartungen ihres Partners (und häufig auch anderer Menschen) bestmöglich zu erfüllen. Sie sind von der unterschwelligen Angst getrieben, dass sie andernfalls die Nähe zu ihrer Bindungsperson verlieren könnten. Es ist aber auch möglich, dass ein überangepasster Mensch genau den gegenteiligen Weg wählt, indem er enge Liebesbeziehungen vermeidet oder nach Momenten der Nähe immer wieder Distanz herstellt. In diesem Zusammenhang spricht man auch von Bindungsangst. Die Betroffenen sehen keine andere Möglichkeit, ihre persönliche Freiheit zu retten, als sich immer wieder oder auch endgültig von ihrem Partner zu distanzieren. Sie können sich nur richtig frei und unabhängig fühlen, wenn sie allein sind bzw. von Menschen umgeben, die keine besonderen Erwartungen an sie stellen. Nur dann geben sie sich die Erlaubnis, nach ihren eigenen Wünschen und Bedürfnissen zu handeln, die sie dann am besten spüren können, wenn kein Erwartungsträger in der Nähe ist.

Um mich anpassen zu können, benötige ich bestimmte soziale Fertigkeiten: So muss ich etwa die Wünsche meines Gegenübers wahrnehmen und erfassen können. Dies geschieht über das menschliche Einfühlungsvermögen, die Empathie. Die Empathie bildet die Brücke vom Ich zum Du. Zwischenmenschliche Bindungen und Beziehungen verlangen, dass die Beteiligten aufeinander zugehen, sich öffnen, Kompromisse finden, sich integrieren, hinwenden, nachgeben, sich vereinen und aneinander festhalten. Dies sind alles Verhaltensweisen, die der Anpassung und Bindung dienen. Anpassung erfordert, dass ich die Unterschiede zu meinem Gegenüber verringere, ihm ähnlicher werde, seine Erwartungen erfülle, damit es mich annimmt. Auf der Gefühlsebene motivieren uns Liebe, Zuneigung und erotische Anziehung, Bindungen einzugehen, während uns Schamgefühle nötigen, uns an allgemeine Regeln und Normen der Gesellschaft anzupassen.

Um mich an einen anderen Menschen binden zu können, benötige ich aber auch ein gewisses Ausmaß an persönlicher Autonomie, sonst laufe ich Gefahr, mich selbst und meine Freiheit in einer zwischenmenschlichen Beziehung zu verlieren. Eine Gefahr, die viele Menschen bei dem Gedanken an eine enge Liebesbeziehung durchaus verspüren.

Die Behauptung eigener Interessen und Bedürfnisse verlangt andere Fähigkeiten als jene, die meinen Bindungswunsch erfüllen: Ich muss mich abgrenzen und trennen können. Mein Blick richtet sich nicht auf das Gemeinsame und Verbindende, sondern darauf, was meinen Partner und mich unterscheidet und voneinander trennt. Indem ich mich aus-einander-setze, nehme ich Abstand zu meinem Gegenüber ein. Ich muss also riskieren, dass ich die Nähe zum anderen – zumindest für einen Moment – verliere. Um diese Trennung zu verkraften, brauche ich einen eigenen Willen, der mich zu meinen Zielen und Interessen führt. Und natürlich benötige ich auch eine gewisse Konfliktfähigkeit: Ich muss meinen Standpunkt einnehmen und ihn behaupten können.

Begriffe, die mit Autonomie verknüpft sind, sind unter anderem: Freiheit, Kontrolle, Abgrenzung, Macht, Selbstbestimmung, Loslassen, Abschied, Trennung, Dominanz, Wettbewerb und Konkurrenz. Hier geht es also um den persönlichen Überlebenskampf und die Durchsetzung der eigenen Interessen, notfalls auch gegen die Interessen meiner Mitmenschen oder meines Partners. Deswegen benötigen wir für unsere persönliche Freiheit und Autonomie auch die Fähigkeit, uns trennen und loslassen zu können. Im Zuge des Erwachsenwerdens müssen wir uns von unseren Eltern und manchmal auch von anderen Menschen lösen, wenn wir unseren eigenen Weg gehen wollen. Die Fähigkeit, sich zu trennen, die gleichsam auch eine Erlaubnis ist, dies tun zu dürfen, ist auch die Voraussetzung dafür, dass wir uns auf eine Liebesbeziehung einlassen können. Wer nämlich die Empfindung hegt, dass er von einem potenziellen Partner nie wieder loskommt oder sich niemals trennen *darf*, der verspürt viel Widerstand, wirklich Ja zu einem Partner zu sagen: Der imaginierte Freiheitsverlust ist in diesem Fall sehr groß. Die Betroffenen haben in der Regel bei mindestens einem Elternteil erfahren, dass sie sich nicht ohne Schuldgefühle lösen dürfen. Das enttäuschte Gesicht der Mutter kann eine tiefe Prägung sein, durch die eine Liebesbeziehung mit einem Zuviel an Angebundensein und Verpflichtung assoziiert wird.

Auf der Gefühlsebene benötigen wir für die Bewahrung unserer Autonomie Aggression, wir sprechen auch von sogenannter Trennungsaggression. Wut und Aggression verspüren wir, wenn unsere persönlichen Grenzen überschritten werden, wir uns gestört, aufgehalten, unverstanden, zurückgewiesen, beleidigt oder ungerecht behandelt fühlen. Aggression ist notwendig, damit wir uns beschützen und verteidigen können. Und wir benötigen auch ein gewisses Ausmaß an Aggression, um uns im Leben das zu nehmen, was wir haben wollen.

Unterlegenheit und Überlegenheit

Neben unseren Wünschen, sowohl autonom als auch gebunden zu sein, haben wir alle ein großes Bedürfnis nach Anerkennung und Akzeptanz unserer Person. Unser Selbstwert ist eng verknüpft mit der Qualität unserer Bindungen und mit unserer subjektiv empfundenen Wehrhaftigkeit. Wer sich gut selbst behaupten kann, fühlt sich psychisch stark. Wer über liebevolle und tragfähige Bindungen verfügt, fühlt sich angenommen und dazugehörig. Beides stärkt unseren Selbstwert.

Die Frage ist jedoch: Was müssen wir tun, um geliebt und angenommen zu werden? Genügt es, dass ich einfach so bin, wie ich bin? Darf ich in einer Beziehung zu meinen Gefühlen, Wünschen und Bedürfnissen stehen? Oder muss ich die Erwartungen des anderen erfüllen und mich anpassen? Die Antworten auf diese Fragen hängen von meinem Selbstwertgefühl ab. Verfüge ich über ein stabiles Selbstwertgefühl, werde ich befinden, dass ich okay bin, so wie ich bin, und dass ich mich in einer Liebesbeziehung weder verbiegen noch verstecken muss. Ist mein Selbstwertgefühl ein wenig oder sogar stark angeknackst, werde ich zu dem Ergebnis kommen, dass ich mich in irgendeiner Form anstrengen muss, um geliebt zu werden. Hier liegt eine ganz zentrale Ursache für Beziehungsprobleme: Viele Menschen trauen sich nicht, authentisch zu sein. Sie verstecken Teile von sich, indem sie bestimmte Gefühle unterdrücken, ihre Bedürfnisse zu wenig äußern, eine bestimmte Rolle einnehmen, Konflikte vermeiden und Probleme unter den Teppich kehren. Sie fühlen sich nicht wirklich auf Augenhöhe mit ihrem Partner, sondern wähnen sich ihm in irgendeiner Weise unterlegen. Wenn wir uns jedoch einem (scheinbar) stärkeren Gegenüber unterlegen fühlen, ist unsere natürliche Reaktion, uns zu unterwerfen (oder vor ihm zu fliehen). Die Anpassung ist die kleine Schwester der Unterwerfung, und sie mündet darin, dass wir uns bemühen, die Erwartungen unseres scheinbar stärkeren Partners zu erfüllen, damit wir ihm gefallen und von ihm angenommen werden. Mit anderen Worten: Wir opfern in diesem Fall einen Teil unserer Autonomie, um unserem Bindungswunsch zu entsprechen.

Wer in der Position des Überlegenen und wer in jener des Unterlegenen ist, hängt aber nicht allein von unserem empfundenen Selbstwert ab, sondern auch davon, wie sicher wir uns in einer Beziehung fühlen. So kann es passieren, dass zwei Menschen mit einem labilen Selbstwertgefühl sich ineinander verlieben und mithin theoretisch auf Augenhöhe wären. Nun ist es aber oft so, dass einer der beiden Partner seinen labilen Selbstwert schützt, indem er eher Distanz zum anderen einhält, sich also in die Autonomie flüchtet, während der andere Partner sich anpasst und klammert, also einen sehr starken Bindungswunsch verspürt. Hier spielen natürlich auch Beziehungsdynamiken eine wichtige Rolle: Je mehr der scheinbar autonome Partner sich distanziert, desto stärker schürt er die Verlustangst im anderen und löst bei diesem folgerichtig einen heftigen Klammerimpuls aus. Die Macht in dieser Konstellation hat der »Näheflüchter«, die Ohnmacht der »Klammeraffe«. Durch dieses Machtgefälle ist der Flüchtende in der stärkeren, überlegenen Position, während sein anklammernder Partner sich unterlegen und abhängig fühlt. Dabei erfolgt die Distanzierung des um Autonomie ringenden Partners nicht nur aktiv, indem er die Zeit des Zusammenseins mit seinem Partner knapp bemisst und diesen möglichst auch körperlich auf Distanz hält, sondern auch passiv, indem er zwar körperlich anwesend ist, sich aber wenig öffnet und sich kaum für die Beziehung engagiert.

Der wünschenswerte Zustand ist, dass sich zwei Menschen auf *Augenhöhe* begegnen und sich gleichwertig fühlen. Dann können sie sowohl ihren Wunsch nach Bindung, Nähe und Abhängigkeit als auch ihr Bedürfnis nach Selbstständigkeit und Autonomie unter einen Hut bekommen. Für die gelingende Bindung können sie vertrauen, zuhören, empathisch sein, sich hingeben, nachgeben und Kompromisse schließen. Für die gelingende Autonomie können sie authentisch sein, zu ihren Wünschen und Bedürfnissen stehen, argumentieren, verhandeln und streiten. Wenn die Partner dann noch hinsichtlich ihrer Werte und Interessen ein paar Gemeinsamkeiten aufweisen, werden sie eine glückliche und lebendige Beziehung führen. Wie man dahin kommt, ist der Inhalt dieses Buches.

Unser Beziehungsprogramm

Unsere Kindheitsprägungen sind von enormer Bedeutung, wenn wir uns selbst und unsere Interaktionsmuster verstehen wollen. Unsere ersten Liebesbeziehungen sind jene zu unseren Eltern. Hier lernen wir, ob wir es wert sind, dass man sich um uns kümmert, und ob wir Einfluss auf unser Leben nehmen können. Bei unseren Eltern machen wir existenzielle Erfahrungen mit Bindung und Autonomie. Diese Erfahrungen spuren sich tief in unserem Gehirn ein, vor allem in unserem Gefühlsleben. Es handelt sich um tiefe Konditionierungen, die wir als unbewusste, psychische Programme mit in unser Erwachsenenleben nehmen. Dies liegt nicht zuletzt daran, dass sich in den ersten sechs Lebensjahren zentrale Schritte unserer Gehirnentwicklung vollziehen und unsere Erfahrungen aus dieser Zeit zu neuronalen Verknüpfungen führen, die dann unser Gehirn quasi wie eine Landkarte prägen. Dies möchte ich an einem konkreten Beispiel erklären: Julia ist seit zwei Jahren mit Robert zusammen. Sie fühlt sich in der Beziehung oft einsam. Nach einer verliebten Anfangszeit hat sich Robert immer mehr von ihr entfernt. Er arbeitet sehr viel und hat wenig Zeit für sie. Aber auch, wenn sie zusammen sind, wirkt er oft gestresst und innerlich abwesend.

Julia leidet in dieser Beziehung unter starker Verlustangst, und sie tut viel dafür, Robert enger an sich zu binden, indem sie sich sehr bemüht, ihm zu gefallen. Julia hat ihre Eltern in liebevoller Erinnerung. Allerdings standen diese im öffentlichen Leben und haben sie deswegen öfter der Obhut von Kindermädchen überlassen. Die kleine Julia hat sich oft einsam gefühlt und ihre Eltern schrecklich vermisst. Diese kleine Julia steckt immer noch in der erwachsenen Frau, als ihr sogenanntes inneres Kind. Das »innere Kind« ist eine psychologische Metapher, die für jenen Persönlichkeitsanteil in uns steht, der immer wieder und unbewusst in alte, kindliche Muster zurückfällt. Roberts distanzierte Art ruft das innere Kind von Julia auf den Plan – sie fühlt sich genauso einsam und ohnmächtig wie damals, wenn ihre Eltern mal wieder in der Welt unterwegs waren und sie daheim zurückließen. Julia kann – wie damals bei ihren Eltern – keinen Einfluss auf die Situation nehmen. Robert macht stur sein eigenes Ding. Sie hat ihn schon oft und vergeblich um mehr Nähe und Verbindlichkeit gebeten. Julia ringt in der Beziehung zu Robert um mehr Bindung.

Auch Robert beheimatet natürlich ein inneres Kind in sich. Seine Mutter hat ihn abgöttisch geliebt und ihn sehr eng an sich gebunden. Der kleine Robert hatte immer das Gefühl, dass er die Mama nicht alleine lassen darf, zumal der Vater durch häusliche Abwesenheit »glänzte«. Robert spürte, dass die Mama sich einsam und unglücklich fühlte und übernahm deswegen unbewusst die Verantwortung für sie. Entsprechend hatte er oft Schuldgefühle, wenn er sich lieber mit seinen Freunden zum Spielen verabreden wollte, statt bei der Mama zu bleiben. Roberts inneres Kind wurde also so geprägt, dass es mit einer Liebesbeziehung Angebundensein, Verpflichtung und Schuldgefühle assoziiert.

Deswegen hat er oft das Gefühl, in der Beziehung mit Julia zu ersticken, weswegen er sich in die Arbeit und andere Aktivitäten flüchtet. Robert ringt in der Beziehung zu Julia um seine Freiheit und Autonomie.

Wenn Robert und Julia eine glückliche Beziehung miteinander führen wollten, müssten sie zuerst lernen, ihr inneres Kind zu verstehen, sich also ihre tiefen, unbewussten Kindheitsprogramme bewusst machen. Denn nur dann können sie diese im nächsten Schritt verändern. Robert könnte so lernen, dass er auch innerhalb einer engen Liebesbeziehung ein freier Mensch sein kann, und Julia könnte sich aufmachen und ihre autonomen Fähigkeiten verbessern, damit sie sich nicht mehr so abhängig von Robert fühlt und aufhört zu klammern.

Unser Beuteschema

Wenn wir unsere Beziehung verbessern oder einen Partner finden möchten, mit dem wir glücklich werden, ist es notwendig, dass wir messerscharf analysieren, woran es bislang hapert. Oft meinen wir ja, der Partner wäre schuld, wenn die Beziehung schwierig ist, oder auch das Schicksal, das uns immer die Falschen zuspielt. Wir haben die Tendenz, die Ursachen unseres Unglücks in der Außenwelt zu verorten. Tatsächlich sind sie dort jedoch eher selten zu finden – meiner Meinung nach eigentlich nur bei völlig unverschuldeten Schicksalsschlägen. Ich gehe davon aus, dass alle Probleme, die im weitesten Sinne eine eigene Beteiligung aufweisen – und das gilt für alle Beziehungsprobleme –, hausgemacht sind. Möglicherweise finden Sie diese Aussage sehr krass, und sie mag Ihren Widerspruch provozieren. Vielleicht haben Sie einen Partner, der sich tatsächlich sehr schwierig verhält, wie Robert im obigen Beispiel. Gleichwohl stellt sich die Frage, warum Sie sich genau diesen Partner oder diese Partnerin ausgesucht haben. Und warum Sie bei ihm bleiben. Vielleicht meinen Sie aber auch, Ihnen wäre einfach noch nicht der oder die Richtige über den Weg gelaufen. Oder, dass Sie sich immer in die Falschen verlieben. Vielleicht lautet Ihr Widerspruch auch:

Warum soll ich denn eine feste Beziehung haben? Habe ich gar keinen Bock drauf. Ich bin gern Single!

Man denkt ja immer, es sei Zufall oder Glückssache, ob wir den richtigen Menschen finden, mit dem wir glücklich werden können. Tatsächlich ist es jedoch so, dass unser Unterbewusstsein, also unser inneres Kind, einen erheblichen Einfluss darauf nimmt, in wen wir uns verlieben oder eben auch nicht verlieben. Wenn ich scheinbar immer an die Falschen gerate, dann hat das etwas mit meinem Liebesprogramm, mit meinem unbewussten Beuteschema zu tun. Wenn ich in einer schwierigen Beziehung verharre, dann hat dies ebenso mit meinem inneren Kind zu tun. Häufig trägt es ja auch selbst dazu bei, dass die Beziehung nicht rundläuft. Wenn ich die Ansicht vertrete, dass ich keine feste Bindung benötige, das Alleinsein oder zahlreiche Affären bevorzuge, dann ist auch dies auf mein Beziehungsprogramm zurückzuführen.

Unser Beziehungsprogramm und unser Beuteschema sind ineinander verwoben – das eine hängt vom anderen ab. Dies möchte ich noch einmal am Beispiel von Julia und Robert erläutern: Julias Beziehungsprogramm ist geprägt davon, dass ihre Eltern sie häufig alleingelassen haben, weswegen ihr inneres Kind sich stark nach Bindung und Liebe sehnt. Julias Balance zwischen Bindung und Autonomie ist also zugunsten der Bindung aus dem Gleichgewicht. Julia hat alle Fertigkeiten, um sich zu binden und anzupassen: Sie ist harmoniebedürftig, kompromissbereit und sehr bemüht, alles richtig zu machen und die Erwartungen von Robert zu erfüllen. Was ihr hingegen schwerfällt, ist, autonom auf eigenen Füßen zu stehen. Sie hat zwar einen guten Beruf und kann sich selbst versorgen, sie ist auch schon phasenweise als Single klargekommen, aber ihr inneres Kind hat große

Angst vor der Unabhängigkeit und dem Alleinsein. Es fühlt sich auf einer tiefen Ebene diesem Leben nicht wirklich gewachsen. Julia sehnt sich nach einer starken Hand, die sie durchs Leben führt. Für ihr inneres Kind ist die sicherste Option, dass jemand bei ihr ist. Und deswegen sucht Julia in ihrem Partner genau das, was ihr fehlt: ein starkes, autonomes Ich. Und genau dieses meinte sie (unbewusst) in Robert gefunden zu haben. Robert ist sozusagen ein »cooler Typ«, er strahlt Unabhängigkeit und Stärke aus, das macht ihn für Julia ungeheuer attraktiv.

Roberts inneres Kind hingegen hat Angst vor zu viel Nähe. Es fühlt sich schnell vereinnahmt und manipuliert. Die sicherste Option von Roberts innerem Kind lautet, sich nur auf sich selbst zu verlassen. Seine innere Balance ist also zugunsten der Autonomie gestört. Deswegen mag er Frauen wie Julia, die so viel Wärme ausstrahlen, weil sein inneres Kind zwar Angst vor der Bindung hat, sich aber gleichzeitig sehr danach sehnt. Julia hat also jene Fähigkeiten, die ihm eher abgehen.

Julia sagt über sich, dass sie auf »die coolen Jungs« stehe, die netten und lieben finde sie hingegen langweilig. Solange sie also nicht ihr Beuteschema ändert, wird sie nicht den Richtigen finden. Sie wird sich immer von Männern angezogen fühlen, die viel Distanz und persönlichen Freiraum in einer Beziehung benötigen, was Julia jedoch verunsichert und verängstigt. Sie müsste lernen, autonomer und selbstständiger zu werden, dann bräuchte sie diese Seite nicht in einem pseudostarken Gegenüber zu suchen, sondern hätte sie in sich selbst verinnerlicht. Hierdurch würde sich ihr Blick auf die Männer verändern, und sie würde viel schneller durchschauen, dass manche »coolen Typen« gar nicht so cool sind, sondern einfach nur ein Bindungsproblem haben. Gleichzeitig könnte es dann gut passieren, dass

Männer, die auf den ersten Blick nicht so cool wirken, in ihr Blickfeld gerieten, weil sie mit beiden Füßen im Leben stehen und authentisch sind.

Würde Robert hingegen sein Beziehungsprogramm verändern, indem er seine Angst vor Nähe auflöste, bräuchte er nicht mehr vor Julia davonzulaufen und könnte sich auf eine nahe Beziehung zu ihr einlassen.

So wie Julia und Robert geht es den meisten Menschen: Wir suchen in unserem Partner gern etwas, das uns selbst fehlt. Wir suchen nach unserer »besseren Hälfte«. In den allermeisten Fällen bleibt dieser Wunsch nach Ergänzung und Vervollkommnung durch den Partner jedoch unbewusst, und das innere Kind ist an der Partnersuche aktiv beteiligt. Es möchte seine alten Verletzungen aus früheren Zeiten heilen. Bei Julia etwa besteht diese Verletzung im Alleingelassen-Werden durch die Eltern. Robert wiederum ist durch das Anklammern der Mutter tief verletzt worden. Der Versuch, bei einem Partner Wiedergutmachung für das zu finden, was in der Kindheit schiefgelaufen ist, misslingt jedoch häufig. Das innere Kind benötigt Heilung in sich selbst. Je gesünder es wird, desto beziehungsfähiger wird es, und es gelingt ihm dann viel leichter, den richtigen Partner zu erkennen. Möglicherweise muss es sich dazu aus einer bestehenden Partnerschaft lösen. Vielleicht wird es aber auch den Partner, den es bereits hat, mehr wertschätzen und lieben lernen.

Typisch Mann, typisch Frau

Es gibt sie, die Unterschiede im Verhalten von Männern und Frauen. Doch sind sie genetisch bedingt oder anerzogen? Nachdem es lange Zeit populär war, von angeborenen Geschlechtsunterschieden auszugehen und dies von einigen Studien scheinbar bestätigt wurde, deutet die aktuelle Forschung darauf hin, dass die genetischen Unterschiede zwischen Männern und Frauen überinterpretiert werden und es im Wesentlichen die gesellschaftlichen Rollenbilder sind, mit denen Mädchen und Jungen erzogen werden, die zu den unterschiedlichen Verhaltens- und Denkweisen beider Geschlechter beitragen. Dies hat eine breit angelegte Studie der US-amerikanischen Forscherin Lisa Eliot ergeben.[*]

Wie auch immer – genetisch und/oder erziehungsbedingt tendieren circa zwei Drittel der Männer eher zum autonomen Pol, während zwei Drittel der Frauen sich eher auf der Bindungsseite verorten. Welche Auswirkungen hat dies in der Kommunikation und im Verhalten? Zunächst einmal betonen Männer stärker den Sachaspekt, während bei Frauen die Beziehung

---

[*] Vgl. http://www.zeit.de/wissen/2010-06/hirnentwicklung-kleinkinder-geschlechter

im Vordergrund steht. Männern fällt es im Durchschnitt leichter, einen Abstand zu Dingen einzunehmen und sehr kopfbetonte Entscheidungen zu treffen. Frauen sind stärker auf Kooperation bedacht und überlegen sich, welche Auswirkungen ihre Entscheidung auch auf andere Menschen hat. Wenn Julia Robert von einem Problem erzählt, das sie mit einer Freundin hat, dann erwartet sie, dass Robert ihr zuhört und sich in sie einfühlt. Robert hingegen ist bemüht, eine Lösung für Julias Problem zu finden. Davon will Julia jedoch eigentlich gar nichts wissen – die Lösung wird ihr im Gespräch wahrscheinlich selbst einfallen. Ihr geht es um Roberts Anteilnahme.

Der Psychotherapeut und Buchautor Björn Süfke hat für dieses häufig vorzufindende Kommunikationsproblem zwischen Männern und Frauen eine plausible Erklärung. Süfke sagt, dass in der männlichen Sozialisation schwache Gefühle nicht erwünscht seien: Ohnmacht, Hilflosigkeit, Trauer, Angst und Scham dürfen traditionell eher von Frauen als von Männern gefühlt werden. Jungen lernen früh, sogenannte schwache Gefühle in sich zu unterdrücken. Freude und Wut sind hingegen legitim. Ich erinnere: Wut bzw. Aggression ist die Emotion auf der autonomen Seite. Wenn nun Julia traurig und ein bisschen hilflos ist, weil sie einen Konflikt mit ihrer besten Freundin hat, dann ist das Robert unangenehm, weil er mit diesen Gefühlen bei sich selbst nichts zu tun haben will. Aber genau so funktioniert Einfühlung: Man geht in Kontakt mit seiner eigenen Trauer, um die Trauer des anderen zu spüren. Wenn dieser innere Draht zu den eigenen Gefühlen aber irgendwie gefährlich ist, dann muss man auch über die entsprechenden Gefühle beim Gegenüber hinweggehen, weil sie ja genau diese Gefühle in einem selbst wachrufen könnten. Der Empathiemangel ist also eine Abwehr gegen die eigenen schwachen Gefühle, die Mann nicht spüren will. Empathie ist nun aber eine der Grundfähigkeiten, die wir für Bindung benötigen. Die Schwierigkeiten mancher Männer (und auch Frauen), sich empathisch in ihr Gegenüber einzufühlen, vermindern mithin auch ihre Bindungsfähigkeit.

Wenn Sie zu den Empathiemuffeln gehören, möchte ich Ihnen empfehlen, dass Sie sich im ersten Schritt erlauben, Ihre schwachen Gefühle zu spüren und sich im zweiten Schritt für die Gefühle Ihrer Mitmenschen öffnen. Den Kontakt zu Ihren eigenen Gefühlen können Sie herstellen, indem Sie ganz bewusst auf sie achten. Wenn Sie dann zum Beispiel ein leises Gefühl von Trauer verspüren, dann drücken Sie es bitte nicht automatisch weg, wie Sie es sonst immer tun, sondern tun Sie genau das Gegenteil: Geben sie ihm innerlich Raum. Keine Sorge, es wird weder ewig anhalten noch Sie vollkommen vom Hocker reißen. Gefühle sind immer vorübergehend – die positiv empfundenen ebenso wie die negativ wahrgenommenen. Je besser Ihr Draht zu Ihren eigenen Gefühlen wird, desto weniger rätselhaft werden Ihnen die Gefühle Ihrer Mitmenschen erscheinen.

Weil Männer eher sachbezogen sind, unterhalten viele von ihnen sich auch wesentlich lieber über Sachthemen als über Beziehungen, und sie finden sich auch gern zu gemeinsamen Aufgaben zusammen. Für Männer ist das »Nebeneinanderher« eine angenehme Form des Miteinander-Seins. Das heißt, sie tüfteln zum Beispiel nebeneinander an einem Auto, gehen angeln, segeln oder auf den Golfplatz. Frauen hingegen beziehen sich in ihren Gesprächen und ihrem Tun stärker aufeinander.

Des Weiteren spielen in männlichen Beziehungen Konkurrenz und Wettkampf eine größere Rolle als bei Frauen. Männer messen sich gern untereinander, sie zeigen gern, was sie draufhaben. Der Zeitvertreib des Wettkampfs ist in die autonome Abteilung zu sortieren, denn hier geht es nicht um die Frage »Was haben wir gemeinsam?«, sondern um die Frage »Was kann ich besser?«. Da viele Frauen eher auf der Bindungsseite verankert sind, betonen sie stärker das Gemeinsame – ihnen geht es mehr darum, Verständnis herzustellen, als darum, sich miteinander zu messen. Das zeigt sich schon im Kindesalter: Mädchen lieben Spiele, die sie miteinander gestalten können, während die Jungen gern miteinander konkurrieren und kämpfen. Wenn sich befreundete Paare treffen, kommt es nicht selten vor, dass die Männer sich stundenlang über Politik die Köpfe heißreden, während die Frauen sich über persönliche Angelegenheiten austauschen. Aber natürlich können Frauen auch sach-, problem- und konkurrenzorientiert sein, genauso wie Männer bezogen und einfühlsam sein können. Wir sprechen lediglich von statistischen Mehrheiten – über die jeweiligen Fähigkeiten verfügen beide Geschlechter, und sie könnten jeweils die schwächer entwickelte Fähigkeit in sich ausbauen und trainieren. Beide Fähigkeiten haben nämlich ihre ganz eigenen großen Vorteile. Wichtig ist, dass beide Geschlechter ein gegenseitiges Verständnis für die gewisse Andersartigkeit entwickeln und sie nicht verurteilen, sondern wertschätzen. Frauen könnten üben, selbstbewusst zu argumentieren und ihre Fähigkeiten mit einer gewissen Selbstverständlichkeit zur Schau zu stellen. Männer hingegen könnten ihr empathisches Einfühlungsvermögen ausbauen, mehr mitschwingen und weniger konkurrieren.

Verlustangst macht scharf, Sicherheit langweilt

Menschen, die unter Bindungsangst leiden, kennen das folgende Phänomen: Wenn sie sich der Zuneigung eines Partners sicher sind, verliert er plötzlich an Attraktivität. Wenn der Partner sie dagegen in Unsicherheit lässt oder sich widersprüchlich verhält, sind sie megaverliebt und rattenscharf. In diesem Zusammenhang spricht man auch von passiver und aktiver Bindungsangst. Der passive Partner ist in unserem Beispiel Julia, die sich an Robert klammert. Der aktive Partner, der immer wieder Distanz herstellt, ist Robert. Wer aktiv und wer passiv ist, kann zwischen den Partnerschaften wechseln, aber auch innerhalb einer Partnerschaft. Wenn Julia sich beispielsweise von Robert abwenden würde, weil sie einen anderen Mann kennengelernt hätte, dann wäre es sehr wahrscheinlich, dass Robert plötzlich in Liebe zu ihr entflammen und um sie kämpfen würde. In einer früheren Beziehung, mit Valerie, hatte Robert sich auch schon einmal in der passiven Rolle befunden. Valerie konnte ebenso leidenschaftlich wie zickig sein und verhielt sich gegenüber Robert hochambivalent. Robert war verrückt nach ihr.

Umgekehrt hatte Julia sich von ihrem Exfreund, Chris, getrennt, um mit Robert zusammenzukommen. In dieser Beziehung war Chris der Anhänglichere gewesen, was Julia abgetörnt hatte, weil sie seine Anhänglichkeit als schwach empfand. In der Partnerschaft mit Chris war sie in der aktiven Rolle gewesen.

Was passiert da? Solange ich mich in einer Partnerschaft nicht sicher angekommen fühle (ein Zustand, der auch in einer lebenslangen Ehe vorkommen kann), schweigt die Angst vor dem Autonomieverlust, und die Verlustangst, also der Bindungswunsch, ist sehr aktiv. Mit anderen Worten: Das *Bindungssystem* im Gehirn ist aktiviert. Ein aktiviertes Bindungssystem will unbedingt die Zielperson an sich binden und befindet sich in höchster Alarmbereitschaft. Der Mensch in diesem Zustand ist getrieben von seiner Verlustangst und möchte alles dafür tun, über diesen Zustand Kontrolle zu gewinnen. Ein aktiviertes Bindungssystem produziert die folgenden »Symptome«:

- Man fühlt sich total verliebt und ist megascharf auf den Partner.
- Man kann kaum noch an etwas anderes denken als an den Partner.
- Man idealisiert den Partner und stellt ihn quasi auf ein Podest.
- Man hofft unermüdlich auf ein Happy End und dass der Partner sich letztlich doch noch richtig auf die Beziehung einlässt.
- Man versucht mit Tricks und Perfektionsstreben, den Partner von sich zu überzeugen.
- Man täuscht Gleichgültigkeit vor oder versucht, den Partner eifersüchtig zu machen, um ihn einzufangen.

- Man lebt in beständiger Unsicherheit und Angst, den Partner zu verlieren, was wiederum zu großer Trauer führen kann.
- Man erlebt sich wie süchtig und abhängig vom Partner.
- Man empfindet das eigene Verhalten in Bezug auf den Partner als gestört.

Das aktivierte Bindungssystem und die zugrunde liegende Verlustangst fühlen sich dabei wie größte Verliebtheit an. Dabei hat Verliebtheit nichts mit Liebe zu tun. Liebe ist ein sicheres, tiefes und ruhiges Gefühl. Wenn der Partner ambivalente Signale aussendet und man sich seiner nicht sicher fühlt, bleibt das Bindungssystem aktiviert, auch wenn man schon sehr lange zusammen ist bzw. dem anderen schon lange hinterherläuft. Gerade weil es so lange aktiviert bleibt, meinen die Betroffenen, es handele sich um die einmalig große Liebe. Stattdessen ist es schlichtweg die Verlustangst, die so befeuernd auf die Leidenschaft wirkt. In der Beziehung mit Valerie litt Robert unter Verlustangst, und deshalb sprang sein Bindungssystem an. Dies hat ihm zu der Illusion von großer Liebe verholfen. Auch heute ist er innerlich noch nicht ganz von Valerie losgekommen und bildet sich ein, sie wäre seine große Liebe gewesen. Umgekehrt war Julias Bindungssystem in der Beziehung zu Chris nicht aktiviert, weil dieser ihr viel Sicherheit gab. Als sie Robert kennenlernte, der von Anfang an ambivalente und widersprüchliche Signale sendete, sprang ihr Bindungssystem hingegen wieder an. Fatalerweise verwechselte sie ihre Verlustangst mit Liebe und tauschte den bindungsfähigen Chris, mit dem sie hätte glücklich werden können, gegen den Bindungsvermeider Robert ein.

Der plötzliche Gefühlstod und andere Distanzierungstechniken

Beziehungsanfänge sind oft von einer gewissen Unsicherheit auf beiden Seiten gekennzeichnet. Anfänglich sind zumeist beide Partner bestrebt, sich die Liebe des anderen zu sichern. Der Wunsch, das Liebesobjekt fest einzufangen, ist eng verknüpft mit dem eigenen Selbstwert. Eine Zurückweisung in Liebesdingen greift den Selbstwert massiv an, während eine erfolgreiche Eroberung den Selbstwert stärkt. Das aktive Bindungssystem, das uns in den Zustand der Verliebtheit versetzt, will Kontrolle über die Situation herstellen und den eigenen Selbstwert sichern. Wenn das Zielobjekt gesichert ist, dann ist der Selbstwert bestätigt und der Bindungswunsch zunächst einmal erfüllt, entsprechend ist das Bindungssystem beruhigt. Ist die Bindung jedoch gesichert, dann erwacht in bindungsängstlichen Menschen wie Robert die Angst vor dem Autonomieverlust. In einer festen Beziehung angekommen, fühlen sie sich plötzlich von den Erwartungen ihres Partners umzingelt und bereuen so manches Versprechen, das sie in der ersten Leidenschaft gegeben haben. Plötzlich fühlen sie sich unwohl und eingeengt. Nun springt ihr *Autonomiesystem* an. Dies führt häufig zum *plötzli-*

chen Gefühlstod. Die verliebten Gefühle erkalten, der Partner verliert maßlos an Attraktivität. Sobald Robert das Gefühl hatte, dass er Julia sicher an der Angel hat, fühlte er sich von ihren Erwartungen an ihn vereinnahmt. Ab diesem Zeitpunkt setzte unbewusst die Assoziation zu seiner übergriffigen, erwartungsvollen Mutter ein. Solange er sich jedoch in der Beziehung mit Julia noch nicht ganz sicher wähnte, war er von seiner Angst vor Zurückweisung gesteuert. In dieser Phase ging es nur darum, Julia zu erobern und zu sichern. Das Autonomiesystem sorgt nun, nach der ersten Phase der Verliebtheit, für den notwendigen Sicherheitsabstand, der auch in einer Trennung münden kann. Typische Merkmale eines aktiven Autonomiesystems sind:

- Man sucht nach dem perfekten Partner.
- Hat man den Partner nach einer Phase der Eroberung sicher an der Angel, setzt der Schwächenzoom ein: Man fokussiert auf die Schwächen des Partners. Die Schwächen erscheinen so ausgeprägt, dass man in heftige Zweifel gerät, ob der Partner oder die Partnerin der oder die Richtige ist.
- Man ist der Alleinherrscher über die Nähe und Distanz in der Beziehung, sprich, man übt eine stark einseitige Kontrolle darüber aus, wann der Partner einem nah sein darf.
- Man legt sich nicht auf eine gemeinsame Zukunft fest und eiert auch häufig um Verabredungen drumherum.
- Man erlebt den Partner als Eindringling im eigenen Revier, wenn dieser sich in der eigenen Wohnung aufhält.
- Man zweifelt an der Beziehung und denkt darüber nach, sich zu trennen.

Der plötzliche Gefühlstod und andere Distanzierungstechniken

- Nach Momenten der Nähe zum Partner taucht man ab und stellt wieder Distanz her.
- Man ist häufig nicht erreichbar für den Partner.
- Im Kontakt mit dem Partner schaltet man innerlich ab.
- Man verliert das Interesse an Sex mit dem Partner.
- Man minimiert die gemeinsame Zeit mit dem Partner.
- Man sieht viele andere attraktive potenzielle Partner und/oder schwärmt von seinem Expartner.
- Man fängt eine Affäre an und/oder geht öfter fremd.

Hinter dem Autonomiesystem versteckt sich entweder eine überwertige Verlustangst und/oder eine überwertige Angst, vom Partner vereinnahmt zu werden. Häufig hängt das eine mit dem anderen zusammen: Der selbstwertschwache Überangepasste meint, er müsse, um dem Partner zu gefallen, all dessen Erwartungen erfüllen und sich verbiegen. Dies ruft in ihm jedoch Trotz und Widerstand hervor, weil er sich nicht selbst verlieren möchte. Um den Selbstverlust zu vermeiden, distanziert er sich vom Partner. Diese inneren Vorgänge bleiben jedoch häufig unbewusst – stattdessen spüren Betroffene nur starke Zweifel am Partner oder der Partnerin und fragen sich, ob er tatsächliche der oder die Richtige ist.

Die Angst, vereinnahmt zu werden, ist eine reine Projektion – also eine innere Befürchtung, die man sozusagen dem anderen in die Schuhe schiebt. Sie resultiert aus der tiefen Empfindung, sich den Erwartungen eines Partners anpassen zu müssen. Die Betroffenen haben als Kinder nicht gelernt, dass sie eine Beziehung *mitgestalten* können, sondern, dass sie sozusagen stillhalten und die Beziehung über sich ergehen lassen müssen. Sobald sie ihren Partner also sicher haben, mutiert dieser in ihren Augen zum Feind, der sie manipulieren und vereinnahmen will. Die einzige Gestaltungsfreiheit, die sie wahrnehmen können, ist der innere und äußere Rückzug aus der Beziehung.

Die einengenden Gefühle tauchen aber psycho-logischerweise erst auf, wenn die Partnerschaft verbindlicher wird. Wobei die Definition von Verbindlichkeit je nach Schweregrad der Bindungsangst sehr unterschiedlich ausfallen kann. Manche brechen schon beim Flirten ab, andere ziehen sich erst nach der Hochzeit zurück. Der Rückzug erfolgt jedenfalls immer dann, wenn sich bei der oder dem Betroffenen subjektiv der Eindruck einstellt: »Jetzt wird's ernst«, bzw. »Hier komme ich nicht mehr raus!«.

Wer sich hingegen in der passiven Rolle befindet, so wie Julia, meint fälschlicherweise, er habe die ganz große Liebe gefunden und könnte ohne diesen Menschen nicht leben bzw. würde nie wieder jemanden finden, mit dem er so glücklich werden könnte. Ist das Bindungssystem stark aktiviert, wird der Partner maßlos idealisiert. Die Betroffenen fühlen sich geradezu süchtig, ohnmächtig und ausgeliefert. Ich wiederhole: Diese Art der Abhängigkeit hat mit Liebe nichts zu tun.

Ein Happy End kann es sowohl für Julia als auch für Robert geben. Wie das geht, ist der Inhalt dieses Buches.

Weitere Ursachen für den Verlust von Liebesgefühlen

Es gibt noch weitere Gründe, weshalb der Partner, den man anfänglich begehrt, plötzlich an Attraktivität verliert. Nicht nur die Gefahr der Einengung und des Autonomieverlusts lässt manche Menschen vor nahen Beziehungen zurückschrecken, sondern auch allzu große Verlustangst. Man spricht in diesem Zusammenhang auch von »ängstlichen Bindungsvermeidern«. Sie stellen innere und äußere Grenzzäune auf, um ihre Verletzlichkeit zu schützen. Sie fürchten, dass ihr Partner sie verließe, wenn sie wirklich vertrauen und sich öffnen würden. Den inneren Schutzzaun errichten sie in der Regel jedoch erst dann, wenn ein Partner sich auf sie einlässt. Solange sie den Partner nicht sicher haben, können sie große Sehnsucht und Liebe empfinden. Die Logik, die dahintersteckt, ist: Was ich nicht sicher habe, kann ich auch nicht verlieren. Manche dieser ängstlichen Bindungsvermeider bleiben auch im Zustand der Schwärmerei stecken, indem sie sich in Personen verlieben, die absolut nicht zu haben sind.

Du schmückst mich nicht!

Daneben kann auch die Intoleranz gegen die eigenen Schwächen eine maßgebliche Rolle beim Verlust von Liebesgefühlen spielen bzw. diese erst gar nicht entstehen lassen. Menschen, die sehr um ihre Selbstdarstellung bangen und viel Mühe darauf verwenden, einen guten Eindruck zu hinterlassen, können die Schwächen ihrer Partner schlecht ertragen, weil auch der Partner in ihr System der Selbstdarstellung passen muss: Der Partner oder die Partnerin sollte in jeder Hinsicht vorzeigbar sein und einen aufwerten. Andernfalls ist man in seiner eigenen Eitelkeit stark getroffen. In diesem Zusammenhang spricht man auch von *Narzissmus*. Narzissten verfügen über ein labiles Selbstwertgefühl, das sie durch ein Streben nach Perfektion und Grandiosität kompensieren, weswegen sie in ihrem Auftreten oft äußerst selbstsicher wirken. Die Partner von Narzissten sind der verlängerte Hebel ihrer Selbstdarstellung und sehen sich Sperrfeuern von Kritik ausgesetzt, falls sie – in den Augen des Narzissten – versagen. Aktive Narzissten ersparen ihren Partnern (und auch anderen Menschen) keine Kritik. Indem sie nach den Schwächen ihres Gegenübers fahnden, schützen sie sich vor unmäßiger Selbstkritik. Sie projizieren also ihre eigene, gefühlte Minderwertigkeit auf ihren Partner, der sich dann zwangsläufig so fühlt, wie der Narzisst sich nicht fühlen möchte, nämlich ungenügend und minderwertig. Ein weiterer Grund für die Aggressivität des Narzissten ist seine hohe Kränkbarkeit. Selbst die kleinste Kritik an ihm kann ihn fuchsteufelswild machen. Häufig sind Narzissten ängstlich-vermeidende Bindungstypen. Sobald sie das Gefühl haben, der Partner liebe sie nicht genügend, brechen sie Streit vom Zaun oder machen Schluss. Wobei es seitens des Partners nicht viel braucht, damit der Narzisst sich zurückgewiesen fühlt. Allerdings nähern sich die Narzissten ihrem Partner auch gerne wieder an, wenn sie Schluss gemacht haben. Nicht selten führen sie On/Off-Beziehungen. Auf die Probleme, die narzisstische Menschen in Liebesbeziehungen haben, gehe ich im Abschnitt »Narzisstische Schutzstrategien« auf S. 182 noch weiter ein.

Du bist mir sicher!

Es gibt aber auch Menschen, die ganz schlecht allein sein können, und ihnen kann es passieren, dass sie sich an Partner binden, die ihnen tatsächlich nicht so gut gefallen, nach dem Motto: Lieber den Spatz in der Hand als die Taube auf dem Dach. Dies ist auch eine Falle, in die Extravertierte manchmal stolpern, weil sie das Alleinsein viel weniger ertragen können als Introvertierte. Ist jedoch die Angst vor dem Alleinsein erst einmal beruhigt, dann treten die zuvor verdrängten Schwächen des Partners in den Vordergrund, und man fragt sich: Ob ich mich nicht doch lieber nach etwas Besserem umgucke? Nun werden sich viele Leserinnen und Leser bestimmt fragen: Woran erkenne ich denn, ob mein Partner tatsächlich der oder die Falsche ist oder ob ich nur aus Bindungsangst so große Zweifel hege? Der Antwort auf diese Frage kann man sich auf zwei Wegen annähern: 1. Spüren Sie in sich hinein, was das eigentliche Motiv war, sich an diesen Partner zu binden. Was haben Sie so anziehend an ihm oder ihr gefunden? Welche eigenen Ängste waren da vielleicht wirksam? Und 2. Fragen Sie sich aus Ihrem rationalen Verstand heraus, ob die Schwächen, die Sie bei Ihrem Partner wahrnehmen, *wirklich* so groß sind, dass sie auch aus objektiven Gründen ein Erkalten der Gefühle erklären könnten. Oft ist es nämlich so, dass die Betroffenen vom Verstand her wissen, dass ihre Kritik übertrieben ist. So erklärte beispielsweise einmal einer meiner Seminarteilnehmer, er habe mit seiner Exfreundin Schluss gemacht, weil sie in seinen Augen drei Zentimeter zu klein gewesen sei. Er wusste vom Verstand her, dass das völlig lächerlich war. Und tatsächlich verbargen sich hinter der kritischen Betrachtung seiner damaligen Freundin massive Bindungsängste.

Wie ich bereits erwähnt habe, verfügen sehr angepasste Menschen über einen schlechten Zugang zu ihren Gefühlen und Bedürfnissen. Deswegen sind viele von ihnen unsicher, ob sie sich den richtigen Partner ausgesucht haben, und zweifeln, ob sie ihn überhaupt wollen – oder ob sie vielleicht nur mit ihm zusammen sind, weil sie ihn nicht verletzen wollen oder weil sie schlecht allein sein können. Der eingeschränkte Zugang zu den eigenen Gefühlen erschwert diesen Menschen mithin auch, eine klare Entscheidung für oder gegen ihren Partner zu treffen.

Ich darf mich nicht trennen!

Ein weiterer Grund für die überkritische Betrachtung eines Partners oder Partnerschaftanwärters kann die tiefe, unbewusste Überzeugung sein: »Ich darf mich nicht trennen!«, wie ich sie bereits unter dem Abschnitt »Anpassung und Selbstbehauptung« auf S. 26 beschrieben habe. Insbesondere sehr angepasste Menschen, die Probleme haben, ihre Beziehungen aktiv mitzugestalten, sind überzeugt, dass sie niemanden enttäuschen dürfen. Wenn ich aber nicht enttäuschen darf, dann darf ich mich auch nicht trennen, falls ich mich in der Auswahl meines Partners geirrt habe oder wenn die Partnerschaft mir aus anderen Gründen nicht mehr guttut. Dieser innere Vorbehalt lässt die Betroffenen verständlicherweise zögern, wenn es darum geht, eine feste Partnerschaft einzugehen. Der Partner müsste eigentlich perfekt sein, damit man das Risiko einer »ewigen Bindung« überhaupt eingehen kann. Schon kleine Schwächen des Partners lassen diese Menschen vor einer festen Beziehung zurückschrecken. Leichter fallen ihnen unverbindliche Affären. Meinen sie dann doch einmal, den perfekten Partner gefunden zu haben, entsteht ein neues Problem: die eigene Ungenügsamkeit. Da sehr angepasste Menschen immer auch ein Selbstwertproblem haben, sind sie überzeugt, dass sie einen so perfekten Partner nicht halten können, was sie wiederum dazu veranlassen kann, einer festen Beziehung mit diesem Menschen auszuweichen bzw. nach Momenten der Nähe immer wieder Distanz herzustellen. In diesem Nähe-Distanz-Modus können die Betroffenen auch endlos in todunglücklichen Beziehungen verharren, getreu ihrer innersten Überzeugung, dass man sich nicht trennen darf, die sich nicht selten mit einer großen Angst vor dem Alleinleben paart.

Ich kann niemandem vertrauen!

Letztlich kann auch ein frühes Bindungstrauma zum plötzlichen Verlust von Liebesgefühlen führen. Menschen, die in ihrer frühen Kindheit Erfahrungen von Ausgeliefertsein und körperlicher oder seelischer Misshandlung gemacht haben, haben gelernt, dass Bindung eine existenzielle Bedrohung darstellt. Ihnen macht zu viel Nähe Angst, sie ruft ihre frühen, desolaten Bindungserfahrungen wach. Um zu überleben, tun sie das, was sie als Kinder schon gelernt haben: Sie schalten alle ihre Gefühle ab. Dabei handelt es sich allerdings nicht um einen bewussten Prozess, sondern um einen Reflex, den ich gern als »Totstellreflex« bezeichne. In der psychologischen Fachsprache nennt man diesen Vorgang »dissoziieren«: Die Betroffenen haben gelernt, sich quasi aus ihrem Körper und ihren Gefühlen zu beamen, um nicht zu spüren, was man ihnen antut. Wenn sie ihre traumatischen Erinnerungen als Erwachsene verarbeiten wollen, ist es sehr wichtig, dass sie wieder lernen, sich und in ihren Körper zu spüren. Im weiteren Verlauf des Buches gehe ich noch genauer auf die Heilungsmöglichkeiten bei traumatischen Beziehungserfahrungen ein.

Exkurs: Ich bin gern Single!

Möglicherweise fühlen sich einige Menschen von diesem Buch überhaupt nicht angesprochen, weil sie überzeugte Singles sind. Überzeugte Singles sagen, dass sie keine Lust auf Kompromisse und den ganzen Beziehungsstress haben. Viele erklären auch, dass sie nicht bereit sind, ihre sexuelle Freiheit für eine feste Beziehung zu opfern. Gegen diese Haltung ist im Prinzip nichts einzuwenden, sofern die Betroffenen eine echte Wahlfreiheit verspüren. Diese ist jedoch in vielen Fällen nicht gegeben. Das heißt, viele überzeugte Singles sind eben solo unterwegs, weil sie nur Single können, aber nicht Beziehung. Überzeugte Singles weisen häufig eine tiefsitzende, zumeist unbewusste Bindungsangst auf. Sie haben sich also ganz fest auf dem autonomen Pol verankert – nur ohne feste Bindung fühlen sie sich frei und selbstbestimmt. Ihr inneres Kind assoziiert mit einer Liebesbeziehung Leid und Unglück. Entweder, indem es sich in Ketten gelegt und eingeengt fühlt, oder, indem es im tiefsten Inneren überzeugt ist, dass es sowieso verlassen und ihm das Herz gebrochen wird. Manche Menschen haben in ihrer Kindheit und Jugend regelrechte Bindungstraumata erlitten, sodass ihr inneres Kind mit einer nahen Beziehung einfach nur Angst und Schrecken verbindet. Ihr inneres Kind fühlt sich am sichersten, wenn es allein ist. Bindung assoziiert es mit Ausgeliefertsein, Unterlegenheit und Willkür.

Mir persönlich ist kein Single bekannt, der oder die tatsächlich das Alleinsein gegenüber einer schönen Liebesbeziehung bevorzugt. Das Singledasein ist für die Betroffenen lediglich das kleinere Übel. Das größere Übel ist, in einer unglücklichen Beziehung zu verharren oder verlassen zu werden. Einige Singles glauben, dass sie sowieso keinen Partner finden werden und man sie nicht lieben kann. Andere haben das Gefühl, dass sie ohnehin niemanden finden, der wirklich passt. Wieder andere jagen schnellen sexuellen Abenteuern hinterher, mit denen sie ihren Wunsch nach Nähe unbewusst kompensieren, aber nicht wirklich erfüllen.

Bestimmt fragen sich jetzt einige Leserinnen und Leser, warum ich mir so sicher bin, dass wir Menschen eine feste Beziehung gegenüber dem Singledasein bevorzugen? Die Antwort lautet: weil die feste Liebesbeziehung in unseren Genen liegt. Wir Menschen sind darauf programmiert, exklusive Bindungen einzugehen. Hierzu hat die US-amerikanische Wissenschaftlerin Helen Fisher viel geforscht und ist zu folgenden Ergebnissen gekommen: Das Gefühl der Verliebtheit trägt dazu bei, dass wir uns für einen Partner entscheiden, um Nachkommen zu zeugen. Wenn aber die Nachkommen geboren sind, sollte die Verliebtheit verschwinden, weil die jungen Eltern ansonsten ja nur miteinander beschäftigt wären und ihren Nachwuchs vernachlässigten. Idealerweise stellt sich stattdessen ein Gefühl der Liebe ein, also eine ruhigere, aber dauerhafte Bindung. Diese benötigen wir, um den Menschenkindern, die so viele Jahre benötigen, um groß und selbstständig zu werden, die Familienbande zu erhalten, die für ihr Gedeihen notwendig sind. Die Natur hat dem

Mann einen ausgeprägten Sexualtrieb mitgegeben, damit er seine Gene möglichst weit verbreitet, während die Frauen sich spätestens, wenn sie 200-mal mit ein und demselben Mann geschlafen haben, langweilen, damit auch ihre Gene weitere Kreise ziehen und der Inzucht vorgebeugt ist. Im Ergebnis neigen wir also zu festen Bindungen mit gelegentlichen Seitensprüngen.

Wie gesagt, ist gegen das Singleleben gar nichts einzuwenden, und es ist in jedem Fall einer unglücklichen Liebesbeziehung vorzuziehen. Gleichwohl ist es jedem überzeugten Single anheimgestellt, einmal tief in sich hineinzuspüren, ob das Leben allein wirklich das ist, was er oder sie will. Oder ob der angeborene Bindungswunsch nicht durch Ängste und schlechte Erfahrungen einfach nur überdeckt und unterdrückt ist. Wer möchte, darf sich eingeladen fühlen, das Liebesprogramm »Single aus Überzeugung« mithilfe dieses Buches zu hinterfragen und möglicherweise zu verändern.

Prägung oder Gene?

Vielleicht beschäftigt auch Sie die Frage, ob unsere Gene nicht erheblich dazu beitragen, wie wir unsere Beziehungen gestalten und mit welchen Augen wir die Welt betrachten. Unsere Gene bestimmen wesentlich über unsere Charaktereigenschaften, unsere Vorlieben und Abneigungen. Über dieses Thema habe ich ein ganzes Buch geschrieben, mit dem Titel »So bin ich eben!« Wenn Sie möchten, gehen Sie einmal auf meine Homepage stefaniestahl.de. Dort steht kostenlos ein Persönlichkeitstest zur Verfügung, der Ihr angeborenes Persönlichkeitsprofil misst.

Unsere Gene legen nicht nur viele unserer Charaktermerkmale fest, sondern haben auch einen Einfluss auf unser Bindungs- und Autonomieprogramm. So kommen wir erwiesenermaßen mit unterschiedlichen Nähe- und Distanzwünschen auf die Welt. Es gibt sogenannte »Kuschelkinder« und solche, die ein vergleichsweise geringes Kuschelbedürfnis haben.

Unsere Gene haben aber auch einen Einfluss auf unser Selbstwerterleben. So neigen Menschen, die extravertiert sind, weniger zu Ängsten und sind meist selbstsicherer als introvertierte Menschen, die nachdenklicher und besonnener durchs Leben gehen. Extra- und Introversion als Persönlichkeitsmerkmale sind stark genetisch vorbestimmt. Unser Beziehungsprogramm ist ein Resultat aus unseren erblichen Veranlagungen und der Prägung, die wir durch unsere Umwelt erfahren.

Eine wichtige Rolle spielt hier die sogenannte *Eltern-Kind-Passung*. Wenn beispielsweise eine sehr liebebedürftige Mutter ein Kind bekommt, das ein eher geringes Kuschelbedürfnis hat, könnte es passieren, dass die Mutter frustriert ist und sich vielleicht sogar von ihrem Kind abgelehnt fühlt. Das kann ihre Bindung zu diesem Kind erschweren, während sie sich vielleicht umso enger an das Geschwisterkind bindet, das mehr auf ihre Beziehungsangebote anspricht. Wenn die Mutter aber wenig einfühlsam ist, dann bemerkt sie vielleicht noch nicht einmal, dass ihr Kind nicht ständig kuscheln will, und sie überflutet es dann möglicherweise mit ihren Nähewünschen, die das Kind wehrlos über sich ergehen lassen muss. Dies kann in der späteren Entwicklung dieses Menschen dazu führen, dass er ausgesprochen starke Autonomie- und Freiheitsbedürfnisse entwickelt, bzw. geradezu allergisch auf die Nähebedürfnisse seines Partners reagiert oder sich gar nicht erst auf eine verbindliche Liebesbeziehung einlässt. Häufig kommen Menschen, die unter aktiver Bindungsangst leiden, schon mit einem eher nüchternen, sachlichen Naturell auf die Welt. Und Menschen, die sich als sehr nähebedürftig und anklammernd erleben, werden schon mit einem besonders liebe- und harmoniebedürftigen Wesen geboren.

Wenn wir also über unsere persönlichen Prägungen nachdenken, können wir uns auch mit der Frage beschäftigen, welche Eigenschaften uns vielleicht schon mit auf den Weg gegeben worden sind. Und damit, wie gut die eigenen Eltern dazu passten bzw. inwieweit sie der kindlichen Veranlagung Raum gegeben haben.

Das Elternhaus: Trainingslager für unsere Liebesbeziehungen

Wie ich bereits erwähnt habe, sind unsere ersten Lebensjahre für die Entwicklung unserer inneren Programme von besonderer Bedeutung, weil sich in dieser Zeit wichtige Schritte der Gehirnentwicklung vollziehen. Hierbei entstehen tiefe Konditionierungen, die wir auch *Prägungen* nennen. Sie bestimmen darüber, wie wir uns selbst wahrnehmen und wie wir die Wirklichkeit da draußen interpretieren.

Natürlich bestimmen neben den Eltern auch noch andere Menschen und Faktoren mit über unsere persönliche Prägung. Und so wichtig die Bedeutung der frühen Kindheit auch ist – auch in späteren Entwicklungsjahren, vor allem in der Pubertät, können Erfahrungen hinzukommen, die für unser weiteres Leben entscheidend sind. Darüber hinaus befinden wir uns bis zu unserem Tod in einem ständigen Entwicklungsprozess und können immer wieder neue Erfahrungen sammeln und dazulernen.

Dass ich hier so stark auf die Eltern und die ersten Lebensjahre fokussiere, hat zwei Gründe: Zum einen sind die ersten Lebensjahre einfach besonders prägend. Der zweite Grund ist, dass ich die Dinge möglichst einfach und unkompliziert halten möchte.

Dieses Buch würde zu umfangreich, wenn ich alle möglichen Traumata, die einem durch Lebensereignisse und andere Menschen in diesem Leben widerfahren können, mit in meine Überlegungen einbeziehen würde. Aber ich möchte Sie ausdrücklich darum bitten, dies für sich selbst zu tun. Alle Überlegungen, die ich hier auf die Eltern beziehe, können Sie auch mit anderen Bezugspersonen oder Lebensereignissen verbinden – Sie können auch die Übungen, die ich Ihnen später in diesem Buch vorstelle, ganz individuell auf Ihre Situation anwenden. Wenn Sie also sagen: »Bei mir waren es nicht die Eltern, sondern ein ganz schlimmer Bruder, eine böse Oma, die Mitschüler ...«, fühlen sie sich bitte frei, Ihre persönlichen Prägungen auf diese Personen hin zu reflektieren.

Unsere Wahrnehmung wird durch unsere unbewussten Programme bestimmt, die sich durch unsere Lebenserfahrungen tief in uns einspuren. Wir sind nicht in der Lage, objektiv wahrzunehmen. Diese Erkenntnis ist nicht neu – so formulierte schon der griechische Philosoph Epitekt: »Es sind nicht die Dinge, die uns beunruhigen, sondern unsere Vorstellungen von den Dingen!« Manche Psychologen und Philosophen fordern deshalb auch, nicht von Wahr-nehmung, sondern von Wahr-gebung zu sprechen. Das heißt, wir geben dem Geschehen um uns herum immer eine subjektive Bedeutung, auf die wir reagieren, wie ich es schon anhand des Beispiels von Julia und Robert weiter oben erklärt habe. Wir reagieren also nicht auf die Ereignisse da draußen, sondern auf unsere *Interpretation* dieser Ereignisse. Wenn Robert also mal wieder eine Absprache, die er mit Julia getroffen hat, vergisst, dann denkt Julia nicht richtigerweise, dass Robert zu wenig Verantwortung in der Beziehung übernimmt, sondern sie denkt: »Ich bin nicht wichtig!« Diese innere

Überzeugung, die gleichsam als ein Glaubenssatz zu bezeichnen ist, hat sie in ihrer Kindheit gewonnen, und Robert ruft sie immer wieder wach. Auf ein objektivierbares Ereignis (vergessene Verabredung) erfolgt also die Interpretation (»Ich bin nicht wichtig«), darauf das Gefühl (Kränkung/Trauer) und darauf die Reaktion (Weinen, Vorwürfe, Jammern). Und so geht es uns allen: Wir sehen das Verhalten anderer Menschen häufig durch die Brille unserer Kindheitsprägungen.

Wenn wir also unser Beziehungsprogramm begreifen möchten, müssen wir uns mit unseren kindlichen Prägungen beschäftigen. Dazu müssen wir nicht in die entlegensten Provinzen unserer Seele hinabsteigen und unsere gesamte Kindheit durcharbeiten; es reicht vollkommen, wenn wir den roten Faden finden und verstehen. Deswegen gehe ich an dieser Stelle noch einmal kurz auf die kindlichen Entwicklungsbedingungen hinsichtlich unseres Bindungswunsches, unserer autonomen Fähigkeiten und unseres Selbstwerts ein.

Urvertrauen und das gespiegelte Selbstwertempfinden

Menschen kommen mit körperlichen und psychischen Grundbedürfnissen auf die Welt. Das Neugeborene ist zunächst dominiert von seinen körperlichen Empfindungen: Hunger, Durst, Kälte, Säugen, Füttern, Waschen, Windeln, Streicheln – die ersten Interaktionen mit seinen Bindungspersonen sind ganz körpernah. Das Bindungsbedürfnis des Säuglings wird durch körperbezogene Handlungen seiner Pflegepersonen erfüllt oder im ungünstigen Fall nicht bzw. nur unzulänglich erfüllt. Im ersten Lebensjahr entsteht das sogenannte Urvertrauen oder eben auch Urmisstrauen. Erlebt der Säugling bzw. das Kleinkind, dass jemand kommt, wenn es schreit, dass es gehalten, gestreichelt und gefüttert wird, dann entsteht in ihm auf einer tiefen körperlichen Ebene ein Vertrauen in diese Welt und andere Menschen, das sich in dem Gefühl manifestiert, willkommen zu sein. Aber nicht nur durch die körperbezogenen Pflegehandlungen erfährt das Kind etwas über seinen Wert, sondern auch durch die Mimik seiner nächsten Bezugspersonen. Wenn die Eltern häufig lächeln und strahlen, wenn sie ihr Kind betrachten, dann spiegelt dies dem Kind, dass seine Eltern froh und glücklich mit ihm sind. In der Psychologie spricht man deshalb vom *gespiegelten Selbstwertempfinden*. Es ist eine tiefe Konditionierung, die uns ein Leben lang erhalten bleibt: Wir streben nach Anerkennung durch unsere Mitmenschen und schämen uns, wenn wir Ablehnung erfahren. Der Wunsch nach Anerkennung und die Angst vor Ablehnung sind zutiefst menschliche Motive, die im Dienste unseres Bindungsbedürfnisses stehen. Wäre uns nämlich alles egal und nichts peinlich, dann wären wir nicht anpassungsfähig. Wir wären im wahrsten Sinne des Wortes a-sozial. Unser tiefes Bedürfnis nach Selbstwert und das emotionale Druckmittel Schamgefühl regulieren unser Verhalten in der Gemeinschaft.

Ob unsere psychischen Grundbedürfnisse nach Bindung und Selbstwert von unseren Eltern erfüllt werden, hängt in hohem Maße davon ab, wie bindungsfähig und einfühlsam diese sind. Das *elterliche Einfühlungsvermögen* gilt als das Königskriterium für Erziehungskompetenz. Wie ich bereits an anderer Stelle geschrieben habe, ist die Empathie die Brücke vom Ich zum Du und somit ein wesentliches Merkmal unserer Bindungsfähigkeit. Gerade in den ersten Lebensjahren, in denen der Säugling seine Bedürfnisse nicht formulieren kann, ist er darauf angewiesen, dass seine Pflegepersonen sich in seine Bedürfnislage einfühlen können. Aber auch in späteren Entwicklungsjahren ist es von großer Bedeutung, dass die Eltern, oder wenigstens ein Elternteil, sich in die Wünsche, Freuden und Nöte des Kindes einfühlen können. Durch die Einfühlung erfährt das Kind, dass es richtig ist, so wie es ist und dass seine Gefühle berechtigt sind, was natürlich gleichsam auch bedeutet, dass es lernt, seine Gefühle und sein Verhalten zu regulieren. Kommt das Kind beispielsweise ganz traurig aus dem Kindergarten nach Hause, weil sein bester Freund nicht mit ihm spielen wollte, dann wird der einfühlsame Elternteil ihm seine Trauer spiegeln, indem er möglicherweise sagt: »Oje, ich kann verstehen, dass du traurig bist, weil der Philipp nicht mit dir spielen wollte.« Nachdem das Gefühl des Kindes benannt und anerkannt wurde, wird der einfühlsame Elternteil dann vielleicht auch eine Lösung vorschlagen: »Warte doch mal ab – vielleicht ist der Philipp morgen ja ganz anders drauf. Und wenn nicht, spielst du halt mit einem anderen Kind.« Hierdurch lernt das Kind gleichzeitig mehrere Dinge: 1. Das, was ich da fühle, heißt »traurig«. 2. Dieses Gefühl ist berechtigt, und 3. Es gibt eine Lösung für dieses Gefühl. Und so verhält es sich auch mit anderen Gefühlen wie Freude, Zuneigung, Wut, Scham oder Eifersucht. Das Kind lernt über das einfühlsame Formulieren und Kommentieren seiner Bezugspersonen, diese Gefühle zu benennen und sie in sich zu integrieren. Das bedeutet, dass es grundsätzlich alle Gefühle haben darf und lernt, mit ihnen umzugehen.

Haben die Eltern hingegen Schwierigkeiten, sich in ihr Kind einzufühlen, dann signalisieren sie ihm (ungewollt) immer wieder, dass seine Gefühle und Bedürfnisse nicht okay sind. Dies muss nicht unbedingt für das gesamte Gefühlsspektrum gelten; manche Eltern können nur mit bestimmten Gefühlen schlecht umgehen. Wut ist zum Beispiel so eine Emotion, mit der viele Menschen ein Problem haben – entweder, weil sie sie schlecht regulieren können und zu aggressiv sind, oder, weil sie sie chronisch unterdrücken, also aggressionsgehemmt sind. Letztere haben bei ihren Eltern erfahren, dass Wut unerwünscht, schlecht oder gar gefährlich ist, und entsprechend gelernt, dieses Gefühl zu ersticken. Wenn sie diese Prägung später nicht reflektieren, dann werden sie sie an ihre eigenen Kinder weitervermitteln.

Das Kind dieser Eltern muss dann also, so wie einst Mama und Papa, sich den Wünschen seiner Eltern unterordnen und seine Wut unterdrücken. Es gibt also um der Anpassung willen einen Teil seiner Authentizität auf. Um Missverständnissen vorzubeugen: Es geht nicht darum, dass ein Kind ungebremst seine Wut ausagieren soll – natürlich muss es lernen, seine Wutgefühle zu regulieren, und auch die Anlässe für seine Wut werden sich durch eine gelungene Erziehung im Zuge seiner Entwicklung verändern –, aber es sollte so sein, dass Wut eine Emotion ist, die grundsätzlich erlaubt ist. Sie ist ein vitaler Ausdruck der Selbstbehauptung, und wir benötigen sie für unsere Abgrenzungsfähigkeit.

Um mit den Wutgefühlen ihrer Kinder umzugehen, sollten Eltern die Wut ihres Kindes am besten nicht allzu persönlich nehmen. Manche Mütter und Väter haben jedoch ein Problem damit, wenn ihr Kind sich von ihnen abgrenzt, wie es beispielsweise im sogenannten Trotzalter ganz heftig der Fall ist. Um sich erfolgreich gegen die Eltern zu behaupten, benötigt das Kind Trennungsaggression und brüllt der Mutter dann beispielsweise wütend entgegen: »Geh weg!« Diese Formulierung ist natürlich nicht besonders höflich, aber dem Entwicklungsstadium eines Dreijährigen, der sich noch nicht in die Befindlichkeit seiner Eltern einfühlen kann, durchaus angemessen. Manche Eltern jedoch, deren Selbstwertgefühl labil ist, nehmen solche Wutausbrüche ihrer Kinder zu persönlich und reagieren darauf entweder mit unangemessen starker eigener Wut oder mit Trauer und Enttäuschung. Reagieren die Eltern (wiederholt) mit starker Wut, dann wird das Kind sich ängstigen und lernen, dass Selbstbehauptung gefährlich ist. Reagieren die Eltern (wiederholt) mit Enttäuschung und Trauer, dann lernt das Kind, dass es andere verletzt, wenn es sich selbst behauptet, und dass es für die Gefühle seiner Eltern verantwortlich ist. Diese Erfahrungen spuren sich im Gehirn des Kindes als übergeordnete Schemata und Verhaltensprogramme ein.

Gute Eltern erfüllen also nicht nur die Bindungswünsche ihres Kindes, sondern bringen auch Verständnis für seine autonomen Bedürfnisse auf. Die kindliche Autonomieentwicklung ist verwoben mit dem *angeborenen Erkundungsdrang*, der das Kind neugierig und wissbegierig seine Umwelt erforschen lässt. Kinder haben einen starken Antrieb, die Dinge um sie herum zu verstehen und in den Griff zu bekommen. Deswegen lieben sie auch bestimmte Spiele, wie beispielsweise, ihr Spielzeug immer wieder auf den Boden zu werfen in der Hoffnung, dass ein Erwachsener es wieder aufhebt. Auf diese Weise trainieren sie ihre sogenannte *Selbstwirksamkeit*, das heißt, sie lernen, dass sie einen gewissen Einfluss auf ihre Umgebung nehmen können. Das Gefühl, Einfluss nehmen zu können und zwischenmenschlichen Beziehungen nicht einfach nur ausgeliefert zu sein, ist auch ein Kernmerkmal des autonomen Erlebens. Deswegen ist es wichtig, dass Kinder auch mal ihren Willen durchsetzen und im Rahmen ihrer Möglichkeiten argumentieren dürfen. Dadurch lernen sie, dass es okay ist, einen eigenen Willen zu haben und dass sich Kämpfen durchaus lohnen kann. Gleichzeitig darf natürlich der Wille des Kindes nicht der alleinige Maßstab für das Handeln seiner Eltern sein; es muss sich schließlich auch anpassen lernen. Unsere Bindungswünsche und unser Autonomiestreben interagieren und konkurrieren beständig miteinander. Die Anpassung, die im Dienste der Bindung steht, will genauso gelernt sein wie die Selbstbehauptung, die im Dienste der Autonomie steht. Für die Bindung muss man immer ein Stück Autonomie aufgeben und für die Autonomie immer ein Stück Bindung. Es ist ein beständiges Ausbalancieren zwischen beiden Bedürfnissen erforderlich, und im günstigsten Fall haben wir das, bis wir erwachsen sind, gelernt. Oft ist dies jedoch nicht der Fall: Viele Menschen sind zu angepasst, andere zu rebellisch, wieder andere pendeln zwischen beiden Extremen.

Letztlich sei noch erwähnt, dass die Eltern natürlich nicht nur durch ihr Erziehungshandeln tiefe Spuren in ihren Kindern hinterlassen, sondern auch durch ihre *Vorbildfunktion*. Schließlich identifizieren sich Kinder mit ihren Eltern, vor allem mit dem gleichgeschlechtlichen Elternteil als Rollenvorbild. So leben einige Mütter ihren Töchtern beispielsweise eine geringe Selbstständigkeit vor, indem sie sich ängstlich ihrem Ehemann zu stark anpassen und sich von ihm emotional und finanziell abhängig machen. Oder Väter leben ihren Söhnen ein schwach ausgeprägtes Bindungsverhalten vor, indem sie häuslich sowohl körperlich als auch emotional häufig abwesend sind. Natürlich hinterlässt der abwesende Vater auch in seiner Tochter Spuren, so wie die wenig autonome Mutter in ihrem Sohn. Wenn man also verstehen möchte, welche Prägungen man in seinem Elternhaus erfahren hat, dann sollte man die Vorbildfunktion seiner Eltern mitbedenken.

Elterliches Verhalten, das die Bindungswünsche des Kindes frustriert, ist: körperliche und seelische Abwesenheit, mangelnde emotionale Wärme, mangelndes Einfühlungsvermögen, rigide Autorität, mangelndes Verständnis, Abwertung, Misshandlung, Vernachlässigung.

Elterliches Verhalten, das die Autonomieentwicklung behindert, ist: Überbindung, rigide Autorität und Unterdrückung der kindlichen Autonomie, mangelnde Förderung, Trennungsangst mindestens eines Elternteils, der das Kind nicht loslassen kann, sowie mangelnde Autonomie des Elternteils, der zur gleichgeschlechtlichen Identifikation dient.

Der fließende Übergang von negativer Prägung zum Trauma

Was versteht man unter einem Trauma? Nach Franz Ruppert, einem bekannten deutschen Traumaforscher, ist ein Trauma eine psychische Notsituation, bei der alle üblichen Selbstschutzstrategien versagen. Ein Trauma ist also durch eine maximale Hilflosigkeit in einer Gefahrensituation gekennzeichnet. Kinder können frühe Traumatisierungen durch ihre Eltern erfahren, die wiederum selbst unverarbeitete Traumata in sich tragen. Aber auch in jeder anderen Lebensphase kann es zu Traumatisierungen durch Gewaltverbrechen, Unfälle oder Naturkatastrophen kommen. Was die frühe Kindheit anbelangt, sind die Übergänge zwischen dem, was man als eine negative Prägung beschreiben kann, und dem, was man bereits als Trauma bezeichnet, fließend.

Traumata prägen sich tief im Angstzentrum (Amygdala) unseres Gehirns ein. Dort lösen sie oft später noch ständig Alarm aus, obwohl die Ursache des Traumas längst nicht mehr vorhanden ist. Unfälle oder Naturkatastrophen können solch ein Trauma auslösen. Viele Menschen, die traumatische Erfahrungen gemacht haben, leben in einer beständigen Angstbereitschaft. Vor allem, wenn die Traumatisierung im späteren Leben zum Beispiel in Form eines Unfalls eingetreten ist, können die Betroffenen die Erinnerung daran schlecht verdrängen, und die Schreckensbilder verfolgen sie. Aufgrund dieser psychischen Belastung sind sie reizbar und aggressiv, ständig ängstlich angespannt und hyperaufmerksam. Man kann sich hier die Amygdala wie einen rechtschaffenen Wächter vorstellen, der es einmal verschlafen hat, den Menschen rechtzeitig zu warnen und der nun bei geringsten Anlässen Alarm schlägt. In diesem Zusammenhang spricht man auch von einer posttraumatischen Belastungsstörung.

Bei frühen Traumatisierungen durch die eigenen Eltern kann es aber auch passieren, dass die Betroffenen diese abspalten und verdrängen, sich also nicht mehr an sie erinnern können. Ihr sogenanntes Überlebensprogramm verhindert, dass sie von den traumatischen Erinnerungen heimgesucht werden. Auf diese Weise können sie im Alltag reibungslos »funktionieren«. Familiäre Traumata können, wenn sie von den Betroffenen unreflektiert bleiben, über Generationen weitergereicht werden. Beispielsweise hat die Großmutter ganz früh ihre eigenen Eltern im Krieg verloren. Sie ist in einem Heim aufgewachsen, und keiner war da, um sie zu trösten und ihre Trauer aufzufangen. Das kleine Mädchen hat, um psychisch zu überleben, seine Not und Verzweiflung in sich unterdrückt und abgespalten. Es hat also nie den Tod der Eltern verarbeitet, sondern Gefühle der Trauer, Verlassenheit, Angst, Verzweiflung und Hilflosigkeit in sich eingefroren. Nun stellen wir uns vor, dieses Mädchen wird als erwachsene Frau selbst Mutter und bekommt eine Tochter. Sie wird dann zwangsläufig Schwierigkeiten haben, mit Gefühlen der Trauer, Verlassenheit, Angst und Verzweiflung bei ihrer Tochter umzugehen, weil der Zugang zu diesen Gefühlen in ihr selbst blockiert ist. Wenn ihre Tochter also traurig ist, wie Kinder es so oft sind, dann wird diese Frau sie nicht begleiten und auffangen können – dazu müsste sie einen Kontakt zu ihrer eigenen Trauer haben. So wird aber die Trauer ihrer Tochter eine unterschwellige Angst in ihr auslösen, dass ihre eigene Trauer aufbrechen und sie in die Verzweiflung stürzen könnte. Die Tochter wird lernen, schwache Gefühle in sich zu unterdrücken, um ihre Mutter nicht zu überfordern. Und so verliert sie einen wichtigen Teil ihrer selbst, ihrer Authentizität, um die Bindung zur Mutter aufrechtzuerhalten. Sie übernimmt die Verantwortung dafür, dass ihre Beziehung zu ihrer Mutter gelingt. Und weil Kinder in einer so starken Symbiose zu ihren Müttern leben, wird sie auch unbewusst den tiefen Schmerz der Mutter spüren und die Verantwortung dafür übernehmen, die Mutter glücklich zu machen. So kann dieses Mädchen sich zum Sonnenschein seiner Eltern, Lehrer und Mitmenschen entwickeln, zum Kind, das nie Probleme bereitet und scheinbar immer »funktioniert«. Es wird diese Prägung als übergeordnetes Beziehungsprogramm mit in sein Erwachsenenleben hineinnehmen. Das heißt, auch als Erwachsene wird diese Frau sehr gut »funktionieren« und sich stets mehr um die Bedürfnisse ihrer Mitmenschen kümmern als um ihre eigenen. Was bedeutet dies nun für die Beziehungsfähigkeit der Betroffenen? Es gibt zwei Möglichkeiten: 1. Sie bleiben in der Überanpassung verhaftet und sind bemüht, alle Erwartungen ihres Partners zu erfüllen. Hierfür spüren sie gewohnheitsmäßig die Bedürfnisse des anderen besser als ihre eigenen. 2. Sie halten Distanz ein, grenzen sich ab, vermeiden vielleicht auch enge Liebesbeziehungen, weil sie sich nicht selbst verlieren möchten. Gerade weil sie als Kind nur ganz schlechte Abgrenzungsfähigkeiten entwickeln konnten, benötigen sie eine radikale Grenze im Außen.

In beiden Fällen fehlt den Betroffenen ein Teil ihres Selbst. Es fehlt ihnen ein wesentlicher Zugang zu ihren Gefühlen, und es fehlt ihnen auch an Selbst-Verständnis. Das Kind in ihnen beschützt sich durch Überanpassung oder Abgrenzung, aber es hat noch nicht verstanden, dass sie heute groß sind und ihr eigenes Leben führen dürfen. Folgerichtig ist es auch wahrscheinlich, dass Betroffene sich in eine *Illusion von Liebe* verstricken, so formuliert es Ruppert. So ist die Frau in unserem Beispiel vielleicht in einer unglücklichen Beziehung gefangen und verwechselt das Gefühl der Liebe mit jenem der Abhängigkeit. Das Kind in ihr erlebt sich – wie früher bei der Mutter – in einer Symbiose gefangen, in der es verpflichtet ist, den anderen glücklich zu machen und seine eigenen Wünsche nicht zu spüren. Solange diese Frau nicht aufwacht und bemerkt, dass sie in einer Art »Funktionsmodus« operiert, wird sie nicht feststellen können, was sie selbst will und was ihr guttut. Sie wird keine authentische Nähe leben können, denn sie wird immer nur mit der Hälfte ihrer Person anwesend sein.

Das mag jetzt vielleicht ein bisschen gruselig klingen. Deshalb möchte ich direkt hinzufügen, dass man solche Prägungen, auch wenn sie traumatischer Natur sind, bearbeiten kann. Hierzu kann dieses Buch einiges beitragen. An dieser Stelle ist mir wichtig, dass Sie beim Nachdenken über Ihr eigenes Beziehungsprogramm ein Gespür dafür bekommen, welche Lebensumstände in Ihrer Familie einen möglichen Einfluss darauf haben können. Gibt es Traumata in Ihrer Familie, die möglicherweise Einfluss auf ihre Entwicklung genommen haben?

Mut zur Ehrlichkeit

Aus meiner langjährigen Therapieerfahrung weiß ich, dass es einigen Menschen schwerfällt, sich ein ehrliches und kritisches Bild von der eigenen Kindheit und von ihren Eltern zu machen. Deshalb möchte ich an dieser Stelle noch einmal betonen, dass es nicht darum geht, den Eltern für eigene aktuelle Probleme die Schuld in die Schuhe zu schieben, sondern ausschließlich darum, die eigenen Prägungen und Konditionierungen zu verstehen. Ohne dieses Verständnis kann man sie sich nämlich nicht bewusst machen, und ohne ein Bewusstsein der eigenen Prägungen kann man sie nicht verändern. Ich kenne nicht wenige Menschen mittleren Alters oder älter, die erst spät angefangen haben, sich ein realistisches Bild von ihrer Kindheit zu machen. Sie erzählen mir, sie hätten lange verdrängt, dass ihre Kindheit vorwiegend unglücklich gewesen sei. Lange hätten sie geglaubt, sie sei schön gewesen. Wenn sie an ihre Kindheit gedacht hatten, waren ihnen stets nur schöne Momente und Bilder in den Sinn gekommen. Doch als sie anfingen, genauer hinzusehen, mussten sie feststellen, dass sie sich im Inneren oft einsam und unverstanden gefühlt hatten oder dass sie ihre eigenen Bedürfnisse vollkommen hintangestellt hatten, um nur ja keinen schönen

Moment zu stören und es den Eltern recht zu machen. Rückblickend entpuppte sich die schöne Kindheit als Selbstbetrug. Aber erst durch die realistische Sicht auf ihre Vergangenheit können die Betroffenen ein Verständnis für sich selbst und ihr psychisches Programm entwickeln. Durch diese Einsichten können sie andere Programme entwerfen, die ihrer aktuellen, erwachsenen Realität viel angemessener sind. Mit diesen neuen inneren Einstellungen geht auch ein verändertes Verhalten einher, das ihre Beziehungen weniger belastet und sie ihr Leben glücklicher gestalten lässt.

Warum tun sich viele Menschen schwer damit, die eigenen Eltern kritisch zu betrachten? Der Grund ist, dass wir als Kinder existenziell darauf angewiesen sind, unsere Eltern als gut und richtig zu empfinden. Wir sind von ihnen abhängig und würden uns vollkommen schutzlos und ausgeliefert fühlen, wenn wir als kleine Kinder zu der Einschätzung gelangten, dass unsere Eltern falsch oder gar böse sind. Ein vierjähriges Kind, das von seinem Vater verprügelt wird, denkt deshalb sinngemäß: »Papa hat recht, und ich bin schlecht!« Und nicht: »Papa ist zu aggressiv, und ich bin völlig in Ordnung!« Davon abgesehen, dass es für das Kind psychisch zu bedrohlich wäre, sich einzugestehen, dass es von unfähigen Eltern abhängt, ist es auch kognitiv nicht in der Lage, sich ein elternunabhängiges moralisches Urteil zu bilden. Dazu fehlt ihm der Überblick. Seine Perspektive ist: »Ich bin klein, und du bist groß und mächtig, also bist du richtig und ich falsch!« Ich erinnere daran, dass wir alle einen Persönlichkeitsanteil in uns beheimaten, der in der Psychologie als das »innere Kind« bezeichnet wird. Es ist genau jener Anteil, der – falls negative Kindheitsprägungen vorliegen – auch als Erwachsener häufig meint, die anderen seien in Ordnung, nur man selbst sei irgendwie verkehrt. Wenn wir mit unserem inneren Kind und vor allem mit dem minderwertigen Anteil in ihm identifiziert sind, fühlen wir uns innerlich auch noch als Erwachsene klein und nur selten mit anderen Menschen auf Augenhöhe. In dieser »Matrix« (als Synonym für »inneres Programm« und gleichzeitig als Anspielung auf den gleichnamigen Film) gefangen, wähnen wir uns von anderen Menschen abhängig, die besser entscheiden können als wir selbst, was richtig und was falsch ist.

Viele Menschen gehen aus diesem Grund auf unsicheren Füßen durch dieses Leben und wünschten sich eine starke Hand, die sie führt. Solange sie ihre Prägung nicht reflektieren, bleiben sie in ihr verhaftet. Dadurch neigen sie zur Überhöhung ihrer Mitmenschen nach dem Motto: »Du bist groß, ich bin klein!« Diese Überhöhung schlägt nicht selten nach kurzer Zeit in eine Abwertung der gleichen Person um. Es ist ein häufiges Phänomen, dass wir Menschen, die wir als überlegen wahrnehmen, abwerten, um wieder auf Augenhöhe mit ihnen zu kommen.

Menschen, die sich häufig als unterlegen und abhängig erleben, sind zumeist nicht von ihren Eltern gelöst, weil das Kind in ihnen sinnbildlich gesprochen Angst hat, Mamas Hand loszulassen. Ihre autonomen Fähigkeiten sind zu wenig entwickelt, sie leben nur einen Teil ihres Potenzials. Auf diese Weise bleiben jedoch die Idealisierung der eigenen Eltern und die Verstrickung mit ihnen bestehen, und die Betroffenen sind überzeugt, ihre Kindheit wäre rosig gewesen. Um die eigenen Eltern kritisch zu betrachten, muss ich etwas Abstand zu ihnen einnehmen, und das heißt, dass ich mich zumindest ein kleines Stück aus der Bindung lösen muss. Und genau dies macht denjenigen Angst, deren inneres Kind sich klein und abhängig fühlt. Zudem lieben sie ihre Eltern und fühlen sich ihnen gegenüber zur Loyalität verpflichtet. Wenn sie kritisch über ihre Eltern nachdenken, stellen sich unmittelbar Schuldgefühle ein. In manchen Fällen sind aber auch die seelischen Erschütterungen so stark, dass sie traumatische Qualität haben und es so etwas wie ein Überlebensprogramm gibt, das verhindert, dass diese Verletzungen bewusst werden. Die Verdrängung beschützt die Betroffenen vor großer psychischer Not.

Wenn wir in den nächsten Schritten gemeinsam Ihr Bindungs- und Ihr Autonomieprogramm erstellen, möchte ich Sie ermutigen, sich möglichst ehrlich mit ihrer Vergangenheit und mit Ihren Eltern auseinanderzusetzen. Das mag zwar am Anfang schmerzhaft sein, ist aber die große Chance, um alte Gefühle aufzulösen und zu ganz neuen Einstellungen zu gelangen. Dabei kann es hilfreich sein, wenn man sich auch die tatsächlich guten Seiten der eigenen Eltern klarmacht, diese anerkennt und dankbar für sie ist. Zudem sollten Sie sich einfach vor Augen führen, dass auch Ihre eigenen Eltern wiederum Eltern hatten, die sie geprägt haben. Wenn Eltern Fehler machen – und das passiert allen Eltern –, dann tun sie dies meist nicht, weil sie ihren Kindern aktiv schaden wollen, sondern in der Regel, weil sie ihre eigene Erziehung zu wenig reflektiert und nicht hinterfragt haben. Und genau deshalb ist es auch so wichtig, dass man sich um Selbstreflexion bemüht, um die eigenen, negativen Prägungen nicht an seine eigenen Kinder weiterzureichen und sie auch nicht an seinen Mitmenschen unbewusst auszuleben. Wenn ich mich selbst besser verstehen lerne, ist dies nicht nur der Königsweg zum eigenen Lebensglück, sondern ich werde auch ein besserer Mensch. Deswegen möchte ich Sie ermutigen, mit mir die nächsten Schritte zu gehen und Ihr persönliches Beziehungsprogramm zu erstellen.

Finde dein Bindungsprogramm

An dieser Stelle möchte ich gern zum etwas persönlicheren »Du« übergehen. Ich mag das distanzierte »Sie« nicht, wenn es um wirklich Persönliches geht. Das vertraulichere Du hebt diese Distanz auf und erreicht dich direkt in deiner ganzen Persönlichkeit. Und darum geht es mir ja. Ich möchte dir dabei helfen, deine persönlichen Prägungen, dein individuelles Beziehungsprogramm zu verstehen. Denn wenn du dieses klar vor Augen hast, kannst du es in einem zweiten Schritt verändern.

Ich möchte dir empfehlen, dass du dir für den nächsten Teil dieses Buches ein Schulheft zulegst, in dem du die nun folgenden Übungen durchführst und in das du auch weitere Erfahrungen, Gedanken und Erlebnisse eintragen kannst. Betrachte es quasi als dein persönliches *Reflexionsbüchlein*. Dies empfehle ich auch meinen Klienten. Es ist nämlich so, dass wir schreibend die Dinge viel tiefer verarbeiten und beim Schreiben auch mehr genötigt sind, sie zu Ende zu denken. Du kannst die Übungen natürlich auch nur lesen, wenn es dir zu mühsam ist, sie schriftlich durchzuführen. Effektiver ist es aber, wenn du die Übungen aktiv machst, dir ein wenig Zeit nimmst und deine Gedanken und Gefühle schriftlich festhältst.

Erster Schritt: Welcher Qualität war deine Bindung zu deinen Eltern?

Übung:
Erkunde die Bindung zu deinen Eltern

Bitte nimm dir dein Reflexionsbüchlein und notiere, wie gut oder schlecht deine Eltern deine Bindungswünsche in deiner Kindheit (0–10 Jahre) erfüllt haben. Wenn du nicht bei deinen Eltern aufgewachsen bist, beantworte dieselbe Frage in Bezug auf deine Pflegepersonen. Schreibe deine Antwort bitte für jeden Elternteil (Pflegeperson) einzeln auf. Wenn du einen leiblichen Elternteil und auch noch einen sozialen Elternteil (Stiefmutter/Stiefvater) hattest, dann kannst du – sofern alle in deinem Leben eine wichtige Rolle spielten – alle notieren.

Um diese Aufgabe zu erfüllen, spüre bitte in dich hinein und rufe dir deine Kindheit vor Augen, vielleicht auch eine bestimmte Situation, die dir noch lebendig in Erinnerung ist. Falls du wenige Erinnerungen an deine frühe Kindheit hast, spricht dies dafür, dass sie nicht so schön war. Schwierige Kindheiten werden eher verdrängt als gute. Solltest du also nur sehr schwache oder sogar gar keine Erinnerungen an deine frühe Kindheit haben, dann nimm bitte jene Erinnerung, die du aus späteren Jahren an deine Eltern in dir finden kannst, und frage dich: Wie waren meine Eltern wohl, als ich klein gewesen bin, wenn sie so waren, wie ich mich an sie aus späterer Zeit erinnere?

Um dir bei dieser Aufgabe zu helfen, habe ich Listen mit positiven wie negativen Attributen zusammengestellt, die dich bei der Beschreibung deiner Eltern unterstützen. Außerdem werden die beispielhaften Personen Julia und Robert, die du schon im Abschnitt »Unser Beziehungsprogramm« kennengelernt hast, die folgenden Übungen mitmachen, sodass du dich an ihrem Beispiel orientieren kannst. Julia wird die Übungen zum Thema Bindung und Robert jene zum Thema Autonomie »vorturnen«.

Frage dich: War Mama/Papa ...
Positive Bindungsattribute: lieb, fürsorglich, einfühlsam, zugewandt, unterstützend, warm, stark, zärtlich, gewährend, berechenbar, zuverlässig, gut gelaunt, ausgeglichen ...
Negative Bindungsattribute: lieblos, kühl, selbstbezogen, gleichgültig, überfordert, wenig verständnisvoll, nicht einfühlsam, sehr autoritär, distanziert, desinteressiert, aggressiv, misshandelnd, bedrohlich, gestresst, reizbar, unberechenbar ...

Notiere bitte für jeden Elternteil die zugehörigen Attribute, die dessen Bindungsfähigkeit bzw. seine Beziehung zu dir beschreiben.

Beispiel Julia:
Mama: war zu oft weg. Lieb, hat sich viel um mich gekümmert, wenn sie da war.
Papa: war zu oft weg. Meistens lieb, manchmal aber auch gestresst und leicht reizbar, wenn er da war.

Zweiter Schritt: Welche Gefühle waren daheim erwünscht bzw. unerwünscht?

Übung:
Wie gingen deine Eltern mit Gefühlen um?

Nun schreib bitte auf, welche Gefühle daheim erlaubt waren. Mit welchen Gefühlen konnten deine Eltern gut umgehen, mit welchen nicht so gut? Welche Gefühle durftest du fühlen, welche waren nicht erwünscht bzw. mit welchen Gefühlen schienen deine Eltern überfordert?
Positive Gefühle: Freude, Stolz, Liebe, Zuneigung
Negative Gefühle: Trauer, Hilflosigkeit, Scham, Eifersucht, Angst und Wut

Hast du dich, weil manche Gefühle daheim nicht erwünscht waren, manchmal allein und unverstanden von deinen Eltern gefühlt?

Beispiel Julia:
Mama wurde immer ganz steif und abweisend, wenn ich geweint habe und sie anflehte, sie solle nicht schon wieder wegfahren. Ich glaube, sie war von meiner Trauer völlig überfordert und konnte nicht damit umgehen, weil ich damit so viele Schuldgefühle in ihr ausgelöst habe. Außerdem war Trauer ein Gefühl, das sie auch selbst nie gezeigt hat. Sie war immer die Starke, obwohl sie innerlich wahrschein-

lich gar nicht so stark gewesen ist. Überhaupt hatte sie ein Problem mit den »schwachen Gefühlen« wie Scham, Angst und Hilflosigkeit. Wenn ich diese Gefühle hatte, hat sie sich selbst hilflos gefühlt. Ich glaube, sie hatte dann immer das Gefühl, eine schlechte Mutter zu sein. Deswegen habe ich mir auch angewöhnt, solche Gefühle nicht zu zeigen. Schwache Gefühle sind mir bis heute immer ziemlich peinlich. Mit den positiven und starken Gefühlen konnte sie hingegen gut umgehen, sie zeigte mir, wie lieb sie mich hat. Auch wenn ich mal wütend war, war das okay.
Papa konnte gut mit den positiven Gefühlen umgehen. Er hat mir immer gezeigt, wie lieb er mich hat und dass er stolz auf mich ist. Ihm fiel es auch leichter als Mama, auf mich einzugehen, wenn ich mal traurig war. Er hat mich dann getröstet und mir Mut gemacht. Allerdings durfte ich bei Papa nicht wütend sein, da ist er selbst dann immer schnell ausgeflippt. Wenn ich wütend war, hat das sofort seine Wut ausgelöst, und wir haben uns furchtbar in die Wolle bekommen. Mit welchen Gefühlen kannst du gut umgehen, welche unterdrückst du oder fühlst dich ihnen zu stark ausgeliefert? Notiere sie bitte.

Beispiel Julia:
Ich erlaube mir: Freude, Zuneigung, Liebe.
Ausgeliefert fühle ich mich häufig meiner Angst, vor allem meiner Verlustangst.
Unterdrücken tue ich meistens meine Wut.
Für meine schwachen Gefühle, wie Trauer und Hilflosigkeit, schäme ich mich. Von Mama habe ich übernommen, dass ich immer stark sein muss.

Dritter Schritt: Welche Rolle, welchen Auftrag hattest du in deiner Familie?

Übung:
Was war deine Familienrolle?

Nun überlege dir bitte, ob dir in deiner Familie eine gewisse Rolle, ein gewisser Auftrag zugeschrieben war. Diese Rollenzuschreibungen erfolgen beispielsweise häufig aufgrund bestimmter Eigenschaften, die Kinder mit auf die Welt bringen. Wenn sie zum Beispiel ängstlich und sensibel sind, wird ihnen gern nachgesagt, sie seien »das Sensibelchen« in der Familie – das muss auch gar nicht böse gemeint sein, trägt aber dazu bei, welches Selbstbild wir entwickeln.

Manche Kinder haben auch die Rolle bzw. den Auftrag, stark sein zu müssen. Entweder, weil zum Beispiel die Mutter selbst schwach ist, sodass das Kind Verantwortung für deren Befindlichkeit übernimmt, indem es stark und fröhlich ist, um die arme Mutter nicht noch mehr zu schwächen. Oder auch, weil ein Geschwisterkind von Geburt an krank ist oder den Eltern aus anderen Gründen viele Sorgen macht, sodass das Kind beschließt, dass es den Eltern jetzt nicht auch noch zur Last fallen darf. Es kann aber auch die wohlgemeinte Absicht eines oder beider Eltern sein, dass sie ihr Kind gern stark und selbstbewusst erziehen möchten, was manchmal vom Kind auch als eine unbewusste Verpflichtung erlebt werden kann, keine Schwäche zu zeigen.

Andere Kinder wiederum verspüren in sich den Auftrag, dass sie die Mama glücklich machen müssen, weil sie diese oft traurig erleben. Manche Kinder meinen, sie müssten Mama und Papa zusammenhalten, weil diese sich so oft streiten und das Kind Angst hat, sie könnten sich trennen.

Spüre bitte in dich hinein, ob du eine bestimmte Rolle oder einen bestimmten inneren Auftrag in der Familie verspürt hast. Notiere ihn.

Beispiel Julia:
Ich habe oft die Rolle »kleines Mädchen« gespielt, damit Mama und Papa sehen, wie schutzbedürftig ich bin, und bei mir bleiben. Dabei hatte ich den Auftrag, vor allem von Mama, stark sein zu müssen. Irgendwie habe ich immer beides versucht.

Vierter Schritt: Finde deine Glaubenssätze

Glaubenssätze sind tiefe und zumeist unbewusste Überzeugungen über uns selbst, unseren Selbstwert und unsere Beziehungen. Sie entstehen durch die Erfahrungen, die wir auf dieser Welt machen, vor allem jene in den ersten Lebensjahren mit den eigenen Eltern. Die Glaubenssätze sind gewissermaßen die Programmiersprache unseres Selbstwertgefühls. Wichtig ist, dass Eltern normalerweise die Glaubenssätze nicht aktiv in ihr Kind hineintragen, sondern dass sie den Versuch des Kindes darstellen, sich die Welt zu erklären. Wenn das Kind beispielsweise sehr liebevoll von seinen Eltern umsorgt wird, dann entstehen in ihm positive Glaubenssätze, wie etwa: »Ich werde geliebt«; »Ich bin willkommen«; »Ich bin wichtig« usw. Erfährt es hingegen viel Ablehnung und emotionale Kälte, dann bildet es Glaubenssätze aus wie: »Ich bin nix wert«; »Ich bin allein«; »Keiner liebt mich« usw. Glaubenssätze sind immer sehr einfach formuliert, weil unser Unterbewusstsein mit ganz einfachen Kategorien operiert. Diese Glaubenssätze sind wie innere Programme, mit deren Hilfe wir die Wirklichkeit interpretieren. Sie sind ein zentraler Bestandteil unseres inneren Kindes und werden in das Erwachsenenleben mit übernommen. Sie bestimmen maßgeblich darüber, wie wir wahrnehmen, fühlen, denken und handeln.

Übung:
Deine Glaubenssätze zu Bindung,
Liebe und Familie

Ich möchte dich jetzt bitten, in dich hineinzuspüren, welche Glaubenssätze du in Bezug auf das Thema Bindung, Liebe und Beziehung in dir trägst. Hierfür lässt du noch einmal auf dich wirken, was du in den ersten drei Schritten über dich und deine Eltern zusammengetragen hast. Um dir dabei zu helfen, deine Glaubenssätze zu finden, habe ich dir ein paar positive wie negative zusammengestellt. Diese Liste ist selbstverständlich nicht vollständig, deswegen fühle dich frei, deine eigenen Sätze und Formulierungen zu finden.

Mögliche positive Glaubenssätze zur Qualität deiner Elternbindung könnten sein:

- Ich bin okay.
- Ich genüge.
- Ich werde geliebt.
- Ich bin wichtig.
- Ich bin wertvoll.
- Ich darf ich sein.
- Ich bin willkommen.
- Für mich wird gesorgt.
- Ich darf fühlen.
- Ich kann mich wehren.
- Usw.

Mögliche negative Glaubenssätze könnten sein:

Glaubenssätze, die unmittelbar den Selbstwert betreffen:

- Ich bin nix wert.
- Ich genüge nicht.
- Ich tauge nix.
- Ich soll nicht leben.
- Ich bin nicht wichtig.
- Ich falle zur Last.
- Keiner liebt mich.

- Ich werde sowieso verlassen.
- Ich bin schuld.
- Ich bin ohnmächtig (klein, wehrlos).
- Usw.

Glaubenssätze, die die Lösung für das Problem mit Mama und Papa sind (Selbstschutzstrategie):

- Ich muss deine Erwartungen erfüllen (funktionieren, perfekt sein).
- Ich darf nicht fühlen (nicht traurig, wütend sein usw.).
- Ich muss mich anpassen (verbiegen, keinen eigenen Willen haben).
- Ich muss stark sein.
- Ich muss dich glücklich machen.
  (Ich bin für dein Glück verantwortlich.)
- Ich darf dich nicht enttäuschen.
- Ich darf mich nicht trennen (muss bei dir bleiben).
- Usw.

Beispiel Julia:
Ich genüge nicht; Ich werde sowieso verlassen; Ich bin allein; Ich muss perfekt sein; Ich darf dich nicht enttäuschen; Ich muss mich anpassen und fügen.

An Julias Glaubenssätzen erkennt man sehr schön den Zusammenhang zwischen ihrem labilen Selbstwertgefühl (Ich genüge nicht) und der Selbstschutzstrategie, die sie daraus entwickelt, nämlich: Ich muss perfekt sein; Ich darf dich nicht enttäuschen. Die Schutzstrategien sind Verhaltensweisen, die den Glaubenssätzen die Macht nehmen und so den angeschlagenen Selbstwert kompensieren sollen. Auf die Schutzstrategien komme ich noch ausführlich unter »Das Schattenkind und seine Schutzstrategien« zu sprechen.

Möglicherweise hast du anhand dieser Übung sehr viele Glaubenssätze gefunden, vielleicht auch einige mehr als Julia. Häufig stellen die Glaubenssätze die Variation eines bestimmten Themas dar. Bei Julia ist es beispielsweise ihre Angst vor dem Alleinsein und davor, verlassen zu werden. Fast alle ihre Glaubenssätze stehen mit ihrer Verlustangst in Verbindung. So muss sie beispielsweise perfekt sein, damit sie nicht verlassen wird, und sie muss alle Erwartungen erfüllen, um zu gefallen. Sie muss sich anpassen und fügen, auch wiederum, um nicht verlassen zu werden, aber auch, weil sie innerhalb ihres Glaubenssystems sowieso verlassen wird und nichts dagegen tun kann (weil ihre Eltern sie ja immer wieder zurückgelassen haben und die kleine Julia hierauf keinerlei Einfluss nehmen konnte). Dass ich hier von Angst/Verlustangst spreche, zeigt wie eng die Glaubenssätze an die Gefühle gekoppelt sind, worauf ich im nächsten Abschnitt noch näher eingehen werde.

> *Übung:*
> *Finde deine Kernglaubenssätze*
>
> Wir wollen nun deine negativen Glaubenssätze auf die zentralen Themen, auf die sogenannten Kernglaubenssätze reduzieren. Hierfür liest du alle Glaubenssätze, die du gefunden hast, noch einmal durch und spürst in dich hinein, welche dich am meisten berühren, dich am meisten runterziehen. Identifiziere bitte mindestens einen, höchstens drei Glaubenssätze als deine Kernglaubenssätze.
>
> *Beispiel Julia:*
> *Ich werde verlassen; Ich genüge nicht.*

Fünfter Schritt: Identifiziere deine Gefühle

Um das Kind in dir zu verstehen, ist es wichtig, dass du deine Gefühle identifizierst. Denn letztlich sind es die Gefühle, die uns dazu bringen, Dinge zu tun oder auch zu unterlassen. Die Glaubenssätze an sich sind ja erst einmal nur Gedanken. Gedanken haben, für sich genommen, keine große Kraft, uns zu motivieren. Das weiß jeder – nur der Gedanke, dass etwas schädlich, ungesund oder ungünstig ist, motiviert uns nicht, etwas Bestimmtes zu tun oder ein Verhalten zu unterlassen. Wenn das anders wäre, gäbe es nur vernünftige Menschen auf der Welt, die sich gesund ernähren und regelmäßig Sport treiben. Auch Süchte gäbe es nicht. Es sind die Gefühle, die mit unseren Gedanken und Glaubenssätzen einhergehen, die uns in Gang setzen oder eben auch hemmen. In der Psychologie spricht man auch von *Annäherungs- und Vermeidungsverhalten*. Die Gefühle sagen uns, ob wir uns einer Sache annähern oder sie vermeiden wollen. Deine Glaubenssätze lösen Gefühle in dir aus, auch wenn dir das häufig gar nicht so bewusst ist. Es ist aber sehr wichtig, dass du diese Gefühle identifizierst, denn nur so kannst du dich zukünftig rechtzeitig ertappen, wenn du im Modus deines inneren Kindes, also in deinem Glaubenssystem gefangen bist.

Versuche also bitte einmal ganz bewusst zu spüren: Welche Gefühle erzeugen deine Glaubenssätze in dir? Wenn es dir schwerfällt, etwas zu fühlen, erinnere dich bitte an einen bestimmten Konflikt, den du mit deinem Partner oder Expartner hattest und bei dem du sicher bist, dass dein verletztes inneres Kind daran beteiligt war/ist. Welche Gefühle ruft dieser Konflikt in dir hervor? Welche Gefühle sind dir sehr vertraut? Kannst du deine Gefühle in einen Zusammenhang mit deinen Glaubenssätzen bringen? Achte bitte auf den *körperlichen Ausdruck* deiner Gefühle wie beispielsweise: Druck auf der Brust, Kribbeln im Bauch, Herzklopfen, Engegefühl im Hals usw. Falls du nur die körperliche Ebene spürst, zum Beispiel Druck, dann frage dich: Welcher Gefühlsname passt zu diesem Druck? Handelt es sich um Angst oder ist es Anpassungsdruck?

Eine zentrale Rolle in unserem Gefühlsleben spielen immer *Verlust- und Versagensangst*. Sie sind sehr eng mit unserem Selbstwert verknüpft. In der Regel werden Verlust- und Versagensängste von Glaubenssätzen gespeist, die eine gefühlte Minderwertigkeit ausdrücken. Sehr viele Menschen tragen beispielsweise – in unterschiedlichen Formulierungen – den Glaubenssatz in sich: »Ich genüge nicht!« Ihre Verlustangst ist entsprechend groß, weil ihr inneres Kind nicht glauben kann, dass es – so wie es wirklich ist – geliebt wird. Und sie haben oft Angst zu versagen, weil das wiederum die Bestätigung ihrer gefühlten Minderwertigkeit ist. Allerdings kennen auch Menschen mit einem intakten Selbstwert Verlust- und Versagensängste, denn diese Ängste gehören zur menschlichen Natur. Sie dienen ebenso wie unser Bedürfnis nach Selbstwerterhöhung und unser Schamgefühl dazu, dass wir nicht als Egomanen durchs Leben gehen, sondern uns auch an eine Gemeinschaft anpassen. Menschen, die jedoch grundsätzlich unter Selbstzweifeln leiden, sind stärker von Versagens- und Verlustangst befallen.

Viele andere Gefühle sind sogenannte *Sekundärgefühle*, die sich aus der Verlust- und Versagensangst ergeben. Wenn ich beispielsweise versagt habe, schäme ich mich. Wenn ich einen wichtigen Menschen verloren habe, bin ich traurig. Wenn mir ein Verlust droht, reagiere ich mit Eifersucht usw. Auch Wut ist eine häufige Reaktion auf gefühltes Versagen oder einen Verlust. Nicht selten flüchten wir uns auch in den Ärger, um die tiefe Trauer zu verdrängen, die ein Verlust oder ein Versagen nach sich ziehen kann. Wut ist ein starkes Gefühl, Trauer hingegen ein schwaches – deswegen ziehen wir die Wut gern der Trauer vor. Umgekehrt kann es aber auch sein, dass Menschen, die aggressionsgehemmt sind, Trauer verspüren, wo Wut angemessen wäre. Dies erlebe ich häufig bei Klienten, die mir zum Beispiel berichten, wie schlecht sie ihr Partner behandelt, sie beleidigt, beschimpft, unzuverlässig ist usw. Sie sagen mir, wie traurig sie aufgrund seines Verhaltens sind. Wenn ich dann frage, ob sie das Verhalten ihres Partners nicht auch wütend macht, verneinen sie dies zumeist. Dabei wäre Wut in diesem Fall die viel angemessenere Emotion. Diese Klienten – öfter Frauen als Männer – sind jedoch ganz auf der Seite der Bindung und haben zumeist schon als Kinder gelernt, ihre Wut zu unterdrücken, um die Bindung zu ihren Eltern, später die zum Partner, nicht zu gefährden. Trennungsaggression wäre nämlich notwendig, um sich angemessen zu wehren oder die Beziehung zu beenden. Die Betroffenen opfern also einen Teil ihrer Autonomie, indem sie ihre Wut unterdrücken, um so ihre Bindung an den Partner aufrechtzuerhalten.

Übung:
Erkenne deine Gefühle

Bitte notiere, welche Gefühle du häufig in deinen Liebesbeziehungen verspürst. Welche Gefühle bewirken, dass du dich an einen schwierigen Partner klammerst? Oder aber: Welche Gefühle distanzieren dich von deinem Partner? Wovor hast du Angst? Was ist deine größte Sehnsucht?

Beispiel Julia:
Ich habe große Verlustangst und bin deswegen auch häufig eifersüchtig. Alles hängt damit zusammen, dass ich mich oft minderwertig fühle. Meine größte Sehnsucht ist die nach Liebe und Bindung.

Sechster Schritt: Zusammenfassung

Nun hast du die wesentlichen Inhalte deines Bindungsprogramms gefunden, und ich empfehle dir, deine Erkenntnisse noch einmal für dich auf den Punkt zu bringen, damit du dein Programm glasklar vor Augen hast.

Übung:
Dein Bindungsprogramm auf den Punkt gebracht

Nimm bitte noch einmal innerlich Kontakt mit deinen Gefühlen auf, geh die einzelnen Schritte, die wir gemacht haben, nochmals durch und versuche hierbei, dein Programm zu ermitteln. Notiere es schriftlich in dein Reflexionsbüchlein.

Beispiel Julia:
Also, Mama und Papa waren viel zu oft weg. Ich habe mich oft schrecklich alleingelassen gefühlt. Oft dachte ich, ich wäre schuld, weil ich kein braves Mädchen war. Und deswegen meine ich auch heute noch, ich genüge nicht. Das ist natürlich irgendwie Quatsch, aber ich fühle es so. Das Kind in mir, die kleine Julia, hat schreckliche Angst vor dem Alleinsein. Ich brauche immer jemanden, der bei mir ist. Ich habe eine ganz große Sehnsucht nach Liebe und Bindung. Warum binde ich mich dann ausgerechnet an Robert, der mich doch ständig allein lässt? Verliebt habe ich mich in ihn, weil er so stark und unabhängig wirkte, das ist genau das, was mir fehlt. Ich dachte, er

würde mich beschützen und irgendwie für mich sorgen. Aber weit gefehlt. Stattdessen löst er meine Verlustangst aus, und ich versuche wie blöd, Kontrolle über die Situation herzustellen, indem ich alles dafür tue, ihm zu gefallen. Dabei hat es wahrscheinlich gar nichts mit mir zu tun, dass er so distanziert ist. Vermutlich ist sein inneres Kind nur ganz anders programmiert als meins. Das könnte etwas mit seiner übergriffigen Mutter zu tun haben ...

Finde dein Autonomieprogramm

Nun wollen wir ein Verständnis für deine autonomen Fähigkeiten gewinnen. Hierfür tragen wir diesmal zusammen, wie gut deine Eltern deine autonomen Fähigkeiten gefördert oder behindert haben oder ob sie möglicherweise auch zu früh zu viel Autonomie von dir verlangt haben.

Erster Schritt: Wie gut haben deine Eltern dein Bedürfnis nach Autonomie erfüllt?

Übung:
Durftest du Autonomie entwickeln oder nicht?

Hier schreibst du wieder für deine Eltern (Pflegepersonen) jeweils einzeln auf, wie gut sie dich dabei unterstützt haben, selbstständig zu werden, oder ob sie dich vielleicht zu stark an sich gebunden haben. Möglicherweise warst du aber auch zu früh auf dich allein gestellt? Das kannst du alles hier notieren. Ich werde dir wieder mit Listen von Attributen helfen, zu beschreiben, in welcher Weise deine Eltern deine Autonomieentwicklung beeinflusst haben.

Mama/Papa ...

Positive Eigenschaften: waren unterstützend; haben mir viel beigebracht; haben mir Vertrauen in meine Fähigkeiten vermittelt; haben mir Mut zugesprochen, wenn ich Angst vor Herausforderungen hatte; haben an mich geglaubt; haben mir geholfen, wenn ich allein nicht klarkam; waren für mich da, ohne mich zu bedrängen; Ich durfte mich ohne Schuldgefühle von ihnen lösen; Ich durfte meinen Willen äußern und habe ihn öfter auch mal durchgesetzt; Ich durfte wütend sein ...

Negative Eigenschaften: haben mich vernachlässigt; haben mich häufig alleingelassen; haben mich überfordert; waren sehr autoritär; wussten alles besser; haben mir wenig beigebracht; haben mich nicht unterstützt, Dinge allein zu schaffen; haben mir zu viel abgenommen; haben zu viele Entscheidungen für mich getroffen; haben mich mit ihrer Liebe erdrückt, haben viel Druck gemacht; hatten klare Vorstellungen, wie ich zu sein hatte; konnten mit meiner Wut nicht umgehen; haben mich überbehütet; haben mich ganz eng gebunden; ich durfte/darf mich nicht lösen; waren selbst sehr bedürftig, sodass ich immer auf sie Rücksicht genommen habe; waren viel mit sich selbst beschäftigt; waren lieb, aber irgendwie auch weit weg; konnten mit meinen schwachen Gefühlen schlecht umgehen; haben mir zu viel durchgehen lassen – ich war irgendwie immer stärker als meine Eltern.

Beispiel Robert:
Mama hat mich abgöttisch geliebt, zu viel geliebt. Sie hat mich erdrückt. Ich hatte immer Schuldgefühle, wenn ich sie allein ließ. Sie war so bedürftig. Ich habe sie geliebt und gehasst zugleich.
Papa hat mich nicht vor Mama beschützt, hat mich alleingelassen. Er hat mir aber auch einiges beigebracht und meine Selbstständigkeit gefördert. Er hätte aber Mama öfter zurückpfeifen sollen, so war ich ihr ausgeliefert.

Zweiter Schritt: Welches Vorbild waren dir deine Eltern?

Übung:
Durftest du Selbstständigkeit entwickeln oder nicht?

Hier kannst du darüber nachdenken, was deine Eltern, vor allem der gleichgeschlechtliche Elternteil, dir an Autonomie und Selbstständigkeit vorgelebt haben. Waren sie frei und selbstbestimmt oder eher abhängig und angepasst? Oder waren sie zu autonom, also häufig körperlich und/oder psychisch abwesend und von der Familie abgegrenzt?

> *Beispiel Robert:*
> *Mama: war sehr unselbstständig. Hat sich an mich geklammert, weil Papa wenig für sie da war. Sie hätte aber auch nicht die Kraft gehabt, sich von Papa zu trennen. Sie war emotional und finanziell von ihm abhängig.*
> *Papa: hat sein eigenes Ding gemacht. War auf sich bezogen, wenig kompromissbereit. Mama hat er viel allein gelassen, mich oft auch. War sehr autonom auf eine egoistische Art.*

Dritter Schritt: Wie sind deine Eltern mit deiner Wut umgegangen?

Wie ich bereits geschrieben habe, ist Aggression, also die Emotionen Wut und Ärger, sehr wichtig, um uns abzugrenzen und unseren eigenen Weg zu gehen. Manche Menschen sind zu aggressiv, andere zu aggressionsgehemmt – beides hat negative Auswirkungen auf ihr autonomes Erleben und Handeln. In der Psychologie unterscheiden wir zwischen *passiver* und *aktiver Aggression*. Aktive Aggressionen sind auf den ersten Blick als solche erkennbar: klar argumentieren, sich wehren, streiten, schreien, schlagen. Passive Aggressionen kommen durch die Hintertür. Menschen, die aggressionsgehemmt sind, sind häufig passiv aggressiv. Das heißt, sie sagen nicht, was sie wollen und was sie nicht wollen, sondern eiern herum und mauern. Zu den Spielarten der passiven Aggression zählen: schweigen; trödeln, Zusagen machen, aber nicht umsetzen; Versprechen »vergessen«; den anderen auflaufen lassen; sich hinter eine Mauer zurückziehen, stur sein eigenes Ding machen, Kompromisslosigkeit.

Menschen, die auf eine positive Weise ihr Leben autonom gestalten, können ihre Wünsche äußern, für sich eintreten, argumentieren und verhandeln. Sie nutzen also die Energie der Aggression konstruktiv. Hierdurch sind sie auch greifbar und transparent für ihre Mitmenschen. Menschen, die hingegen zu (aktiv) aggressiv sind, haben ein ausgeprägtes Machtstreben und setzen ihre Autonomie und ihre Bedürfnisse aggressiv durch, indem sie autoritär, fordernd, streitlustig, laut, wenig verhandlungsbereit und eigensinnig vorgehen.

Menschen, die ihre Autonomie passiv-aggressiv gestalten, haben ebenfalls ein ausgeprägtes Machtstreben; sie sind aber die klassischen »Maurer«. Sie machen stur ihr eigenes Ding, ohne viel zu reden. Beziehungsgespräche lassen sie über sich ergehen und machen mündliche Zusagen, ohne danach etwas zu verändern. Ganz Hartgesottene machen noch nicht einmal mündliche Zusagen. Manche Menschen, die aggressionsgehemmt sind, manipulieren ihre Mitmenschen aber auch durch Jammern und Klagen. Sie sind oft quengelig und weinerlich und wollen auf diese Art und Weise andere Menschen und ihren Partner dazu bringen, sich um sie zu kümmern. Oft sind es Frauen, die diese Art der Einflussnahme praktizieren, aber es gibt auch Männer, die so agieren.

Übung:
Durftest du wütend sein und einen eigenen Willen haben?

Denk bitte darüber nach, auf welche Weise du deine Interessen verfolgst und deine persönlichen Bedürfnisse befriedigst. Wie sind deine Eltern mit deinem Willen umgegangen? Durftest du einen eigenen Willen haben, durftest du wütend sein? Welches Vorbild waren dir deine Eltern in Bezug auf die Durchsetzung ihrer eigenen Interessen? Bitte notiere für jeden Elternteil, wie er mit deiner und seiner Wut umgegangen ist.

Beispiel Robert:
Mama war jammerig. Sie hat mich manipuliert mit ihrer Schwäche und ihrer Bedürftigkeit. Wütend war sie eigentlich nie, nur enttäuscht – das war viel schlimmer zu ertragen, als wenn sie mal wütend gewesen wäre. Ich musste meine Wut unterdrücken, um mit Mama klarzukommen. Wenn ich wütend wurde, kamen ihr direkt die Tränen. Da hatte ich sofort Schuldgefühle und bin »freiwillig« umgekehrt. Heute überkommen mich noch Erstickungsanfälle, wenn ich daran denke – dasselbe Gefühl, das ich bei Julia oft habe, wenn sie mehr Nähe einfordert und traurig ist.
Papa war passiv-aggressiv. Der typische »Maurer«. Hat stur sein eigenes Ding gemacht, da konnte Mama betteln und flehen, so lange sie wollte. Er hat sich in die Arbeit und seine Hobbys geflüchtet. Wenn ich jetzt so darüber nachdenke, verhalte ich mich genauso. Autsch!

Vierter Schritt: Finde deine Glaubenssätze

Nun wollen wir deine Glaubenssätze finden, die du zum Thema Autonomie entwickelt hast. Wichtig: Es gibt große Schnittmengen zwischen Glaubenssätzen rund um das Thema Bindung und jenen zum Thema Autonomie. Das heißt, es wird bei den Aufzählungen der Glaubenssätze auch Wiederholungen geben. Das liegt daran, dass Autonomie und Bindung ineinanderwirken. So kann ein Kind, das von seinen Eltern stark in seinem Bindungsbedürfnis frustriert wurde, zum Beispiel den Glaubenssatz entwickeln: »Ich muss es allein schaffen!« Das heißt, gerade weil es wenig Bindung und somit wenig Vertrauen in andere Menschen erfahren hat, löst es sein Problem, indem es sich auf die Seite der Autonomie begibt, indem es sich unbewusst entschließt, dass es allein klarkommen muss.

Wir wollen nun schauen, ob du zum Thema Autonomie noch weitere, neue Glaubenssätze findest oder ob die Glaubenssätze, die du zum Thema Autonomie findest, dieselben sind wie beim Thema Bindung.

Übung:
Deine Glaubenssätze zu Autonomie

Welche Glaubenssätze hast du aufgrund der Art und Weise, wie deine Eltern deine autonomen Bedürfnisse erfüllt haben, entwickelt?

Positive Glaubenssätze zu Autonomie

- Ich kann das. (Ich pack das allein. Ich bin stark.)
- Ich kann/darf mich wehren.
- Ich darf einen eigenen Willen haben. (Ich darf ich sein.)
- Ich bin groß und selbstständig. (Ich habe Kontrolle. Ich kann Einfluss nehmen.) Ich bin auf Augenhöhe mit anderen Menschen. (Ich habe die gleichen Rechte.)
- Ich darf mich lösen. (Ich darf mein eigenes Ding machen. Ich darf dich enttäuschen.)
- Ich darf wütend sein. (Ich darf meine Gefühle fühlen.)
- Usw.

Negative Glaubenssätze zu Autonomie

- Ich schaff das nicht. (Ich bin überfordert.)
- Ich kann nix. (Ich bin dem Leben nicht gewachsen. Ich brauche Hilfe.)
- Ich bin unterlegen. (Ich bin schwach/klein. Ich komme unter die Räder. Ich bin dir ausgeliefert.)
- Ich bin alleingelassen.
- Ich bin ohnmächtig. (Ich bin hilflos.)
- Ich bin dir überlegen. (Ich bin stärker als du. Ich bin der/die Größte.)
- Usw.

Glaubenssätze, die die Schutzstrategie formulieren

- Ich muss mich abschotten (mich verdrücken, untertauchen …).
- Ich muss mich gegen dich wehren.
- Ich darf nicht nachgeben.
- Ich muss Kind bleiben.
- Ich darf mich nicht lösen.
- Ich darf nicht Nein sagen. (Ich darf mich nicht abgrenzen. Ich darf keinen eigenen Willen haben. Meine Wünsche zählen nicht.)
- Ich muss es allein schaffen. (Ich darf nicht vertrauen.)
- Ich muss mich abgrenzen. (Ich muss mich unsichtbar machen.)
- Ich darf mich nicht wehren.
- Ich muss mich fügen. (Ich darf nicht wütend sein. Ich darf dich nicht enttäuschen.)
- Ich muss die Kontrolle/Oberhand/Macht bewahren.
- Ich muss gewinnen. (Ich muss der Größte sein.)
- Ich muss kämpfen.
- Usw.

Beispiel Robert:
Negative Glaubenssätze: Ich bin ohnmächtig; Ich bin dir ausgeliefert. Glaubenssätze, die Schutzstrategien formulieren: Ich muss mich unterordnen; Ich muss mich einmauern; Ich muss mich abschotten.

Übung:
Finde deine Kernglaubenssätze

Auch zum Thema Autonomie wollen wir uns auf deine Kernglaubenssätze konzentrieren, die, wie ich erinnern möchte, das zentrale Thema deiner Prägungen erfassen sollen. Bei Robert läuft beispielsweise alles darauf hinaus, dass er nicht enttäuschen darf und sich unterordnen muss (dies hat er bei seiner Mutter so erfahren). Deshalb ist seine Lösung (bei der ihm sein Vater als Vorbild diente): Ich muss mich abschotten.

Geh bitte noch einmal alle deine Glaubenssätze zum Thema Autonomie durch und spüre in dich hinein, welches die wichtigsten sind. Notiere sie.

Beispiel Robert:
Ich darf nicht enttäuschen; Ich muss mich unterordnen; Ich muss mich abschotten.

Fünfter Schritt: Identifiziere deine Gefühle

Übung:
Erkenne deine Gefühle

Nachdem du deine Kernglaubenssätze gefunden hast, spüre bitte in dich hinein, wie sich diese anfühlen, bzw. welche Gefühle sich einstellen, wenn du an deine persönliche Autonomie und Freiheit denkst. Du kannst aber auch an deine aktuelle (oder eine frühere) Beziehung denken und dich fragen, welche typischen negativen Gefühle immer wieder in dir auftauchen. Welche deiner Gefühle sind für deine Beziehungen sehr belastend/destruktiv?

Bitte spüre auch die körperlichen Empfindungen zu deinen Gefühlen. Beim Thema Autonomie stellen sich bei vielen Menschen beispielsweise Druckgefühle ein (im Magen, in der Halsgegend, in den Schultern ...), die ihren Anpassungsdruck repräsentieren.

Im autonomen Modus spielen die Emotionen *Schuld, Wut und Trotz* eine besondere Rolle. Menschen, die in ihrer Autonomie stark eingeschränkt wurden, weil sie schon als Kinder zu viel Verantwortung für das Gelingen ihrer Beziehung zu einem Elternteil übernommen haben, empfinden schnell Schuldgefühle. Sie fühlen sich innerlich in hohem Maße verantwortlich für die Gefühle ihres Gegenübers (früher also des betreffenden Elternteils). Aus dieser gefühlten Verantwortung ergeben sich häufig

Trotz- und Wutgefühle – weil man sich innerlich gegen diese gefühlte Verantwortung und Schuld wehrt. Menschen, deren inneres Gleichgewicht zugunsten der Autonomie gestört ist, haben große Probleme, mit den Erwartungen ihrer Mitmenschen umzugehen; vor allem auf die Erwartungen ihrer Partner reagieren sie empfindlich. Das Kind in ihnen hat ständig das Gefühl, es müsse alle Erwartungen brav erfüllen – und genau deshalb wird es bockig und trotzig und macht genau das Gegenteil.

Notiere deine Gefühle bitte schriftlich.

Beispiel Robert:
Anpassungsdruck, Versagensangst, Enge- und Erstickungsgefühle, Schuld, Wut und Trotz

Sechster Schritt: Zusammenfassung

Übung:
Dein Autonomieprogramm auf den Punkt gebracht

An dieser Stelle möchte ich dich bitten, noch einmal deine Gedanken, Gefühle und Einsichten zum Thema Autonomie zusammenzufassen, sodass du dein autonomes Programm ganz klar

Sechster Schritt: Zusammenfassung

vor Augen hast. Hierbei kann es dir helfen, wenn du die Schritte, die wir zum Thema Autonomie erarbeitet haben, noch einmal durchgehst und den roten Faden findest.

Beispiel Robert:
Mama hat mich mit ihrer Liebe erdrückt. Dadurch habe ich schlimme Schuldgefühle entwickelt und meine, immer für sie (heute für Julia) da sein zu müssen. Das löst in mir jedoch so starke Engegefühle aus, dass ich sofort trotzig werde und genau das Gegenteil mache, nämlich mich abschotte. In der Beziehung zu Julia kämpfe ich deswegen ständig um meine Autonomie, obwohl Julia ja gar nicht meine Mutter ist und mich eigentlich auch nicht besonders einengt. Mit Abstand betrachtet, sind ihre Erwartungen an mich sogar berechtigt.

Lerne dein Schattenkind kennen

Wer ist das Schattenkind? Das Schattenkind ist jener Anteil deines inneren Kindes, der verletzt ist, der negative Prägungen durch deine Eltern erfahren hat. Alles, was dich in Bezug auf die Themen Bindung, Autonomie und Selbstwert negativ geprägt hat, ordnen wir deinem Schattenkind zu. Die negativen Prägungen sind dein Störprogramm, das bislang verhindert, dass du so glücklich in einer Beziehung lebst, wie du es dir wünschst. Mir ist dabei wichtig zu betonen, dass jeder Mensch auch negative Prägungen erfahren hat, denn es gibt keine perfekten Eltern und keine perfekten Kindheiten. Jeder beheimatet also auch ein Schattenkind in sich. Das Schattenkind ist eine griffige Metapher, mit der wir gut arbeiten können. Leserinnen und Leser meines Buches »Das Kind in dir muss Heimat finden« haben bereits Bekanntschaft mit ihm geschlossen. In diesem Buch geht es vor allem um dein Bindungs- und Autonomieprogramm. Die problematischen Anteile dieser Programme stellen dein Schattenkind dar. Wir ordnen also die schwierigen und negativen Kindheitsprägungen, die du in Bezug auf Autonomie und Bindung entwickelt hast, deinem Schattenkind zu. Du kannst dies einfach so verinnerlichen oder, wie Julia im folgenden Beispiel, noch einmal konzentriert zu Papier bringen, damit du es ganz konkret vor Augen hast.

An dieser Stelle sei auch Folgendes kurz erwähnt: Dem Schattenkind steht das Sonnenkind gegenüber. Es symbolisiert unsere positiven Prägungen sowie alles, was wir als Erwachsene selbst positiv gestalten können. Das Sonnenkind ist sozusagen der Zielzustand, und es wird an späterer Stelle in diesem Buch eine wichtige Rolle spielen.

Übung:
Visualisiere dein Schattenkind

Wenn du dir dein Schattenkind wirklich gut vorstellen möchtest, lohnt es sich, es einmal optisch festzuhalten. Diese Übung ist sehr einfach und zugleich sehr kraftvoll, weil du auf einen Blick sehen wirst, was deine Kindheitsprägungen sind. Ich empfehle deshalb jedem diese kleine Mal- und Schreibübung. Dazu malst du auf einem mindestens DIN-A4 großen Blatt die Silhouette eines Kindes auf. Ein Beispiel findest du im vorderen Buchinnendeckel.

Dann schreibst du rechts und links die Namen deiner Eltern (Pflegepersonen) wie du sie als Kind angesprochen hast, also Mama und Papa, Mutti und Vati, Mami und Daddy oder wie auch immer. Darunter notierst du stichwortartig, wie deine Eltern/Pflegepersonen drauf waren bzw. wie du sie als Kind erlebt hast. Hierfür kannst du deine Aufzeichnungen sowohl zum Thema

Bindung als auch zum Thema Autonomie als Grundlage benutzen. Du trägst die *wesentlichen, negativen Eigenschaften deiner Eltern zu beiden Themen (Bindung und Autonomie)* hier einfach noch einmal zusammen. Die positiven heben wir uns für dein Sonnenkind auf.

Beispiel Julia:
Mama: oft nicht da, konnte mit schwachen Gefühlen nicht umgehen, konnte mich schlecht trösten. Ich musste stark sein, durfte nicht weinen. Papa: oft nicht da, manchmal gereizt.
Dann schreibst du bitte deine negativen Kernglaubenssätze, die du sowohl zum Thema Bindung als auch zum Thema Autonomie gefunden hast, in den Brust-Bauch-Raum deines Schattenkindes. Nimm bitte nicht mehr als höchstens fünf.

Beispiel Julia: Verlustangst, Eifersucht
Ich werde verlassen; Ich genüge nicht.

Ebenfalls in den Bauchraum deiner Schattenkindschablone notierst du bitte die *negativen Gefühle,* die sich bei dir rund um die Themen Bindung und Autonomie einstellen.

Wenn du das alles eingetragen hast, hast du ein Bild von deinem Schattenkind vor Augen, also von deiner Prägung, die dir in deinen Beziehungen immer wieder Probleme bereitet. Es geht letztlich nur um diese Prägung, die sich auf unsere Glaubenssätze und die entsprechenden Gefühle reduzieren lässt. Um diese belastenden Gefühle und die negativen Glaubenssätze nicht ständig spüren zu müssen bzw. um unsere gefühlte Minderwertigkeit zu kompensieren, haben wir – schon als Kinder – *Schutzstrategien* entwickelt. Solche Schutzstrategien sind oft bereits in Glaubenssätzen formuliert. Beispielsweise: »Ich muss lieb und artig sein!«; »Ich muss perfekt sein!« oder, wie bei Robert: »Ich muss mich abschotten!« Auf die Schutzstrategien werde ich später noch ausführlich eingehen. Vorwegnehmen möchte ich an dieser Stelle lediglich, dass wir unsere Beziehungen am stärksten durch unsere Selbstschutzstrategien belasten, weil sie sich in unserem Verhalten manifestieren.

Zunächst möchte ich noch darauf eingehen, wie wir unsere Wirklichkeit wahrnehmen, sie konstruieren, und dies auf dem Hintergrund des Schattenkindes reflektieren. Es ist nämlich sehr wichtig, dass du verstehst, welch ungeheure Reichweite deine Glaubenssätze auf deine Wahrnehmung, dein Denken, deine Gefühle und dein Verhalten haben. Denn allein dadurch, dass du dein inneres Programm, also dein Schattenkind, erkennst, kannst du schon einen Abstand zu ihm einnehmen und deine Gedanken und Gefühle besser regulieren.

Unser 4D-Film: Von der Feld- in die Beobachterperspektive

»Ich saß auf einem Schlitten und sah die Landschaft auf mich zurasen. Ich hatte keinerlei Kontrolle, der Schlitten sauste steil bergab. Über Stock und Stein, ich musste mich krampfhaft festhalten, starr vor Angst. Dann tat sich eine tiefe Schlucht, ein Abgrund vor mir auf. Ich war völlig hilflos, konnte nicht bremsen, und ich wusste, das würde mein Ende sein …« So ungefähr habe ich es erlebt, als ich einmal eine 4D-comicanimierte Schlittenfahrt in den Bavaria Filmstudios besucht habe. Der 3D-Effekt wurde mit der üblichen Brille hergestellt, und die vierte Dimension war, dass die Bank, auf der man saß, synchron mit der Schlittenfahrt rüttelte. Zudem wehte einem der Wind entgegen. Die Illusion, man säße tatsächlich in diesem Schlitten, war perfekt. Als die Vorstellung, die glücklicherweise nur fünf Minuten dauerte, beendet war, dachte ich: Genauso ist es! Wenn wir mit unserem Schattenkind identifiziert sind, dann stecken wir in der *Feldperspektive* und glauben wirklich alles, was wir denken und fühlen. Wir sind in unserem persönlichen 4D-Kino gefangen. Wollen wir aus diesem Film aussteigen, müssen wir von der Feld- in die *Beobachterperspektive* wechseln. Nur von dort können wir erkennen, dass wir sicher in einem Kino sitzen und es sich nur um eine Projektion auf der Leinwand handelt.

Was bedeutet das konkret? Wenn du mit deinem Schattenkind identifiziert bist, dann glaubst du wirklich, du würdest nicht genügen oder die Erwartungen deines Partners erdrückten dich. Du glaubst deine Glaubenssätze – deswegen heißen sie ja auch so. Die Wahrheit ist aber, dass es sich um ganz *willkürliche* Prägungen handelt, die ausschließlich etwas über die – zumindest partielle – Überforderung deiner Eltern aussagen. Wären deine Eltern anders drauf gewesen – im Guten wie im Schlechten –, dann hättest du andere Glaubenssätze entwickelt. So einfach ist das. Die Glaubenssätze spiegeln also die Beziehungs- und Erziehungsfähigkeit deiner Eltern wider und nicht die objektive Wahrheit oder deine Persönlichkeit. Dies kannst du aus der Beobachterperspektive mit deinem klardenkenden Verstand (hoffentlich) nachvollziehen. In der Beobachterperspektive siehst du dich von außen. Du schaust – völlig emotionslos, rein verstandesmäßig – auf dich und beurteilst den Sachverhalt, als wenn du ein Richter oder eine Richterin deines eigenen Falles wärst. Vielleicht möchtest du das jetzt sogar einmal tun: Visualisiere dich, also dein Schattenkind, ganz von außen und sieh von dort aus, was das alles mit deinen persönlichen Prägungen zu tun hat. Beurteile, ob deine Glaubenssätze und die Gefühle, die mit ihnen verbunden sind, *wirklich* berechtigt sind. Oder ob sie nicht einfach ein Ergebnis der Konstellation zwischen dir und deinen Eltern sind, das bei einer anderen Konstellation auch anders ausgefallen wäre, und zwar völlig unabhängig davon, was für ein Kind du gewesen bist. Stell dir doch einfach mal vor, dass deine Eltern sich anders verhalten hätten. Du wirst sofort sehen: Dies hätte sich direkt auf deine Glaubenssätze im Bauch des

Schattenkindes ausgewirkt. Das Schattenkind zeigt das Wechselspiel zwischen dem Verhalten der Eltern und der Entwicklung des Kindes. Es sagt wenig über deinen wirklichen Charakter aus.

Unser Verstand, der im Frontalkortex angesiedelt ist, arbeitet langsamer, aber viel gründlicher als unsere Emotionen, die sich im limbischen System befinden, vor allem in der Amygdala – einem entwicklungsbiologisch wesentlich älteren Gehirnteil. Das hat gravierende Konsequenzen für unser Handeln: Wenn wir Angst empfinden, gelangt diese Emotion blitzschnell in unser Bewusstsein und ist handlungsleitend, weil sie im Extremfall unser Überleben sichern kann – da darf der Verstand nicht lange abwägen und argumentieren. Der Verstand hat gegen die Amygdala keine Chance – zumindest nicht, wenn sie akut und stark Angst meldet. Erst wenn die Emotionen wieder runtergefahren sind, schlägt die große Stunde des Verstandes. Dann kann er in aller Ruhe die Situation analysieren und verstehen. Der Verstand ist das entscheidende Werkzeug für die Beobachterperspektive. In der modernen Psychologie bezeichnen wir unseren logisch denkenden Verstand auch als den »inneren Erwachsenen« oder unser *Erwachsenen-Ich*.

Unser Erwachsenen-Ich

Unser Erwachsenen-Ich ist das wichtigste Hilfsmittel, um uns von den Projektionen unseres Schattenkindes zu distanzieren. Projektion bedeutet, dass wir das innere Bild, das wir von uns selbst haben, auf unsere Mitmenschen übertragen. Das geht zum Beispiel so: Julias Schattenkind denkt und fühlt, es genüge nicht und sei minderwertig. Wenn Robert Julia auf Distanz hält, indem er ständig beim Arbeiten oder mit seinen Hobbys beschäftigt ist, projiziert Julia ihr Selbstbild sozusagen in Roberts Kopf, indem sie meint, Robert distanziere sich von ihr, weil sie nicht gut, liebenswert, schön genug sei. Aus dieser Projektion ergibt sich auch Julias Lösungsversuch: Sie versucht, besser, schöner, netter zu sein, um Robert von sich zu überzeugen. Diese Bemühungen wird sie aber nur so lange aufrechterhalten, wie sie mit ihrem Schattenkind identifiziert ist und alles glaubt, was es fühlt und denkt. Würde sie ihren Blickwinkel verändern und mit ihrem Erwachsenen-Ich auf die Situation schauen, also in die Beobachterperspektive wechseln, wie sie es schon bei den Übungen zu ihrem Bindungsprogramm getan hat, dann könnte sie erkennen, dass Roberts Verhalten nichts über ihren Wert aussagt, sondern über sein eigenes Schattenkind, das sich – egal von welcher

Frau – ganz schnell bedrängt fühlt, weil es die Erfahrungen mit seiner eigenen abhängigen und übergriffigen Mutter auf Frauen projiziert. Wenn wir also Julias und Roberts Verhalten mit unserem Erwachsenen-Ich analysieren, können wir aus der außenstehenden Beobachterperspektive erkennen, dass sich hier nicht zwei erwachsene Menschen begegnen, sondern zwei Schattenkinder, wobei jenes von Julia sich nach Bindung und Nähe sehnt und jenes von Robert sich zwar eigentlich auch danach sehnt, aber seine Angst vor Vereinnahmung durch eine dominante Frau zu groß ist, um zu vertrauen. Robert spürt seinen Bindungswunsch nicht einmal, außer in den seltenen Momenten, in denen er sich Julia gegenüber öffnet.

In unserem Alltagsleben vermischen sich unsere Wahrnehmungen aus dem Blickwinkel des Schattenkindes und des Verstandes – wir sind es nicht gewohnt, beide Bewusstseinszustände voneinander zu trennen. Hierdurch nehmen wir unsere Schattenkindgefühle zu ernst und schenken ihnen Glauben. So vermischt sich in Julia die verstandesmäßige Einsicht, dass Robert in Beziehungen etwas kompliziert ist, mit ihrer Angst, nicht zu genügen. Allerdings ist ihre Versagens- und Verlustangst wesentlich stärker als der Einwand ihres Verstandes, dass Robert kompliziert ist. Aufgrund des Umstandes, dass Roberts ambivalentes Verhalten ihr Bindungssystem stark aktiviert, fühlt Julias Verlustangst sich wie die große Liebe an. Ein Dilemma. Um dieses Dilemma aufzulösen, müsste sie sich von ihren Gefühlen zu Robert distanzieren. Sie dürfte also ihrem Gefühl der Verliebtheit (sprich: Verlustangst) keinen Glauben schenken bzw. dieses nicht als Grundlage für ihre Entscheidungen nehmen. Auch hierbei könnte Julia ihr Verstand eine große Hilfe sein: Tatsächlich ist sie nämlich nur so stark in Robert verliebt, weil sie ihn einfach nicht ganz sicher an die Angel bekommt. Gefühlsverstärkend kommt hinzu, dass die unterlegene Situation, in der sie sich befindet, sie dazu bringt, Robert idealisiert wahrzunehmen. Robert ist der Alleinherrscher über Nähe und Distanz in der Beziehung, und das verhilft ihm in Julias Schattenkindaugen zu Glanz und Größe. Wenn es Julia gelingt, sich *radikal,* also zu *100 Prozent* in die Beobachterposition zu begeben, dann könnte sie von dort aus wahrnehmen, dass sie sich mit Robert auf Augenhöhe befindet und er nicht der unerreichbare Held ihrer Träume ist, sondern ein Mensch, der ein großes Problem mit Nähe in Liebesbeziehungen hat. Dadurch könnte sie sich aus der Verstrickung mit ihm lösen und ganz klar sehen, dass sie die Situation nicht unter Kontrolle bringen kann, weil es einfach nicht in ihrer Hand liegt, wie Robert sich fühlt und verhält. Sie könnte ihn durch diesen Perspektivenwechsel ent-idealisieren. Ich habe schon öfter erlebt, dass Klienten in der Beobachterperspektive schlagartig von ihrer Liebestrunkenheit ernüchterten.

Robert seinerseits könnte in der Beobachterperspektive erkennen, dass Julia nicht seine Mutter ist, und er könnte von dort aus wahrnehmen, dass er kein Kind mehr, sondern groß und erwachsen ist und seine persönliche Freiheit mithin garantiert ist und nicht durch Abschottung von seiner Lebensgefährtin verteidigt werden muss. Also könnte auch Robert seine Projektionen mithilfe seines Erwachsenen-Ichs auflösen.

Wie du dein Erwachsenen-Ich stärken kannst, erkläre ich noch ausführlich im Abschnitt »Stärke dein erwachsenes Ich« auf S. 218. In den nun folgenden Abschnitten möchte ich zunächst noch auf die Schutzstrategien des Schattenkindes eingehen.

Das Schattenkind und seine Schutzstrategien

Wie bereits erwähnt, gibt Julia sich sehr viel Mühe, Robert zu gefallen. Dieser Lösungsversuch ihres Problems kann auch als eine Selbstschutzstrategie, oder kurz: Schutzstrategie bezeichnet werden. Schutzstrategien sind – zumeist unbewusste – Lösungsversuche, um unsere negativen Glaubenssätze und die unangenehmen Gefühle, die sie auslösen, nicht zu spüren. Sie sind quasi die Kompensation für unseren angeschlagenen Selbstwert. Wenn ich also gemäß meinen Glaubenssätzen fest davon überzeugt bin, dass ich nicht genüge, werde ich mich anstrengen, irgendwie doch zu genügen, indem ich beispielsweise versuche, alles richtig – oder gar perfekt – zu machen. Perfektionsstreben ist eine weit verbreitete Schutzstrategie. Eine andere Schutzstrategie wäre Harmoniestreben. Menschen, deren Schattenkind viel Angst hat, auf Ablehnung zu stoßen, sind häufig bemüht, Konflikte jedweder Art zu vermeiden. Sie sagen häufig Ja, obwohl sie innerlich Nein meinen, weil ihr Schattenkind fleißig bemüht ist, alle Erwartungen zu erfüllen und es jedem recht zu machen.

Es gibt aber auch Menschen, die ihr Schattenkind nicht beschützen, indem sie lieb und artig sind und es allen recht machen, sondern die recht energisch ihre Rechte einfordern und offensiv kämpfen.

Auch die Schutzstrategien kann man nach den Themen Bindung und Autonomie sortieren. Schutzstrategien, die das Grundbedürfnis nach Bindung erfüllen, sind all jene, bei denen die Betroffenen sehr um Anpassung bemüht sind. Zu diesen zählen unter anderem: Perfektionsstreben, Harmoniestreben, Hilflosigkeit und Kindbleiben, Delegation von Verantwortung, Jammern und Klammern, Konsum und Sucht. Schutzstrategien, die dem Grundbedürfnis nach Autonomie dienen, sind unter anderem: Kontroll- und Machtstreben; Verweigern und Mauern; Flucht, Angriff und Attacke. Verallgemeinernd kann man sagen, dass die Menschen, die auf der Bindungsseite stehen, passive Schutzstrategien anwenden, indem sie sich anpassen, und dass jene, die eher auf der autonomen Seite stehen, aktive Schutzstrategien anwenden, indem sie Kontrolle ausüben und kämpfen.

Wichtig ist, dass wir uns alle mehr oder weniger ausgeprägt vieler Schutzstrategien bedienen. So sind wir alle bemüht, möglichst Fehler zu vermeiden, wir delegieren auch mal ganz gern die Verantwortung, und jeder Mensch strebt nach Kontrolle, die schließlich ein Hauptbestandteil der Autonomie ist. Allerdings ist meine Beobachtung, dass die allermeisten Menschen eine Präferenz aufweisen, indem sie entweder mehr angepasste oder mehr autonome Schutzstrategien anwenden. Es scheint wohl auch tatsächlich so zu sein, dass Frauen mehr zur Anpassung und Männer mehr zur Autonomie neigen. Dies erklärt auch, warum öfter Frauen an Männern klammern, die sich nicht wirklich auf sie einlassen, als umgekehrt Männer an Frauen, die immer wieder das Weite suchen. Nach meiner Schätzung wendet aber auch circa ein Drittel der Männer eher angepasste Schutzstrategien an, und ein Drittel der Frauen eher autonome Schutzstrategien. Einige pendeln auch zwischen Bindung und Autonomie, indem sie wie Robert und Julia die Rollen von passiver und aktiver Bindungsangst je nach Beziehung und Phase der Beziehung wechseln (siehe auch den Abschnitt: »Verlustangst macht scharf, Sicherheit langweilt«).

Problematisch wird es erst dann, wenn die Schutzstrategien sehr dominant sind und das zugrunde liegende Problem nicht lösen, sondern es verschlimmern bzw. das Problem sogar produzieren. Wir belasten unsere zwischenmenschlichen Beziehungen durch unsere Selbstschutzstrategien, weil diese sich in unserem Verhalten ausdrücken. Wenn ich zum Beispiel eine sehr hohe Kontrolle über meinen Partner ausübe, indem ich ihm ständig hinterherschnüffle, dann wird er darauf gestresst und ärgerlich reagieren. Wenn ich ständig nach Harmonie strebe und meine eigenen Wünsche dafür opfere, dann werde ich mich auf die Dauer in meiner Beziehung nicht wohlfühlen und sie möglicherweise beenden, um endlich wieder mein eigenes Ding machen zu können. Durch Perfektionsstreben beuten sich viele Menschen selbst aus und geraten im schlimmsten Fall in ein Burn-out. Julias Klammern an Robert bewirkt, dass er sich immer mehr von ihr zurückzieht, während seine Flucht bewirkt, dass sie sich immer stärker an ihn klammert usw.

Wenn wir also unsere Beziehungsqualität verbessern oder einen passenden Partner finden möchten, dann sollten wir uns auch mit unseren Schutzstrategien auseinandersetzen. Deswegen werde ich diese in den nächsten Abschnitten beschreiben. Zunächst möchte ich jedoch kurz auf den Zusammenhang zwischen den Schutzstrategien und den Persönlichkeitsmerkmalen der Extra- bzw. Introversion eingehen.

Extra- und introvertierte Schutzstrategien

Ich bin überzeugt, dass die persönlichen Schutzstrategien, die ein Mensch für sich entwickelt, von seiner genetischen Grunddisposition zur Intro- bzw. Extraversion mitbedingt sind. Bei der Extra- und Introversion handelt es um unterschiedliche Persönlichkeitsstile, die mit zahlreichen Eigenschaften korrelieren. Ob man eher extra- oder introvertiert ist, ist stark genetisch vorbestimmt.

Die psychologischen Konstrukte der Extra- und Introversion wurden zum ersten Mal von dem berühmten Schweizer Arzt und Psychoanalytiker Carl Gustav Jung formuliert. Er beobachtete, dass es zwei unterschiedliche Quellen gibt, aus denen Menschen ihre Energie schöpfen: aus dem Kontakt zur Außenwelt und dem Kontakt zur Innenwelt. Folglich handelt es sich bei der Extra- und Introversion um ein energetisches Konzept. Extravertierte laden ihre Akkus auf, indem sie im Kontakt mit Menschen sind. Introvertierte tanken Energie, indem sie Zeit für sich haben. Mit diesen unterschiedlichen Konzepten geht jeweils ein ganzes Set an Charaktereigenschaften und Verhaltensweisen einher. Positive extravertierte Eigenschaften sind: Geselligkeit, Redelaune, Tatendrang, Risikobereitschaft, Spontaneität und Konfliktfähigkeit. Intros hingegen tauchen gern ein in die Welt ihrer Gedanken und ihres vielschichtigen Innenlebens. Wesentliche positive Eigenschaften von ihnen sind: Besonnenheit, Konzentration, Unabhängigkeit, Ruhe, analytisches Denken, Einfühlungsvermögen, gut zuhören können.

Die Gehirne von Extras und Intros funktionieren unterschiedlich. Der Sympathikus und der Parasympathikus sind die zwei großen Gegenspieler des vegetativen Nervensystems. Der Sympathikus ist sozusagen der Aktivitätsnerv, der den Körper auf Kampf und Flucht vorbereitet, während der Parasympathikus der Ruhenerv ist, der dafür sorgt, dass der Körper sich ausruht und Kraft schöpft. Das vegetative Nervensystem arbeitet autonom und ist mit dem Willen nur bedingt zu beeinflussen. Extravertierte werden stärker durch den Sympathikus und Introvertierte eher durch den Parasympathikus bestimmt. Die Extras haben mithin einen viel größeren Drang nach »Action« als die Intros. Ihr Gehirn süchtelt nach Dopamin, dem Botenstoff (Neurotransmitter) des sympathischen Nervensystems. Entsprechend sind Extras auch anfälliger für Süchte als Intros: Gutes Essen, Alkohol, Sex, Gewinne und Erfolg setzen das dringend ersehnte Dopamin frei. Extravertierte benötigen einen hohen Input aus der Außenwelt, um sich stimuliert zu fühlen. Unterstimulation führt bei ihnen zur Gereiztheit; sie langweilen sich schnell, wenn da draußen nichts passiert, und das Alleinsein fällt vielen von ihnen schwer.

Der Botenstoff des Parasympathikus ist hingegen Acetylcholin – ist der Spiegel zu niedrig, entsteht Stress im Intro-Gehirn. Intros reagieren gereizt, wenn sie ein Zuviel an Input, vor allem in Form sozialer Kontakte, haben. Im Übrigen haben Intros ein empfindlicheres Angstzentrum – die Vermeidung von Angst bzw. das Erlangen von Sicherheit motivieren sie stärker als die Aussicht auf Belohnung.

Extravertierte neigen dopaminbedingt zu mehr Euphorie und Begeisterung als die Intros. Sie sind im Durchschnitt auch besser gelaunt. Allerdings sind sie auch impulsiver als die kontrollierten Intros, und wenn sie unter Stress stehen, kann dies in Aggressivität ausarten. Mögliche negative Eigenschaften von Extras sind: Ungeduld, Aggressivität, Oberflächlichkeit, Selbstinszenierung, Selbstvermeidung und Leichtsinn.

Wenn die innere Balance eines Extravertierten also zugunsten der Bindung gestört ist, dann wird er geneigt sein, aktiv um Zuwendung und Zuspruch zu kämpfen. Im positiven Sinne tut er dies, indem er auf andere Menschen zugeht, sich öffnet, über seine Probleme redet und mit seiner offenen Art die Sympathien anderer Menschen gewinnt. Selbstschutz, der eher zur Belastung als zur Entlastung führen könnte, kann bei extravertierten Naturen ein massives Fordern nach Aufmerksamkeit und Zuwendung sein, wie wir es auch bei hysterischen Menschen erleben, auf die ich im Abschnitt »Hysterische Schutzstrategien« auf S. 153 noch näher eingehen werde. Sie inszenieren sich dann zu stark selbst, sind in der Gesprächsführung sehr vereinnahmend, reden viel von sich und erkundigen sich kaum nach dem Befinden des anderen. Auch eine gewisse Rastlosigkeit in der Berufs- und Freizeitgestaltung können Extras entfalten, um sich von sich selbst abzulenken. Sie flüchten sich dann in diverse, vorzugsweise soziale, Aktivitäten und sind permanent beschäftigt. Auf der autonomen Seite kann ihre Konfliktfähigkeit in Verbindung mit ihrer Impulsivität zu einer chronischen und unangemessenen Kampfbereitschaft führen, wie ich sie unter der Selbstschutzstrategie »Angriff und Attacke« auf S. 175 beschreibe. Die Kämpfernatur der Extravertierten verleitet sie auch, viel zu lange um eine Beziehung oder um eine Sache zu kämpfen und zu spät zu erkennen, wann es Zeit ist loszulassen.

Ist der introvertierte Mensch hingegen nicht gut in seiner Mitte verankert, dann neigt er zu übertriebenen Ängsten, Kleinlichkeit, Passivität, Rückzug, Selbstverleugnung, Kontaktvermeidung und einer starren Fixierung auf Gewohnheiten. Entsprechend sind seine Schutzstrategien auch viel defensiver ausgerichtet als jene des Extras. Der Intro zieht sich in sein

Schneckenhaus bzw. in seine Fantasiewelten zurück, und sein Bezug zur Welt da draußen kann immer brüchiger werden. Im positiven Sinne kann jedoch die Besonnenheit des Intros dazu führen, dass er eine gute Lösung für sein Problem findet. In jedem Fall benötigt er zum Selbstschutz Rückzug in eine Sicherheit spendende Umgebung.

Intros und Extras in der Partnerschaft

Welche Fallstricke bestehen in einer Partnerschaft zwischen Extra- und Introvertierten? Ein wesentlicher Unterschied zwischen beiden sind ihre inneren Verarbeitungsprozesse. Introvertierte haben längere Nervenbahnen als Extravertierte, weswegen Letztere eine höhere Reaktionsgeschwindigkeit haben, was allerdings keine Rückschlüsse auf die Intelligenz zulässt. Im Gespräch wirkt sich das so aus, dass ein Intro, wenn man ihm eine Frage stellt, meist kurz in sich geht, um sie zu beantworten – er denkt also, bevor er redet. Der Extra kann hingegen gleichzeitig reden und denken und ist deswegen selbst manchmal überrascht, was er – im Guten wie im Schlechten – so von sich gibt. Kommt also die extravertierte Frau abends nach Hause und erkundigt sich bei ihrem introvertierten Mann, wie sein Tag gewesen ist, dann geht dieser kurz in sich und überlegt sich, wie sein Tag gewesen ist. Dieses Nicht-sofort-Reagieren kann von der Extravertierten, die die Langsamkeit des Intros nicht nachvollziehen kann, als Verschlossenheit fehlgedeutet werden, und anstatt auf die Antwort des Intros zu warten, erzählt sie selbst von ihrem Tag. Dies wiederum kann dem Intro zu der Überzeugung verhelfen: Es interessiert sie ja gar nicht wirklich, wie mein Tag gewesen ist! Und schon kann er sich etwas beleidigt in sein

Schneckenhaus zurückziehen. Vor allem in Diskussionen und Beziehungsgesprächen kann die unterschiedliche Rede- und Verarbeitungsgeschwindigkeit von Intros und Extras eine Menge Konfliktstoff bereithalten. Oft gestaltet der Extra nämlich das Beziehungsgespräch allein, weil der Intro damit überfordert ist, so schnell zu reagieren, wie der Extra es von ihm erwartet. Dies kann dazu führen, dass der Intro total blockiert, was ihm wiederum vom Extra um die Ohren gehauen wird. In solchen Fällen tut man sehr gut daran, dem Intro Zeit zum Denken einzuräumen und das Gespräch zum Beispiel auf den nächsten Tag zu verlegen.

Die Intros hingegen bewerten die Impulsivität der Extras häufig zu negativ. Intros haben Angst vor lautem Streit, und wenn der Extra mal so richtig loslegt, findet der Intro das unmöglich. Intros zeigen wenig Gnade für die Impulsivität der Extras. Allen Intros sei deshalb geraten, sich die Impulsivität ihres extravertierten Partners nicht so zu Herzen zu nehmen und ihm auch zugutezuhalten, dass er dafür nicht nachtragend ist, was der Intro sehr wohl sein kann. Insgesamt kann man sagen, dass Extravertierte eher aktiv aggressiv sind, indem sie streiten und diskutieren, während Intros ihre Aggressionen eher passiv ausleben, indem sie mauern und sich zurückziehen. Auf die unterschiedlichen Formen passiver und aktiver Aggression werde ich noch öfter zu sprechen kommen.

Falls du dir nicht sicher bist, ob du eher intro- oder extravertiert bist, kannst du einen Persönlichkeitstest auf meiner Homepage www.stefaniestahl.de machen, der wird es dir verraten. Zudem misst der Test noch weitere angeborene Eigenschaften, sodass am Ende sehr präzise Typenbeschreibungen dabei herauskommen. Hierüber habe ich auch ein Buch mit dem Titel »So bin ich eben! Meine persönliche Gebrauchsanweisung« geschrieben, das sehr spannende und hilfreiche Impulse liefert, wie man Paarkonflikte in den Griff bekommt.

Selbstschutz im Dienste der Bindung

Um unser Bedürfnis nach Bindung zu erfüllen, müssen wir uns anpassen und gefallen – dies tut jeder Mensch in unterschiedlichem Ausmaß. Wenn das Ausmaß der Anpassung jedoch so hoch ist, dass dafür ein wesentlicher Anteil der eigenen Autonomie geopfert wird, dann handelt es sich nicht mehr um eine gesunde Anpassung, sondern um eine Selbstschutzstrategie. Wie ich bereits erwähnt habe, entwickeln wir viele unserer Schutzstrategien schon als Kinder. Im Kindesalter stellen sie sinnvolle Lösungsversuche dar, um mit den eigenen Eltern klarzukommen. Da sie jedoch unbewusst in das Erwachsenenalter übernommen werden, entwickeln sie sich hier zu sogenannten Störprogrammen, die unsere erwachsenen Beziehungen belasten. Die äußeren Bedingungen haben sich verändert: Der erwachsene Mann oder die erwachsene Frau sind keine kleinen Kinder mehr, die von ihren Eltern abhängen. Das Schattenkind in ihnen hat das aber noch nicht verstanden. Viele Menschen sind überangepasst und bemerken dies gar nicht, weil es ihnen in Fleisch und Blut übergegangen ist – oder, um es mit meinen Worten zu formulieren: weil sie komplett mit ihrem Schattenkind identifiziert sind. So verharren sie beispielsweise in wenig glücklich machenden Beziehungen aus purer Angst, allein leben zu müssen. Oder sie richten ihre Entscheidungen an den Erwartungen anderer Menschen aus. Ihre Grundangst ist, dass sie abgelehnt und verlassen werden. Deswegen sind sie sehr motiviert, alles richtig zu machen und niemanden zu enttäuschen. Dafür opfern sie einen Teil ihrer Autonomie und Selbstbestimmung. Wer nämlich nicht enttäuschen darf, kann kein freier Mensch sein. In vielen Fällen haben die Betroffenen sich nicht wirklich von den eigenen Eltern gelöst – selbst dann nicht, wenn sie gar keinen Kontakt mehr zu ihnen pflegen oder wenn die Eltern bereits verstorben sind. Sie sind identifiziert mit ihrem Schattenkind, das heißt, sie leben in der Prägung, die sie durch ihre Eltern mitbekommen haben, und verharren in der Anpassung an die elterlichen Erwartungen oder rebellieren gegen diese – was sie jedoch letztlich noch stärker an die Eltern bindet: Wer stets das Gegenteil von dem macht, was die Eltern oder andere Menschen erwarten, ist auch nicht frei in seiner Entscheidung.

Dabei möchte ich betonen, dass die elterlichen Erwartungen nicht unbedingt real sein müssen. Es kann sich hierbei auch um *imaginierte Erwartungen* handeln. Dies möchte ich noch einmal am Beispiel von Julia erläutern, deren Schattenkind Glaubenssätze aufweist wie »Ich genüge nicht!« und »Ich werde verlassen!«. Diese Glaubenssätze motivieren ihren Selbstschutz. So zählen zu Julias Schutzstrategien: Harmoniestreben, Perfektionsstreben, Jammern und Klammern sowie »Trostessen«. Schon als Kind wollte sie ihren Eltern unbedingt gefallen, damit diese bei ihr blieben. Ließen sie sie dennoch allein, hat sie sich mit Süßigkeiten getröstet.

Julias Beispiel verdeutlicht sehr gut, dass die Eltern nicht unbedingt aktiv an den Schutzstrategien ihrer Kinder beteiligt sein müssen, indem sie ein entsprechendes Verhalten bei ihrem Kind einfordern. So haben Julias Eltern nicht von ihr erwartet, dass sie immer lieb und artig und möglichst perfekt sein muss. Sie haben

Julia aufrichtig geliebt – ihre häufige Abwesenheit war ihrem Berufsleben geschuldet. Allerdings war keiner von beiden bereit, seine Karriere für das Kind zu opfern und daheim zu bleiben. Insofern war das Gefühl der kleinen Julia, dass sie ihren Eltern nicht wichtig genug sei – zumindest ansatzweise – gar nicht so falsch. In ihrem kindlichen Denken hat sie den Grund dafür jedoch bei sich verortet. So ist in ihr die Überzeugung (der Glaubenssatz) entstanden, dass sie nicht genügt und sich noch mehr anstrengen muss, um den Eltern zu gefallen. Die richtige Deutung wäre gewesen, dass ihre Eltern zu karrierebesessen waren und ihren Berufen einen Teil ihrer Bindung zu ihrer Tochter opferten. Aber diesen Durchblick hat kein kleines Kind.

Heute ist Julia erwachsen und selbstständig; dennoch kämpft das Schattenkind in ihr mit seinen gewohnten Schutzstrategien um die Liebe und Aufmerksamkeit von Robert und meint, ohne ihn nicht leben zu können. Das psychologische Alter von Julias Schattenkind beträgt circa fünf Jahre. Der Persönlichkeitsanteil des Schattenkindes wächst nicht mit, er bleibt auf einer kindlichen Entwicklungsstufe stehen.

Im Folgenden werde ich zunächst die häufigsten Schutzstrategien näher vorstellen, die zum Erhalt von Bindung angewendet werden. Bei all diesen Strategien ist gut erkennbar, dass sie in der Angst vor dem Verlust der Bindung begründet sind. Daneben gibt es aber auch die autonomen Schutzstrategien, die im Abschnitt »Selbstschutz im Dienste der Autonomie« ab S. 165 vorgestellt werden. Menschen, die diese autonomen Schutzstrategien anwenden, legen vordergründig gar nicht so viel Wert auf die Bindung an andere, sondern betonen eher, dass sie Distanz und Freiheit brauchen. Dabei sollte nicht vergessen werden, dass die Bindung die erste Entwicklungsstufe ist, auf der die Autonomie erst aufbaut. Viele Menschen, die autonome Schutzstrategien anwenden, tun dies in Reaktion auf einen Bindungsschaden, das heißt, gerade weil auch sie zur Überanpassung neigen, rebellieren sie gegen die Bindung. Solltest du also bei der weiteren Lektüre feststellen, dass du vorwiegend autonome Schutzstrategien anwendest, dann lohnt es sich, darüber nachzudenken, ob die Ursache dafür nicht ein überangepasstes Schattenkind sein könnte.

Bitte überlege dir beim Lesen der folgenden Abschnitte, welche Schutzstrategien du häufig anwendest, und notiere sie in den Fußraum deiner Schattenkindschablone.

Idealisieren und Verdrängen

Die Grundlage all unserer Gefühle, Gedanken und Handlungen bildet unsere Wahrnehmung. Wir können nur auf das reagieren, was wir wahrnehmen – auch wenn die Wahrnehmung teilweise unbewusst erfolgt. Wenn ich aber bestimmte Dinge nicht wahrnehmen will, muss ich die Augen vor der Wahrheit verschließen, sprich: verdrängen. Wenn mein Schattenkind sich nach Bindung sehnt, muss es das Konfliktpotenzial zur Bindungsperson möglichst klein halten. Wie ich bereits an anderer Stelle erwähnt habe, scheuen viele Menschen, deren Bindungsbedürfnis in der Kindheit enttäuscht wurde, davor zurück, sich auseinanderzusetzen. Deswegen vermeiden sie nicht nur den potenziellen Konflikt, sondern sie nehmen ihn oft noch nicht einmal wahr. Hierzu gehört auch, dass sie ihre Liebsten idealisieren, selbst wenn diese, nüchtern betrachtet, starke charakterliche Defizite aufweisen. Überangepasste Schattenkinder verdrängen gern die Realität und reden sich die Dinge schön. Sie tun dies in der Regel, indem sie keinen eigenen Standpunkt beziehen und vor Bewertungen zurückschrecken.

So hatte ich einmal eine Klientin, die sich maßlos enttäuscht und verraten von ihrer Schwägerin fühlte, mit der sie über viele Jahrzehnte ein sehr enges Verhältnis gepflegt hatte. Als die Klientin jedoch schwer an Krebs erkrankte, zog die Schwägerin sich aus dem Kontakt zurück, weil sie die Belastung nicht aushalten wollte. Meine Klientin war verständlicherweise zutiefst gekränkt. Bei näherem Hinsehen stellte sich jedoch heraus, dass die Schwägerin von jeher eine schwierige und unaufrichtige Person gewesen war. Meine Klientin hatte das Verhalten ihrer Schwägerin jedoch nie kritisch betrachtet, sondern einfach hingenommen. Ihre Bindungssehnsucht war sehr groß. Selbst aus zerrütteten familiären Verhältnissen kommend, wollte sie in der Familie ihres Mannes unbedingt eine heile Welt vorfinden und verdrängte die Tatsachen, die diesen Wunsch eintrübten. Hätte sie früher die Augen aufgemacht und sich ein realistisches Bild von ihrer Schwägerin gemacht, dann wäre ihr aufgefallen, dass diese Frau selbstbezogen und nicht freundschaftstauglich war. Sie hätte von vornherein einen gesunden Sicherheitsabstand zu ihr gehalten und sich diese Enttäuschung erspart. So aber hatte die Klientin sich selbst getäuscht, um die Bindungssehnsucht ihres Schattenkindes zu stillen.

Menschen, deren Schattenkind einen intensiven Bindungswunsch aufweist, gehen häufig etwas naiv durchs Leben. Sie bezeichnen sich manchmal selbst als »zu gut für diese Welt«. Sie passen sich an, helfen, leisten und dienen. Und hoffen im Stillen, dass sie dafür geliebt und angenommen werden. Hilfen, etwas kritischer durch die Welt zu gehen, bekommst du unter der Schatzstrategie »Mach die Augen auf« auf S. 270.

Unterdrücken der eigenen Gefühle

Wut und Aggression sind die größten Feinde der Harmonie. Sehr angepasste Menschen haben schon als Kinder gelernt, dass Wut ein unerwünschtes oder gar ein gefährliches Gefühl ist. Sie haben sich folglich früh darin geübt, sie zu unterdrücken. Aber auch andere Gefühle werden unterdrückt, weil sie zu Wünschen führen können, die wiederum der Anpassung im Wege stehen. Bei überangepassten Menschen geht es nämlich nicht darum, was sie wollen, sondern nur darum, was andere Menschen von ihnen erwarten.

Überangepasste beklagen häufig, dass sie wenig Zugang zu ihren Gefühlen haben. Sie sind oft unsicher, was sie wollen und tun sich deshalb auch mit Entscheidungen schwer. Diese Unsicherheit macht sich häufig auch in Bezug auf die Frage breit, ob sie mit ihrem Partner überhaupt zusammen sein wollen und ob er der/die Richtige ist. Sie trauen ihrem eigenen Urteil nicht, weil es sich nicht richtig anfühlt. Denn auch rationale Urteile und Erwägungen werden im Entscheidungsprozess durch Gefühle unterstützt.

Die unterdrückte Aggression kann sich letztlich in Form einer Depression ausdrücken. Depressive sind häufig aggressionsgehemmt; das gilt vor allem für Frauen. Wie ich bereits gesagt habe, schützen sich circa zwei Drittel der Frauen durch überangepasstes Verhalten, weswegen Depression auch lange Zeit als überwiegend weibliche Erkrankung galt. Die Betroffenen fühlen sich leer, ausgebrannt, wertlos, schuldig, antriebslos und lebensmüde. Wenn man sich die Symptome vor Augen führt, kann man die Depression als eine Form der Resignation verstehen. Der Depressive ist irgendwann total erschöpft von seiner unermüdlichen und vergeblichen Anstrengung, sich den Wünschen seiner Mitmenschen unterzuordnen und alle Erwartungen zu erfüllen.

Die Depression ist sozusagen die Endstation dieser Anpassungsbemühungen. Weil es überangepassten Menschen schwerfällt, sich gegen andere zu wehren, machen sich in ihnen zunehmend Gefühle von Hilflosigkeit und Ohnmacht breit, bis hin zu einer »seelischen Lähmung«. Depressive beklagen, dass sie gar nichts mehr fühlten, nur noch Leere. Diese Leere zieht die Betroffenen runter, manche nehmen sich sogar das Leben.

Bei Männern und Jungen äußert sich die Depression öfter auch in Form von Aggression. Männer haben erziehungsbedingt mehr Probleme als Frauen, zu ihren Gefühlen der Schwäche, wie Niedergeschlagenheit, Hilflosigkeit oder Trauer zu stehen. Das starke Gefühl Aggression können sie hingegen zulassen. Depressive Männer sind deswegen häufig gereizt, aggressiv und/oder betäuben sich mit Suchtmitteln. Circa ein Drittel der Frauen ist stärker auf dem autonomen Pol verankert. Nach meiner Beobachtung agieren diese Frauen ebenfalls eher aggressiv, wenn sie sich in einer depressiven Verfassung befinden. Psychologische Forschung hierzu gibt es allerdings meines Wissens noch nicht.

Überangepasste Menschen haben ihre Antennen ständig ausgefahren, um die Erwartungen ihrer Mitmenschen zu erspüren. Deswegen sind sie innerlich mehr mit den Gefühlen der anderen als mit ihren eigenen Gefühlen beschäftigt. Das geht so weit, dass sie den Kontakt zu sich selbst verlieren, wenn sich andere Menschen in ihrer Nähe aufhalten. Entsprechend stellen sie häufig erst im Nachhinein fest, dass sie eine Bemerkung ihres Gegenübers gekränkt hat. Am besten können sie ihre Gefühle spüren, wenn sie allein sind und kein potenzieller Erwartungsträger in der Nähe ist.

Überangepasste können sich schlecht von den Gefühlen, Wünschen und Erwartungen ihres Partners abgrenzen, weil sie sich zu 100 Prozent verantwortlich für das Gelingen der Beziehung fühlen. Aus der tiefsitzenden Angst vor Zurückweisung, opfern sie ihre eigenen Bedürfnisse. Ihr mangelndes Selbstgefühl umschließt häufig auch ihre körperlichen Empfindungen. Sie spüren sich selbst kaum und gehen über ihre körperlichen Grenzen: Sie sind zu dick oder zu dünn, betreiben Extremsport oder gar keinen und klagen über sexuelle Unlust. Auch in erotischer Hinsicht identifizieren sie sich mit den Wünschen ihres Partners, sodass ihre eigene Lust möglicherweise auf der Strecke bleibt. Sex wird eher als Pflichterfüllung denn als Vergnügen erlebt.

Es ist ein offenes Geheimnis, dass – entgegen emanzipierter Rollenvorstellungen – viele Frauen auf Unterwerfung und viele Männer auf Dominanz stehen. Anders lässt sich der Welterfolg des Buches »Fifty Shades of Grey«, das eine Sadomaso-Beziehung beschreibt, nicht erklären. Meint der überangepasste Mann jedoch, er müsse im Bett ein »artiger und zärtlicher« Liebhaber sein, dann kann das ihm und ihr die Lust rauben. Die überangepasste Frau traut sich hingegen nicht, ihren Mann über ihre archaischen Gelüste zu informieren. So machen dann beide im Bett das, von dem sie glauben, dass es von ihnen erwartet wird, und die Lust schläft ein.

Das Nicht-Fühlen hat natürlich auch mit der Angst vor negativen Gefühlen zu tun, die wir alle fürchten, ob überangepasst oder nicht. Wir alle fürchten uns vor bestimmten Schicksalsschlägen, die uns heimsuchen könnten. In Wahrheit sind es gar nicht so sehr die katastrophalen Ereignisse selbst, die uns in Angst und Schrecken versetzen, als vielmehr die Gefühle, die diese Ereignisse auslösen können. Hätten wir keine Gefühle wie

Angst, Trauer, Scham oder Hilflosigkeit, würden wir mit großer Gleichgültigkeit auch auf schlimme Ereignisse reagieren, weil sie ohne die dazugehörigen Gefühle bedeutungslos wären. Diese Gleichgültigkeit haben sich viele Menschen unbewusst oder auch bewusst antrainiert, damit das Leben nicht so sehr schmerzt. Sie fokussieren auf ihren Verstand, agieren rational und nervenstark. Dadurch kommt ihnen aber auch das Gefühl abhanden, lebendig zu sein, denn es sind unsere Gefühle, die uns lebendig machen. Ohne sie wären wir innerlich wie tot, und das charakterisiert auch den Zustand innerer Leere, unter dem Depressive so sehr leiden.

Falls du deine Gefühle zu stark unterdrückst, solltest du im ersten Schritt der Heilung deine Aufmerksamkeit auf dich selbst richten. Du solltest achtsam spüren, wie du dich körperlich und psychisch fühlst. Halte mehrmals am Tag inne und frage dich: Wie geht es mir gerade, wie fühlt es sich in mir an? Weitere Anregungen zur Selbsthilfe erhältst du unter der Schatzstrategie »Spüre dich selbst« auf S. 272.

Harmoniestreben

Menschen, die stark nach Harmonie streben, haben zumeist ein friedfertiges und sanftes Naturell. Sie verhalten sich schon genetisch bedingt eher angepasst, häufig sind sie introvertiert. Kommen dann noch schwierige Kindheitsbedingungen hinzu, die diese Veranlagung fördern, dann kann es passieren, dass sich ihre Harmonieliebe zur Konfliktunfähigkeit auswächst. Überangepassten fällt es schwer, sich von den Wünschen und Erwartungen ihrer Mitmenschen abzugrenzen. Deshalb sagen sie häufig Ja, obwohl sie Nein meinen. Sie fühlen sich in ihren Beziehungen nicht hinreichend sicher, um diese mit einer Auseinandersetzung zu belasten. Das Schattenkind in ihnen ist überzeugt, dass es nicht genügt und sich deshalb sehr anstrengen muss, um die Zuneigung anderer zu erhalten. Stark harmoniebedürftige Menschen fantasieren oft potenzielle Konflikte in Situationen hinein, die in der Regel gar keine größeren Differenzen auslösen würden. Ihre übermächtige Angst vor Zurückweisung verleitet sie zu größter Vorsicht im Umgang mit anderen Menschen. Sie gehen auf Zehenspitzen durchs Leben und fassen ihre Mitmenschen oftmals mit Samthandschuhen an.

Allerdings lassen sich die eigenen Bedürfnisse nicht gänzlich verleugnen. Auf längere Sicht führt dies zu Problemen. Denn früher oder später stellt sich beim konfliktscheuen Partner das Gefühl ein, in der Beziehung zu kurz zu kommen. Weil die Überangepassten sich häufig nicht trauen, sich für ihre Wünsche einzusetzen, erwarten sie, dass ihr Partner diese einfach kennen und erfüllen müsste. Sie sind gekränkt, wenn das nicht der Fall ist. Oder sie sagen tatsächlich einmal »Piep« und sind eingeschnappt, wenn der Partner nicht sofort auf dieses »Piep« reagiert. Dies ist für das Schattenkind in ihnen dann eine erneute Bestätigung seiner Glaubenssätze: »Ich bin nicht wichtig«; »Ich bin nix wert«; »Meine Meinung zählt nicht« usw. Ihr Schattenkind fühlt sich chronisch in einer unterlegenen Position. Aus dieser Perspektive kann der Partner (und auch andere Menschen) jedoch schnell zum Feind mutieren. So wird auf den Partner eine Dominanz projiziert, die dieser in vielen Fällen gar nicht ausübt oder die aus der Beziehungsdynamik resultiert: Wenn ein Partner nämlich sehr passiv in der Entscheidungsfindung ist, übernimmt der andere fast zwangsläufig die aktive Rolle.

Das Problem bei harmoniesüchtigen Menschen ist, dass sie sich nicht trauen, die Verantwortung für ihre Bedürfnisse zu übernehmen. Sie delegieren die Verantwortung für ihr Leben an andere Menschen und leben sozusagen deren Leben mit. Sie lassen sich das Leben eher widerfahren, als es aktiv zu gestalten. Ihr hohes Sicherheitsbedürfnis lässt sie fast ausschließlich aus der Defensive agieren. Auch ihre Berufswahl ist häufig von einem hohen Sicherheitsmotiv und/oder den Wünschen der eigenen Eltern bestimmt. Das Kind in ihnen traut sich nicht, seinen eigenen Weg zu gehen und bleibt deswegen in der Abhängigkeit von seinen Eltern und/oder seinem Partner verhaftet. Harmoniesüchtige Menschen verharren womöglich aus purer Trennungs- und Verlassenheitsangst viel zu lange in Partnerschaften, die sie kreuzunglücklich machen. In vielen Fällen sind sie bemüht, ihren »gestörten« Partner zu verändern, oder sie idealisieren dessen offensichtliche Schwächen einfach weg und geben sich selbst die Schuld an dem Geschehen. Dabei wäre es viel gewinnbringender, wenn sie sich mit ihrer eigenen Abhängigkeitsproblematik auseinandersetzten und mehr autonome Fähigkeiten entwickelten.

Solltest du dich zu den Harmoniesüchtigen zählen, dann mach dir bitte bewusst, dass es oft fairer wäre, wenn dein Partner wüsste, was in dir vorgeht und was du willst. Wenn du deine eigenen Wünsche ständig versteckst, hat dein Partner kaum eine Chance, auf dich einzugehen. Bitte erwarte nicht, dass er deine Gedanken lesen kann. Es ist ganz wichtig, dass du selbst die Verantwortung für dich übernimmst und dich aus der Deckung herauswagst. Bedenke bitte immer: Heute bist du groß und erwachsen, und dein Partner ist nicht Mama oder Papa. Konkrete Hilfe erhältst du unter den Schatzstrategien »Übernimm die Verantwortung...« auf S. 260; »Entscheide und handle« auf

S. 274; »Diskutiere und argumentiere« auf S. 279 sowie »Lerne, Nein zu sagen« auf S. 281.

Männer, die zu artig sind

Frauen mögen starke Männer. Überangepasste Männer sind für sie nicht attraktiv. Es ist wichtig, dass der Mann seinen Mann steht, auch im Bett. Männlich ist, wenn man seine Meinung vertreten und diskutieren kann. Und wenn Mann weiß, was Mann will und was nicht. Männlich ist, sich Ziele zu setzen und Hindernisse aus dem Weg zu räumen. Männlich ist, die Frau zu verführen und sich auch nicht sofort von einer Unlustäußerung der Frau abhalten zu lassen, sondern einfach mal ein bisschen dranzubleiben. Kurzum: Alle autonomen Fähigkeiten, die ich unter dem Kapitel »Schatzstrategien im Dienste der Autonomie« aufführe, sind männlich – was natürlich nicht bedeutet, dass sie für Frauen nicht genauso relevant sind. Eine überangepasste Frau entspricht jedoch eher dem weiblichen Rollenbild (ob man das nun gut findet oder nicht) als ein überangepasster Mann dem männlichen Rollenbild. Sprich: Ein Mann, der eine überangepasste Frau an seiner Seite hat, kann diese durchaus toll finden und hat sie sich möglicherweise – aus eigenen Minderwertigkeitskomplexen heraus – sogar gerade deswegen ausgesucht. Ein überangepasster Mann, der über wenig Durchsetzungsvermögen verfügt und der Frau weitgehend die Verantwortung für die Beziehungs- und Lebensgestaltung überlässt, ist für eine Frau in fast jedem Fall unattraktiv. Vermutlich gehört es zu unserer genetischen Grundausstattung, dass Frauen starke Männer suchen.

Männer, die sich in ihrer Kindheit nicht positiv mit einem männlichen Rollenvorbild identifizieren konnten, unterdrücken häufig die männliche Seite in sich. Nicht selten hatten diese Männer Väter, die zu dominant und autoritär waren, sodass der Sohn sich geschworen hat, bloß nie wie der Vater zu werden. Es gibt aber auch Mütter, die ihre Söhne in eine Anti-Vater-Koalition hineinmanipulieren, indem sie sich bei ihren Söhnen über den bösen Vater ausheulen. So lernt der Junge: Männer sind böse und tun Frauen weh. Hierdurch kann es zu einer Über-Identifikation mit femininen Eigenschaften kommen. Daneben kann die Überanpassung natürlich auch begünstigt werden, indem die Mutter und/oder der Vater ihrem Sohn bereits als Kind ein extrem angepasstes Verhalten abverlangen und dieser sich im Laufe seiner Entwicklung nie traut, sich von dieser Prägung zu lösen.

»Männlich« darf allerdings nicht mit »kompromisslos«, »dominant« oder »stur« verwechselt werden. Ein männlicher Mann ist durchaus in der Lage, seine Gefühle, auch die schwachen, zu fühlen und über sie zu reden. Er kann nachgeben, Kompromisse schließen und zärtlich sein. Das sind Eigenschaften, die auf der Seite der Bindung und Anpassung stehen und für die Beziehungsfähigkeit notwendig sind. Was den Mann männlich macht, ist, dass er *zusätzlich* seine autonomen Fähigkeiten gut entwickelt hat, sprich: Er kann sich auch abgrenzen, durchsetzen, und er ist sexuell selbstbewusst. Ist die innere Balance des Mannes hingegen zugunsten der Autonomie aus dem Lot, dann ist er pseudo-autonom. Das heißt, er ist stur und kompromisslos, wenig einfühlsam und eher ichbezogen. Diese Eigenschaften weisen unter anderem Männer auf, die unter Bindungsangst leiden, und Machos; auf beide werde ich später noch zu sprechen kommen.

Wenn du also ein Mann bist, dann beschäftige dich bitte einmal mit der Frage, ob du deine männliche Seite, also deine autonomen Fähigkeiten, gut genug entwickelt hast, und falls nicht, was der Grund hierfür sein mag. Mach dir bewusst, dass Frauen keine Schoßhunde wollen. Männlich sein heißt, dass du die Verantwortung für dich und deine Wünsche und Bedürfnisse übernimmst und für diese eintreten kannst, was nicht bedeutet, dass du nicht auch Kompromisse schließen und nachgeben kannst. Eine Frau verlässt dich nicht, wenn du deine Meinung sagst, ihr mal widersprichst und auch auf der Erfüllung deiner Bedürfnisse bestehst. Sie verlässt dich viel eher, wenn sie das Gefühl hat, dass du zu unterwürfig bist. Dann nämlich verliert sie den Respekt vor dir.

Ein großes Problem für Männer sind sexuelle Versagensängste. Ein Klient von mir erklärte mir einmal: »Die Penetration ist für den Mann die Hölle.« Gerade hier muss der Mann nämlich seinen Mann stehen, sexuelles Versagen kann nicht – wie bei der Frau – kaschiert werden. Aber warum heißt es überhaupt »Versagen«, wenn der Mann keinen hochkriegt? Das ist ja schon sprachlich eine Diskriminierung. Bei der Frau sagt man, sie habe keine Lust. Das ist viel weniger bedrohlich. »Sexuelles Versagen« ist eine Begrifflichkeit, die eigentlich nur auf Männer angewendet wird. Erektionsstörungen beim Mann sind fast immer auf Versagensängste zurückzuführen, genauso wie der frühzeitige Samenerguss. Der Mann traut sich nicht zu, die Frau befriedigen zu können. Er hat Angst, ihre Erwartungen nicht zu erfüllen. Hierzu mag auch der Mythos beitragen, dass Frauen durch Geschlechtsverkehr zum Orgasmus kämen. Wenn sie dies tun, dann ausschließlich aus dem Grund, dass die Klitoris mit erregt wird. Einen rein vaginalen Orgasmus gibt es nicht, auch wenn Derartiges immer wieder – auch von Frauen – behauptet wird. Insofern kann Männern schon das Wissen helfen, dass es bessere Wege gibt, die Frau zu befriedigen, als die Penetration.

Seiner sexuellen Versagensangst kann der Mann entgegentreten, indem er seine autonomen Fähigkeiten stärkt. Alles, was ihm zu mehr Eigenständigkeit und Rückgrat verhilft, stärkt auch seine sexuelle Potenz, weil er dadurch mehr Selbstvertrauen gewinnt. Dieses Mehr an Selbstvertrauen führt auch dazu, dass er der Frau mehr vertrauen kann. Er stärkt hierdurch also auch seine Bindungsfähigkeit. Denn je stärker ein Mensch das Gefühl hat, sich in gesunder Weise abgrenzen zu können, desto leichter fällt es ihm auch, sich zu binden, da er dann nicht Gefahr läuft, sich in der Bindung selbst zu verlieren. Auch die Verlustangst, die ja ein häufiger Grund ist, sich nicht eng zu binden, wird durch verbesserte autonome Fähigkeiten gemindert, weil man sich dann nicht mehr so abhängig von seinem Partner fühlt und mithin einen imaginierten Verlust besser verschmerzen kann. Wie Mann und Frau ihre autonomen Fähigkeiten stärken können, beschreibe ich ab S. 268 unter der Überschrift »Schatzstrategien im Dienste der Autonomie«.

Frauen, die sich zu abhängig machen
Im Folgenden möchte ich auf ein Problem eingehen, das man häufiger, wenn auch nicht ausschließlich, bei Frauen vorfindet: Manche Frauen sind so überangepasst bzw. ihre autonomen Fähigkeiten sind so gering entwickelt, dass sie sich quasi alles bieten lassen. Sie leben in einer abhängigen Beziehung zu einem Mann, der sie schlecht behandelt, eventuell sogar misshandelt. Wie kann es sein, dass es diesen Frauen nicht gelingt, sich aus dieser Verstrickung zu lösen? Häufig werden die Kinder als Vorwand genommen, um in einer Beziehung verhaftet zu bleiben. Tatsächlich ginge es diesen in vielen Fällen aber besser, wenn die Eltern sich trennten. So hat die Scheidungsforschung klar belegt,

dass eine Trennung der Eltern für die Kinder besser zu verkraften ist als ein Dauerstreit oder gar eheliche Gewalt.

Abhängige Frauen (und Männer) haben zu wenig Ich-Stärke, um sich ein unabhängiges Urteil von ihrem Partner bilden zu können. Das Schattenkind in ihnen ist davon überzeugt, dass es im Grunde genommen nichts Besseres verdient habe. Es identifiziert sich also mit dem Aggressor, was bedeutet, dass es innerlich auf der Seite des misshandelnden Partners steht, auch wenn der erwachsene Anteil der Betroffenen erkennt, dass sie sich trennen müssten. Das Kind in ihnen hat übermächtige Angst vor dem Alleinsein und wird nicht müde, auf ein Happy End zu hoffen. Ihre geringen autonomen Fähigkeiten begründen bei abhängigen Frauen die Illusion, ohne den Mann nicht leben zu können. Gerade bei Männern, die scheinbar sehr autonom sind und die häufig von Anfang an ambivalente Signale senden, springt das Bindungsprogramm dieser Frauen besonders stark an. Dies liegt vermutlich daran, dass sie genau diesen Typ Mann von sich überzeugen wollen – genau über diesen Typ die Kontrolle gewinnen möchten. Nicht selten handelt es sich hierbei um eine Reinszenierung eines alten Kindheitstraumas mit dem eigenen Vater/der eigenen Mutter. In der Psychologie spricht man in diesem Zusammenhang auch von einem *Wiederholungszwang*. In ihm liegt der unbewusste Wunsch begraben, ein Happy End für die eigene Geschichte zu finden. Man sucht sich also eine tragische Elternfigur, die man unbewusst in seinen Partner hineinprojiziert, und hofft diesmal auf einen guten Ausgang. Der Wiederholungszwang betrifft selbstverständlich nicht nur Frauen, sondern auch Männer können ihre Mutter/ihren Vater auf eine tragische Weise mit der aktuellen Partnerin neu inszenieren. Übrigens habe ich im Laufe meiner Arbeit als Therapeutin die

Erfahrung gemacht, dass, entgegen der allgemeinen Annahme, dass vor allem die Beziehung zum gegengeschlechtlichen Elternteil die eigene Paarbeziehung so stark beeinflusst, es gar nicht so sehr darauf ankommt, von welchem Elternteil man mehr geprägt wurde. So erlebe ich beispielsweise nicht selten, dass eine Frau die Beziehung zu ihrer eigenen Mutter in ihrer Partnerschaft wiederholt, oder ein Mann die Beziehung zu seinem Vater.

Wenn du dich aus einer unglücklichen Beziehung lösen möchtest, hör bitte im ersten Schritt auf, deinen Partner zu idealisieren, sondern mach dir – am besten schriftlich – ein realistisches Bild von ihm oder ihr. Richte die gesamte Energie, die du bis jetzt in deinen Partner gesteckt hast, auf dich selbst, indem du deine Projektionen auflöst und deine Autonomie stärkst. Der Buchteil »Heilung« ab S. 211 wird dir dabei sehr viel Unterstützung bieten.

Das Helfersyndrom

Wer unter einem sogenannten Helfersyndrom leidet, ist bestrebt, durch gute Taten sein beschädigtes Selbstwertgefühl zu stabilisieren. Nach dem Motto: Indem ich anderen helfe, bin ich etwas wert. Nicht selten mischt sich unter diese Überlegung auch ein Überlegenheitsgefühl gegenüber dem scheinbar Hilfsbedürftigen. Geht es darum, anderen Menschen aus einer vorübergehenden Not zu helfen oder sich einer wohltätigen Organisation anzuschließen, so können die Helfer und Helferinnen auch tatsächlich viel Gutes bewirken. Das Helfersyndrom gehört mithin zu den sozialverträglichsten Schutzstrategien. Allerdings passiert es den Betroffenen nicht selten, dass sie sich auch in ihren Paarbeziehungen an hilfsbedürftige Menschen binden. Geeignete Kandidaten sind psychisch Labile, beruflich Gescheiterte, Menschen, die finanziell am Abgrund stehen, Suchtkranke und Pflegefälle. Der oder die Helfende wähnt sich als der/die Ritter/in auf dem weißen Pferd, der/die den Partner von seinem Leid erlöst und somit unschätzbar wichtig für ihn wird. Aufgrund der unreflektierten Weigerung des hilfsbedürftigen Partners, Verantwortung für seine Misere zu übernehmen, kann es hier zu einer leidvollen Verstrickung kommen, bei der sich auch die Situation der Abhängigkeit verkehrt. Anstatt den vermeintlich schwächeren Partner in Abhängigkeit an sich zu binden, stellt der Helfer irgendwann fest, dass er selbst hilflos ist, weil all seine Bemühungen ins Leere laufen. Zudem bewirkt die Weigerung der hilfsbedürftigen Partner, Verantwortung für ihr Leid zu übernehmen, auch, dass sie für die Beziehung zu wenig Verantwortung übernehmen. Die Helfer werden von ihren Partnern zumeist nicht gut behandelt. Ihre Wünsche nach Aufmerksamkeit kommen also chronisch zu kurz. Die Helfenden können sich trotzdem so schlecht lösen, weil ihr Schattenkind meint, es sei selbst schuld, wenn der Partner sich nicht verändert. Es fühlt sich kläglich und erfolglos, weil es mit seinen Bemühungen immer wieder scheitert. Und anstatt die Arena zu verlassen und die Niederlage zu akzeptieren, verstärken die Helfer ihre Bemühungen, um doch noch Kontrolle über die Situation zu erlangen. Erst, wenn sie selbst mit ihrer Gesundheit und/oder ihren Finanzen am Abgrund stehen, gelingt ihnen der Absprung, manchmal noch nicht einmal dann.

Wollten die Helfenden ihre Einstellung verändern, dann müssten sie erkennen, dass sie ihr Selbstwertproblem nicht im Außen lösen können, indem sie durch gute Taten glänzen, sondern indem sie ihr verunsichertes Schattenkind an die Hand nehmen und ihre alten Prägungen auflösen. Wie das funktioniert, werde ich noch im Teil »Heilung« erläutern.

Perfektionsstreben

Zu den Schutzstrategien von überangepassten Menschen zählt auch das weit verbreitete Perfektionsstreben. Die schrecklichen Verlust- und Versagensängste des Schattenkindes treiben es an, alles richtig, möglichst perfekt zu machen. Der Wunsch, der sich hinter dieser Schutzstrategie verbirgt, ist jener nach Unangreifbarkeit. Das Schattenkind ist überzeugt: Wenn ich keine Angriffsfläche biete, kann mir keiner etwas antun und ich werde angenommen.

Menschen, die nach Perfektion streben, gehen oft über ihre eigenen Grenzen hinaus, die sie nicht richtig spüren, weil ihnen ihr Selbstgefühl in der Überanpassung verloren gegangen ist. Das prädestiniert sie für das Burn-out. Das Problem bei dieser Schutzstrategie ist nämlich, dass Perfektion nicht zu erreichen ist und die Betroffenen deshalb immer ihren eigenen Ansprüchen hinterherlaufen. Ihr Beurteilungsspielraum ist sehr klein: nicht perfekt = ungenügend. Die Abstufungen perfekt, sehr gut, gut, genügend usw. nehmen sie nicht vor, zumindest nicht, wenn es um die Beurteilung ihrer eigenen Leistungen geht. Das Schattenkind ist mit dieser Schutzstrategie ohnehin nur kurzfristig zu trösten. Sobald es sich nämlich über eine Trophäe freut, muss schon wieder die nächste ergattert werden.

Perfektionsstreber belasten ihre Partnerschaften häufig dadurch, dass sie sehr viel Zeit für ihre Ansprüche opfern. Diese Zeit kommt dem Partner abhanden. Nicht selten verbindet sich die Perfektionsliebe aber auch mit einer gewissen Arbeitssucht, die gleichsam auch eine Flucht aus der Partnerschaft darstellt. Der Näheflüchter stellt dadurch den von ihm benötigten Sicherheitsabstand her (siehe auch den Abschnitt »Flucht und Vermeidung« auf S. 173).

Menschen, die nach Perfektion streben, haben ein sehr verunsichertes Schattenkind in sich. Manchen ist das noch nicht einmal bewusst, so gut verdrängen sie ihr Schattenkind durch ihre Erfolge. Sind sie auf der angepassten Seite und streben nach Bindung, dann bezieht sich ihr Perfektionsstreben im Wesentlichen auf sich selbst, zumal sie ihren Partner idealisieren. Das heißt, sie wollen auch in der Partnerschaft alles richtig machen, sie wollen der Idealpartner sein. Befinden sie sich jedoch auf der autonomen Seite, gehen sie nicht nur mit ihren eigenen Schwächen hart ins Gericht, sondern auch mit jenen ihres Partners. Auf der autonomen Seite können selbst kleine Schwächen des Partners den Perfektionsstreber ganz schön abtörnen. Der Partner muss genauso zu ihrer Aufwertung beitragen wie sie selbst (siehe auch die Abschnitte »Angriff und Attacke« auf S. 175 und »Narzisstische Schutzstrategien« auf S. 182). Ich erinnere noch einmal daran, dass nicht wenige Menschen zwischen Anpassung und Autonomie pendeln, je nachdem, in welcher Partnerschaft sie sich befinden oder in welcher Phase die Partnerschaft sich gerade befindet.

Kindbleiben und Hilflosigkeit

Überangepasste gehen auf wackligen Füßen durchs Leben. Sie sehnen sich nach einem festen Halt in Form einer engen Bindung. Ihre Verunsicherung geht nicht zuletzt auf ihr brüchiges

Selbstgefühl zurück. Die notorische Unterdrückung der eigenen Bedürfnisse lässt die Frage offen, was man überhaupt will und wer man eigentlich ist. Überangepasste suchen immer wieder Rat und Rückversicherung bei scheinbar klügeren und stärkeren Menschen und scheuen davor zurück, selbst die Verantwortung für ihr Leben zu übernehmen. Sie trauen sich das nicht zu. Ihre Angst, Fehler zu machen und eine falsche Entscheidung zu treffen, verhindert, dass sie ihr eigenes Ding machen. Wenn ihr scheinbar stärkeres Gegenüber für sie eine falsche Entscheidung trifft, sind sie wenigstens nicht selbst schuld.

Die Partner von Überangepassten fühlen sich oft erdrückt von deren Bedürftigkeit. Es ist auf die Dauer anstrengend, wenn jemand – auch bei kleinen Entscheidungen – ständig eine Rückversicherung und Unterstützung benötigt. Die Unselbstständigkeit des überangepassten Partners verführt den autonomeren Partner dazu, für immer mehr gemeinsame Lebensbereiche die Verantwortung zu übernehmen. Hierdurch stellt sich im Überangepassten die Empfindung ein, dominiert und unterdrückt zu werden. Dabei ist dieser Vorwurf bei näherer Betrachtung nicht ganz fair. Das Gefühl, dominiert zu werden, ist größtenteils, wenn nicht gar ausschließlich hausgemacht. Es entsteht durch die freiwillige Unterwerfung unter den scheinbar Stärkeren. Dieser ist dann in den Augen des Angepassten auch noch daran schuld, dass der Schwächere sein Leben nicht selbst in die Hand nimmt.

Menschen, die innerlich Kind bleiben, sind oft wenig belastbar – vergleichsweise kleine Anlässe können große Angst in ihnen auslösen. Der Partner ist ständig gefragt, sich zu kümmern, zu trösten und aufzubauen. Dabei vermittelt ihm der Hilfsbedürftige nicht selten, dass er nicht genug tut. Im Schattenkind des Angepassten wirken nämlich oft Glaubenssätze wie: »Ich komme zu kurz«; »Ich bin nicht wichtig«; »Ich bin unterlegen« usw., die ihm vorgaukeln, dass der Partner ihn hängenlässt. Irgendwie kann der Partner nie genug tun. Dies ruft wiederum dessen Schattenkind wach, das am liebsten flüchten würde, was die Dynamik natürlich noch verstärkt. Dieser Fluchtimpuls ist dann besonders stark, wenn der scheinbar stärkere Partner unter (aktiver) Bindungsangst leidet.

Wie du die Hand deines Partners/deiner Eltern loslassen kannst, erfährst du im Teil »Heilung«.

Jammern, Klammern und Fordern

Nicht weit weg von der soeben beschriebenen Schutzstrategie liegen das Jammern und Klammern. Der scheinbar abhängige Partner läuft dem scheinbar unabhängigen hinterher. Je mehr er dies tut, desto eingeengter fühlt sich der scheinbar Unabhängige und rennt noch schneller davon. Diese unheilvolle Dynamik habe ich schon in den Abschnitten »Unterlegenheit und Überlegenheit« und »Verlustangst macht scharf, Sicherheit langweilt« beschrieben.

Ist die Beziehung auf der Nähe-Distanz-Ebene erst einmal aus der Balance geraten, sucht mithin ein Partner immer mehr Nähe und der andere Partner immer weniger, dann fühlt sich der Nähesuchende zunehmend verunsichert und gerät psychisch aus dem Lot. Er erleidet furchtbare Verlustangst, was in den meisten Fällen einen starken Klammerimpuls auslöst. Er versucht mit allen ihm zur Verfügung stehenden Mitteln, die Kontrolle über die Situation wiederherzustellen. Er fühlt sich entsetzlich abhängig, geradezu süchtig nach seinem Partner bzw. seiner Zielperson. Je abhängiger er sich jedoch fühlt und macht, desto sicherer und unabhängiger fühlt sich der andere Partner. Dieser überlegt sich in dieser Phase der Beziehung häufig, ob er den Partner überhaupt will und ob sie oder er die oder der Richtige ist. Die scheinbar autonomen Partner verlieren ihre Liebes- und Lustgefühle, was die Abhängigen umso mehr in Verzweiflung stürzt. Anstatt jedoch loszulassen – was das Klügste wäre – verschärfen die zutiefst verunsicherten Partner ihre Maßnahmen und jammern, klammern und fordern noch mehr, bis der autonome Partner vollkommen genervt und abgetörnt die Beziehung beendet.

Es muss jedoch nicht immer ganz so dramatisch zugehen und enden wie eben beschrieben. Es gibt auch Ehen und Dauerbeziehungen, die auf einem konstanten Niveau ein Nähe-Distanz-Problem aufweisen, »bis der Tod sie scheidet«. Einer der Protagonisten verschanzt sich hinter zahlreichen Distanzierungsmanövern, indem er sich beispielsweise in die Arbeit, Hobbys und/oder außereheliche Affären flüchtet, während der andere Partner nicht müde wird, mehr Nähe und Zuwendung einzufordern. Wie schon mehrfach erwähnt, können die Rollen, wer hinterher- und wer davonläuft, auch innerhalb einer Beziehung wechseln. Es gibt aber auch Dauerbeziehungen, bei denen beide Partner im Fluchtmodus sind, also nicht mehr viel miteinander zu tun haben. Trotzdem schaffen sie es nicht, sich ganz voneinander zu lösen.

Shoppen, Konsum und Sucht

Wenn das Schattenkind sich nach Bindung, Nähe und Wärme sehnt und diese nur unzureichend erhält, kann dies dazu führen, dass es sich mit Ersatzmitteln tröstet. Das bedürftige Schattenkind beruhigt in diesem Fall seine Verlassenheitsangst mit Alkohol, Nikotin oder anderen Drogen. Drogen erfüllen den Zweck, dass sie die Emotionen regulieren. Entweder, indem sie negative Gefühle dämpfen und/oder, indem sie gute Gefühle erzeugen. Oft gehen mit dem Konsum von Drogen und Genussmitteln ja auch soziale Aktivitäten einher, die das Bindungsbedürfnis bedienen. In der Kneipe können beispielsweise geradezu gebärmutterartige Effekte von Geborgenheit erzeugt werden. Auch Essen stiftet sehr viel Glück und Geborgenheit und wird gern als Trostmittel für unerfüllte Bindungswünsche eingesetzt. Übergewicht und Bulimie können die Folge sein. Die Magersucht hingegen ist eine Essstörung, die auf der autonomen Seite zu verzeichnen ist: Die Betroffenen kämpfen unbewusst für ihre Unabhängigkeit und Kontrolle.

Ob man eine Sucht entwickelt, hängt jedoch auch stark vom sozialen Umfeld und bestehenden Angeboten ab, denn längst nicht jeder Mensch, der ein Defizit an Liebe und Bindung verspürt, wird süchtig. In den 1980er Jahren haben zum Beispiel noch sehr viele Menschen geraucht. Damals war Rauchen noch völlig salonfähig. Mit den massiven Anti-Raucher-Kampagnen der letzten zehn Jahre ist der Zigarettenkonsum jedoch stark zurückgegangen bzw. fangen immer weniger Jugendliche das Rauchen an. Hinzu kommt, dass manche Menschen genetisch bedingt anfälliger für Süchte sind als andere. So gibt es beispielsweise Menschen, die Nikotin schnell verstoffwechseln, und solche, die es langsam verstoffwechseln. Letztere weisen ein geringes Suchtpotenzial auf und fangen entweder nie mit dem Rauchen an oder schaffen es mühelos, ihr Leben lang Gelegenheitsraucher zu bleiben. Auch beim Alkoholismus gibt es Hinweise darauf, dass die Krankheit zumindest teilweise genetisch bedingt sein könnte.

Shoppen ist ebenfalls ein beliebtes Mittel, um die innere Einsamkeit abzuwehren. Wenn man in einen Laden geht und dort freundlich empfangen und bedient wird, fühlt man sich willkommen und angenommen. Außerdem empfinden viele Menschen eine Selbstwertsteigerung, wenn sie schöne Dinge kaufen, mit denen sie sich schmücken können. Shoppen ist natürlich auch ein probates Mittel, um sich einfach von sich selbst und seinen Nöten abzulenken.

Wenn du aus einer Sucht aussteigen willst, sind aus meiner Sicht zwei Dinge entscheidend:

1. Du darfst dich nicht mit deinem Suchtverlangen identifizieren, das heißt, du musst zu diesem Verlangen in die Beobachterperspektive gehen, wie ich es bereits ansatzweise unter dem Abschnitt »Unser 4D-Film…« auf S. 114 erläutert habe. Eine genaue Anleitung zum Perspektivenwechsel erfolgt noch in den Abschnitten »Ertappe dich und schalte um« auf S. 219 sowie in der Übung »Die drei Positionen der Wahrnehmung« auf S. 226.

2. Du benötigst eine klare Zielvorstellung und ein dazu passendes Gefühl, was du stattdessen machst. Wenn du beispielsweise abnehmen möchtest, dann brauchst du ein anderes Lebensgefühl, das du als Vision in deinem Kopf installierst. Du könntest dir ausmalen, wie du ganz drahtig, sportlich und leicht sein wirst, und spüren, wie sich das anfühlen würde. Zudem kannst du dir vorstellen, du lebtest auf einer Südsee-Insel und ernährtest dich nur von Fisch, Gemüse und Früchten. Dieses Bild suggeriert, dass diese Art von Ernährung auch sehr reizvoll sein kann. Es geht darum, dass du deinem Ess-Geborgenheits-gemütlich-Genuss-Gefühl eine Vision entgegensetzt, die für

dich sehr anziehend und ermutigend ist. Ich erinnere: Es sind vor allem die Gefühle, die uns in Gang setzen oder auch blockieren, also muss man vor allem bei Süchten genau auf dieser Ebene einhaken.

Hysterische Schutzstrategien

Hysterie ist in der modernen Psychologie ein veralteter Begriff; heute spricht man von »histrionisch«, was so viel bedeutet wie »theatralisch«. Da »hysterisch« aber in der Umgangssprache viel gebräuchlicher ist und ich den Begriff weniger steril finde, erlaube ich mir, ihn weiterhin zu verwenden. Fritz Riemann hat in seinem Klassiker »Die Grundformen der Angst« zwischen der hysterischen, depressiven, zwanghaften und schizoiden (gespaltenen) Persönlichkeit unterschieden – nähere Erklärungen zu diesen Begriffen folgen in den entsprechenden Abschnitten. Dort werde ich dann auch auf die spezifischen Beziehungsprobleme der verschiedenen Persönlichkeitstypen eingehen.

Laut Riemann trägt jeder von uns Anteile dieser Persönlichkeitsstrukturen in sich, wobei die meisten Menschen zu einer der vier Kategorien stärker tendieren, also einer dieser vier Grundformen zuzuordnen sind. Bei einer starken Ausprägung eines oder mehrerer dieser Persönlichkeitsmerkmale sind Beziehungsprobleme programmiert.

Der Begriff der Hysterie leitet sich aus dem griechischen Wort »hysterikos« ab, was bedeutet: an der Gebärmutter leidend. Deswegen wurde der Begriff auch lange Zeit nur für Frauen verwendet. Es gibt jedoch auch Männer, die hysterische Verhaltensweisen an den Tag legen. Nach meiner Beobachtung leiden Männer jedoch häufiger unter der männlichen Form der

Hysterie: dem Narzissmus. Auf dieses Thema werde ich noch unter dem Abschnitt »Narzisstische Schutzstrategien« auf S. 182 näher eingehen. Dass der Narzissmus eine männliche Form der Hysterie ist, ist übrigens eine persönliche Einschätzung von mir und steht damit, soweit ich weiß, in keinem psychologischen Lehrbuch.

Was kennzeichnet Menschen mit einer hysterischen Persönlichkeitsstruktur? Temperamentsbedingt sind hysterische Menschen extravertiert veranlagt. Sie sind also von Natur aus gesellig und kontaktfreudig, was auch ihre positiven Eigenschaften bedingt: Sie sind kurzweilig, lebendig, kreativ, verspielt und expressiv. An ihrer Seite wird es einem nicht langweilig. Ist der hysterische Anteil jedoch stark ausgeprägt, führt dies zu Beziehungsproblemen. Das Schattenkind der Betroffenen trägt Glaubenssätze in sich wie: »Ich genüge nicht!«; »Ich bin nicht wichtig!«; »Ich werde nicht gesehen!«; »Keiner liebt mich!« usw. Ihre größte Angst ist, übersehen zu werden, unwichtig und bedeutungslos zu sein. Ihre Art des Selbstschutzes ist durch ihre Extraversion geprägt: Sie gehen also ins Außen und kämpfen um Aufmerksamkeit, anstatt sich, wie beispielsweise depressive Menschen, zurückzuziehen und einzumauern. Die Hysterie kann man als ein Bündel von Schutzstrategien verstehen, die sämtlich darauf abzielen, sich die Aufmerksamkeit, Zuwendung und Liebe seiner Mitmenschen zu sichern.

Hysterische Menschen fallen durch ein hohes Maß an Redseligkeit und Kontaktfreude auf. Sie legen viel Wert auf ihr Äußeres; so sind sie oft nicht nur sehr schick, sondern auch sexy gekleidet. Hysterische Männer und Frauen sind in der Regel Meister und Meisterinnen der Verführung. Die Verführung ist für sie ein wichtiges Mittel, um sich die Anerkennung und Zuwendung ihrer Mitmenschen zu sichern. Sie neigen daher zu Promiskuität und Untreue.

Emotional sind sie recht instabil und leiden unter Stimmungsschwankungen. Sie erleben alle Gefühle sehr intensiv. Bei starker Ausprägung dieses Persönlichkeitsmerkmals schwankt ihre Stimmungslage zwischen himmelhochjauchzend und zu Tode betrübt. Allerdings sind sie auch ängstlicher als der Durchschnitt, und sie neigen zu Impulsivität und Aggression, was ihrer Extraversion geschuldet ist. Man könnte sagen, dass hysterische Menschen »hyperlebendig« sind, was auch einen Teil ihres Charmes und ihrer Anziehungskraft ausmacht.

Hysterische Menschen sind geradezu süchtig nach Aufregung und Kicks. Ihr Leben muss bunt, vielfältig, spannend und turbulent sein, sonst fühlen sie sich schnell unterstimuliert und gelangweilt. In der Stille werden ihre Glaubenssätze und ihre tiefsitzenden Ängste vor Ablehnung und Desinteresse an ihrer Person laut.

Hysterische Menschen können rasch Bekanntschaft schließen. Sie gehen sehr offen auf andere Menschen zu und erzählen ihnen oft bereits beim ersten Kennenlernen Persönliches und Privates. Die Interaktionspartner sind dann nicht selten enttäuscht, dass auf dieses Erleben von spontaner Nähe und Freundschaft keine weiteren Beziehungsangebote erfolgen bzw. diese nur recht unzuverlässig und unverbindlich umgesetzt werden. Hysterische Menschen sind Meister des Augenblicks, nicht der Verbindlichkeit. Allerdings haben sie, wenn sie sich auf eine nahe Liebesbeziehung einlassen, intensive Verlust- und Verlassenheitsängste, denn sie tragen eine große Sehnsucht nach ewiger Liebe und Verbindlichkeit in sich. Ihre hysterischen Schutzstrategien haben den Sinn, die Zuwendung anderer Menschen sicherzustellen. Im positiven Sinne gelingt ihnen dies, indem sie unterhaltsam, witzig und sexy sind. Übersteigert sich ihr Selbstschutz jedoch ins Negative, dann üben sie viel Kontrolle aus, fordern stark und sind hochgradig manipulativ, weswegen viele Partner alsbald das Weite suchen. Es kann aber auch passieren, dass sie selbst Schluss machen, wenn der Alltag in die Beziehung einkehrt und die Eroberung des Partners in gewisser Weise abgeschlossen ist. Hysteriker sind verliebt in die Liebe und berauschen sich gern an Beziehungsanfängen. Sie fühlen sich selbst am lebendigsten, wenn sie verliebt sind – ihr Bedürfnis nach Bestätigung wird in dieser Phase der Beziehung am besten erfüllt. Sie sehen sich dann quasi selbst durch die verliebten Augen ihres Partners und finden sich gut.

Eine typisch weibliche Form der hysterischen Beziehungsgestaltung ist die »fordernde Diva«. (Es gibt natürlich auch männliche Diven, die ich jedoch unter dem Abschnitt »Narzisstische Schutzstrategien« auf S. 182 behandeln werde.) Diven fordern sehr viel mehr Aufmerksamkeit, als sie selbst zu geben bereit sind. Sie selbst sehen das jedoch nicht so: Aufgrund ihrer Glaubenssätze sind sie fest davon überzeugt, dass sie chronisch zu kurz kommen. Wenn die Diva einen guten Tag hat, wirkt sie im positiven Sinne wie elektrisch aufgeladen. An schlechten Tagen verbreitet sie eine hohe negative Spannung. Zudem kann ihre Stimmung schnell kippen. Hierdurch manipuliert sie ihre Mitmenschen, möglichst »folgsam« zu sein, um »Madame« bei Laune zu halten. Diven, das dürfte klargeworden sein, sind recht herrisch, und wenn sie sich in irgendeiner Form zu wenig beachtet und gekränkt fühlen, werden sie furchtbar wütend. Sie können fürchterliche Szenen hinlegen. Um derartige Ausbrüche zu vermeiden, gehen die gestressten Partner oft nur auf Zehenspitzen, wenn sich die Diva in ihrer Nähe aufhält. Sie behandeln sie mit äußerster Vorsicht und Aufmerksamkeit. Auch Jammern, Betteln und Klagen gehören zum Repertoire einer Diva. Das Schattenkind von Diven fordert gebieterisch Aufmerksamkeit ein und bemerkt dabei nicht, dass sich alles nur um es selbst dreht und die Bedürfnisse des Partners kaum Beachtung finden. Der Partner erleidet also jenen Aufmerksamkeitsmangel, den die Diva so sehr fürchtet. Wie so oft, verkehren sich in der psychologischen Betrachtung die Täter-Opfer-Rollen. Gleichwohl sollte man das innere Drama dieser Menschen im Auge behalten: Ihr Schattenkind kämpft einen sehr anstrengenden Kampf um Beachtung, die es in seiner Kindheit viel zu wenig erfahren hat.

Eine Variante der hysterischen Manipulation ist das Kranksein. Diven leiden in der Regel unter diversen Wehwehchen und auch ernstzunehmenden Erkrankungen, die den Partner nötigen, Rücksicht zu nehmen und sich um sie zu kümmern. Aufgrund ihrer Neigung zur Theatralik werden auch kleinere Unpässlichkeiten dramatisiert. In ausgeprägten Fällen kann dies so weit gehen, dass sie Unfälle selbst verursachen und/oder Krankheiten simulieren.

Es gibt aber auch Partner, die sich den Forderungen der Diva nicht unterwerfen, sondern dagegen rebellieren. In dieser Konstellation schwankt die Beziehung meist zwischen Streitereien »sizilianischen Ausmaßes« und Versöhnungen von kurzer Dauer. Der Partner zieht sich entweder irgendwann entnervt zurück und macht Schluss, oder er kämpft einen qualvollen Kampf um Kontrolle. In diesem Fall ist er in der Konditionierung des gespiegelten Selbstwertempfindens gefangen, sprich: Sein Schattenkind bezieht die launischen Stimmungsschwankungen seiner

Partnerin auf sich. Es meint also, die Vorwürfe seiner Frau seien irgendwie gerechtfertigt. Ich erinnere daran, dass kleine Kinder gar nicht anders können, als die Eltern als richtig und sich selbst als falsch zu empfinden, wenn sie ausgeschimpft oder gar geschlagen werden. Viele Menschen sind in dieser Konditionierung gefangen, wenn ihr Schattenkind aktiv ist. So wie Julias Schattenkind der Ansicht ist, es müsse noch besser und richtiger sein, um sich die Liebe von Robert zu sichern, so denkt der Partner einer Diva bzw. sein Schattenkind, es läge in seiner Macht, die Diva durch richtiges Verhalten zu bezähmen. An dieser Stelle sei erwähnt, dass hysterische Menschen über eine sehr starke erotische Ausstrahlung verfügen und auch in der Sexualität nach rauschhaften Erfahrungen suchen. Ihre Partner können eine gewisse Sucht nach dieser Art der Sexualität entwickeln, die gerade durch den Umstand gesteigert wird, dass die Diva meist allein darüber bestimmt, wann Sex stattfindet und wann nicht. Die Partner haben also wenig Kontrolle, und Kontrollverlust macht scharf, wie ich bereits im Abschnitt »Verlustangst macht scharf, Sicherheit langweilt« geschrieben habe.

Ein besonderes Problem, das sich im Umgang mit hysterischen Menschen ergibt, ist, dass sie kaum kritikfähig sind. Ihre Schutzstrategien sind alle darauf ausgelegt, persönliches Versagen und eine persönliche Ablehnung zu vermeiden. Kritik, auch wenn sie noch so harmlos ist, wird von ihnen sofort als Kränkung aufgefasst, worauf sie normalerweise mit Wut reagieren. Wer jedoch nicht kritikfähig ist, ist auch nicht beziehungsfähig, weil der Partner dann keine Chance hat, die Beziehung mitzugestalten. Er muss sich dem Diktat des Hysterikers unterwerfen oder heftige Auseinandersetzungen in Kauf nehmen, die aber zu keiner Verbesserung der Beziehungsqualität führen. Oft sehen die gestressten Partner keinen anderen Ausweg, als sich zu trennen.

Es gibt aber auch hysterische Menschen der liebenswürdigen Art. Sie haben eine sehr warmherzige, geradezu charismatische Ausstrahlung. Zudem fordern sie ihre vermeintlichen Rechte nicht so aggressiv ein wie die Diven. Allerdings benötigen auch sie sehr viel Aufmerksamkeit. Sie wollen geliebt und bewundert werden. Genau wie die fordernden Diven trachten sie danach, ihren Selbstwert zu stabilisieren, indem sie von ihrem Partner und anderen Menschen bewundert werden. Hysterische Menschen sind Meister und Meisterinnen der Unterhaltung und Selbstdarstellung und vermögen das Publikum in ihren Bann zu ziehen. Dabei kommt es ihnen nicht so sehr auf den Wahrheitsgehalt ihrer Geschichten an. Lieber spannend erfunden als langweilig erzählt, ist ihre Devise. Zuhören gehört hingegen nicht zu ihren Stärken. Sie sind in ihrem Bemühen, die Aufmerksamkeit ihrer Mitmenschen zu bannen, zu stark mit sich selbst beschäftigt, als dass sie ein ernsthaftes Interesse für andere aufbrächten – es sei denn, sie befinden sich in der Helferrolle des Therapeuten oder Arztes, die ihnen wiederum zu Wichtigkeit und Bedeutung verhilft.

Als Partnerinnen können die liebenswerten Hysterikerinnen durchaus beständig sein, wenn auch nicht immer treu. Allerdings leiden auch sie unter starken Stimmungshochs und -tiefs und benötigen einen Partner, der ihnen viel Aufmerksamkeit und Zuwendung schenkt. Wie alle Hysteriker neigen sie zu Impulsivität und spontanen Wutausbrüchen; allerdings sind sie, wie die meisten impulsiven Menschen, auch nicht nachtragend. Die liebenswürdigen Hysterikerinnen geben ihren Partnern mehr zurück als die fordernden Diven. Wenn der Partner sie zu nehmen weiß –

sie also aufmerksam und liebevoll behandelt und vor allem ihre impulsiven Ausbrüche nicht allzu ernst nimmt –, dann kann er mit ihnen eine durchaus liebevolle und lebendige Beziehung führen.

Für alle hysterischen Menschen gilt, dass sie sich ihre Welt so fantasieren, wie sie sie gerne hätten. Sie hassen Einengung und Vorschriften und sind der Auffassung, dass bestimmte Regeln für andere gelten, aber nicht für sie. Es fällt ihnen schwer, die Verantwortung für ihr Handeln zu übernehmen. Bei hysterischen Menschen ist es so wie bei kleinen Kindern: Sie denken, dass man sie nicht sieht, wenn sie ihre Augen schließen. Hysteriker lachen sich oft einen Haufen Probleme an, weil sie nicht bereit sind, sich der Realität zu stellen. Ein Klient von mir hat sich beispielsweise in Teufels Küche gebracht, weil er über ein Jahr lang seine Post aus Angst vor den Rechnungen nicht geöffnet hatte.

Das Problem bei ausgeprägt hysterischen Menschen ist, dass sie in der Regel ihre eigene Struktur nicht erkennen. Sie erleben ihre Forderungen und ihre Gefühle als richtig und angemessen und bemerken nicht, wie stark und häufig sie die Realität nach ihren Wünschen verbiegen. An ihrem Leid sind die anderen schuld, ihre scheinbar verständnislosen und lieblosen Partner bzw. die Welt und das Schicksal im Allgemeinen. Um sich aus ihrer Schattenkindperspektive zu befreien, müssten sie im ersten Schritt zur Kenntnis nehmen, dass sie im Schattenkindmodus agieren. Wenn das gelingt, dann gelingt auch die Befreiung aus dem hysterischen Muster. Der wichtigste Schritt ist die Selbsterkenntnis, weil man sich dann schon auf einer Metaebene von seinem hysterischen Muster distanzieren kann. Im Übrigen helfen alle Maßnahmen, die ich im Teil »Heilung« ab S. 211 vorstelle.

Depressive Schutzstrategien

Während der hysterische Mensch die von ihm benötigte Aufmerksamkeit aktiv einfordert, tut dies der Depressive mit passiven Mitteln, indem er lieb und artig ist. Depressive Menschen sind überangepasst und sehr bemüht, die Erwartungen ihrer Mitmenschen zu erfüllen. Man kann auch sagen, dass Überangepasste einen depressiven Persönlichkeitsstil aufweisen, was allerdings nicht zwangsläufig bedeutet, dass sie das Krankheitsbild einer Depression entwickeln.

Von der genetischen Veranlagung her bringen depressiv strukturierte Menschen ein friedvolles und harmonieliebendes Naturell mit auf die Welt, das sich dann bei entsprechenden Erziehungseinflüssen zu einer Überangepasstheit verformen kann. Zu ihren schönen Seiten zählen ihre warmherzige Ausstrahlung und ihre Friedfertigkeit. Sie möchten unbedingt geliebt werden und sind bereit, dafür viel zu geben und zu opfern. Sie können sich hervorragend in ihren Partner einfühlen und diesem quasi die Wünsche von den Augen ablesen. Ihre Ursehnsucht ist die Aufhebung der Grenze zwischen dem Ich und dem Du. Sie sehnen sich nach Verschmelzung. Ein psychisch gesunder Mensch, der lediglich etwas depressiv eingefärbt ist, verfügt über eine große Liebesfähigkeit und ist bereit, auch die schwersten Zeiten mit seinem Partner durchzustehen. Die innere Balance von depressiven Naturen ist zugunsten der Bindung und Anpassung aus dem Gleichgewicht geraten. Sie haben Angst vor der Selbstwerdung und Autonomie. Ihr Schattenkind ist überzeugt, dass es diesem Leben nicht wirklich gewachsen ist, nicht auf eigenen Füßen stehen kann. Depressiv strukturierte Menschen möchten deswegen am liebsten in ihrem Partner aufgehen und dessen

Leben mitleben. Die Selbstständigkeit hingegen macht ihnen Angst.

Ich erinnere daran, dass Überangepasste ihre eigenen Wünsche und Gefühle, also ihr Selbst unterdrücken, um möglichst perfekt funktionieren zu können. Ein eigener Wille, klare Ziele, Durchsetzungsvermögen – also autonome Fähigkeiten – bleiben dabei auf der Strecke. Deswegen entwickeln Überangepasste wenig inneren Halt. Folglich müssen sie ihren Halt im Außen suchen, in der Beziehung zu ihren Partnern und/oder Eltern. Es liegt in der Natur der Sache, dass Kinder, die sich an die Erwartungen ihrer Eltern überanpassen, größte Schwierigkeiten haben, sich von den Eltern zu lösen. Dazu wäre ja genau das erforderlich, was sie nicht gelernt haben, nämlich selbstständig zu sein. Dies wiederum würde einen eigenen Willen voraussetzen, den man benötigt, um freie Entscheidungen treffen zu können. Depressiv strukturierte Menschen hängen sich in ihrer Bedürftigkeit mit einem großen Gewicht an ihre Partner und hoffen, diese mögen sie durch ihr Leben führen. Weil sie wenig Gespür für ihre eigenen Bedürfnisse haben und weil sie übergroße Ängste davor haben, Fehler zu machen, delegieren sie auch ihre Entscheidungen an ihre Partner bzw. Eltern. Ihnen fällt es also sehr schwer, Verantwortung für sich zu übernehmen, was zwangsläufig bedingt, dass sie sich notorisch in einer Opferrolle befinden. Weil Depressive sich so abhängig von ihren Partnern fühlen, leiden sie unter starker Verlustangst. Mit dieser Angst können sie ihre Partner erdrücken, vor allem dann, wenn die Verlustangst sich in massiver Eifersucht äußert. Ihr bedürftiges Klammern an den Partner kann bei diesem dazu führen, dass er die Achtung und den Respekt für den Depressiven verlieren und sich distanziert, was wiederum die Klammerimpulse des Depressiven verstärkt.

Die Partner depressiv strukturierter Menschen schränken aber auch nicht selten ihre eigenen Bedürfnisse nach einem eigenständigen Leben und persönlichen Freiheiten ein, um für den Depressiven immer zur Stelle zu sein. Außerdem belastet häufig die enge Bindung des Depressiven an die eigenen Eltern die Paarbeziehung. So stehen depressive Schattenkinder häufig noch in einem abhängigen Verhältnis zu ihrem Elternhaus und sind auch als Erwachsene noch sehr bemüht, die Erwartungen ihrer Eltern zu erfüllen. Besonders schwierig kann dies werden, wenn die Eltern pflegebedürftig werden. Ich kenne nicht wenige depressive Menschen, die sich in einer jahrelangen, schweren Pflege für ihre Eltern völlig aufopfern. Eine Klientin von mir, berufstätig und Mutter von zwei Kindern, kochte und putzte täglich für ihre alten Eltern, weil der Vater sich trotz guter finanzieller Mittel weigerte, eine Haushaltshilfe zu engagieren. Die Klientin konnte sich nicht von ihrem Vater abgrenzen und die Verantwortung für die Lösung dieses Problems bei ihm belassen. Erst als sie auf ein Burn-out zusteuerte und zu mir in Therapie kam, gelang es ihr, ihren Eltern die Verantwortung für ihr eigenes Leben zurückzugeben und ihre Fürsorge auf ein gesundes Maß zu reduzieren.

Ein weiteres Problem in der Partnerschaft mit depressiv strukturierten Menschen ist ihre geringe Authentizität, die aus ihrem brüchigen Kontakt zu den eigenen Gefühlen und Bedürfnissen resultiert sowie ihrer Konfliktscheu. So erheben sie zwar einerseits, was ihren Wunsch nach Nähe betrifft, große Ansprüche an ihre Partner, andererseits vertreten sie ihre Anliegen jedoch zu wenig. Dies schon deshalb, weil sie selbst nicht so genau wissen, was sie wollen. Viel häufiger wissen sie, was sie nicht wollen. Anstatt sich jedoch zu äußern, erwartet der Depressive, dass sein

Partner seine Wünsche errät – genauso wie der Depressive dies ja umgekehrt tut. Und wenn dem Partner dies nicht gelingt, schleicht sich beim Depressiven das Gefühl ein, in der Beziehung zu kurz zu kommen. Das verübelt er dem Partner. Manchmal nörgelt und quengelt er, aber es fällt ihm furchtbar schwer, seine Anliegen und Wünsche auf eine angemessene und erwachsene Weise vorzutragen. Und so kann es passieren, dass sich immer mehr kalte Wut im Depressiven anstaut. Aber auch diese wird allenfalls andeutungsweise formuliert, sodass der Partner sie leicht überhören kann. Die Partner haben zumeist keine Ahnung, wie schlecht es in den Augen des Depressiven um die Beziehung steht. Ich bin immer wieder erschüttert, wie krass unterschiedlich die Bewertung der Beziehungsqualität zwischen dem Depressiven und seinem ahnungslosen Partner ausfallen kann. Während der Depressive schon dabei ist, den Absprung vorzubereiten, meint der Partner noch, es wäre alles in bester Ordnung. Der Depressive zieht sich zwar innerlich zunehmend aus der Beziehung zurück, funktioniert aber gewohnheitsmäßig auf der äußeren Ebene weiter. In dieser Phase der Beziehung sind manche depressiv strukturierten Menschen auch offen für Seitensprünge und Affären. Hier suchen sie die Zuwendung und Beachtung, die ihnen ihre Partner – ihrer Meinung nach in vollem Bewusstsein – vorenthalten. Der Absprung aus der Partnerschaft gelingt ihnen in der Regel nur dann, wenn sie jemand Neuen gefunden haben. Sie können sehr schlecht allein sein. Die Partner fallen oft aus allen Wolken, wenn der Depressive sich trennt oder eine Affäre auffliegt.

Will man sein depressives Schattenkind heilen, ist es unabdingbar, dass man seine autonomen Fähigkeiten stärkt. Wie das geht, werde ich im Teil »Heilung« vermitteln.

Du hast bis hierher viele Schutzstrategien kennengelernt, die auf der Seite der Bindung stehen. Hast du dich selbst wiedererkannt? Falls du es nicht schon getan hast: Notiere jetzt die Strategien, die du besonders häufig anwendest, in den Fußraum deiner Schattenkindschablone (siehe Schablone in der vorderen Innenklappe des Buches).

In den nächsten Abschnitten wird es nun um die Schutzstrategien gehen, die eher auf der Seite der Autonomie stehen. Es kann gut sein, dass du auch hier fündig wirst – selbst wenn du dich vor allem als Bindungstyp wahrnimmst. Lies einfach weiter und notiere auch diese Strategien in den Fußraum deiner Schattenkindschablone.

Selbstschutz im Dienste der Autonomie

Menschen, deren Schattenkind sich vorwiegend durch autonome Strategien schützt, haben sich irgendwann einmal unbewusst entschieden, dass Alleinsein die sicherste Option für sie darstellt. Sind die angepassten Schattenkinder oft zu vertrauensselig, so sind die autonomen eher zu misstrauisch. Während die Angepassten idealisieren, argwöhnen die Autonomen. Sie benötigen einen Sicherheitsabstand zu ihrem Partner und häufig auch zu anderen Menschen. Ein Betroffener erklärte einmal: »Man muss sich die Menschen auf Armeslänge entfernt halten, dann kann man sie besser sehen!« Eine sehr bewegende psychologische Studie hat erbracht, dass Säuglinge bereits im Alter von sechs Wochen die Verantwortung dafür übernehmen, dass ihre Mütter sie annehmen. Die Mütter in dieser Studie waren stark bindungsgestört und lebten mit ihren Babys in einem sozial betreuten Wohnprojekt. Es wurden Videoaufnahmen von der Interaktion zwischen Mutter und Kind gemacht. In der Auswertung konnte man sehen, dass die Säuglinge, wenn ihre Mutter sie anschaute, lächelten, und wenn sie wegschaute, einen erstarrten, leeren Geschichtsausdruck bekamen. Die Säuglinge spürten also auf einer ganz intuitiven Ebene, dass sie ihre Mutter bei Laune halten und sich im wahrsten Sinne des Wortes leicht machen mussten, um zu überleben. So kann man auch bei traumatisierten Babys feststellen, dass diese ihren Körper steif machen, wenn man sie im Arm hält. Sie halten sich sozusagen selbst, weil sie zu wenig äußeren Halt bei ihrer Mutter verspüren und mithin kein Vertrauen haben, dass sie gehalten werden. Wenn ein Kind also schon in den ersten zwei Lebensjahren lernt, sich stark an die Bedürfnisse seiner Eltern anzupassen, entwickelt es nicht das nötige Urvertrauen, dass es so sein darf, wie es ist, und dass es bedingungslos geliebt und mithin versorgt wird. Auf einer so unsicheren Basis kann es keine gesunde Autonomie entwickeln. Je nachdem, wie schwer und tiefgreifend seine Erfahrungen waren, wird das Kind entweder in der Abhängigkeit von seinen Eltern und später anderen Bindungspersonen verhaftet bleiben, oder es wird unbewusst beschließen, Abhängigkeit für den Rest seines Lebens zu vermeiden und keinen Menschen mehr so nah an sich heranzulassen, dass er die Macht hätte, ihm wehzutun.

Menschen können jedoch auch unter weit weniger dramatischen Bedingungen als oben beschrieben ein hohes Autonomiemotiv entwickeln. Es kann schon ausreichen, dass die Eltern oder die Mutter dem Kind einfach etwas zu viele Vorschriften gemacht und/oder ihr Kind überbehütet haben. Klassischerweise sind es Mütter, die ihre Kinder schwer loslassen können. Die Kinder überbehütender Eltern fühlen sich durchaus geliebt, aber es ist ihnen daheim »zu eng«. Autonome Schattenkinder kann man auch als Rebellen bezeichnen. Sie beherbergen viel Trotz in sich und verwehren sich gegen jegliche Form der Einengung und Freiheitsberaubung. Sie reagieren geradezu allergisch auf Erwartungen und Ansprüche ihrer Partner – auch wenn diese völlig angemessen sind –, weil sie sie unbewusst mit den Forderungen und Erwartungen ihrer Eltern verwechseln.

Wer um seine Autonomie kämpft, verspürt zumeist mehr Angst vor Vereinnahmung und Bevormundung als Angst, den Partner zu verlieren. Allerdings spielen auch hier untergründig Verlustängste eine wichtige Rolle, weil die Angst vor dem Selbstverlust aus der Überanpassung entsteht und die Überanpassung dem Bindungsverlangen dient. Rebellische Schattenkinder meinen genauso wie die Bindungssuchenden, dass sie sich für den Partner verbiegen müssten. In ihnen löst das jedoch Trotz aus, und sie tun dann erst recht nicht, was von ihnen erwartet wird. Allerdings können auch aus purer Verlustangst starke Autonomiebestrebungen entstehen. Bevor man verlassen wird, verlässt man lieber selbst, denn dann hat man das Geschehen wenigstens noch unter Kontrolle.

Autonome Schutzstrategien laufen insgesamt darauf hinaus, Distanz und Kontrolle zum Gegenüber herzustellen. Es geht um die Vermeidung von Ohnmacht, Unterlegenheit und Beschämung. Die Angst vor dem Verlust und die Angst vor dem Versagen motivieren die Betroffenen, sich möglichst unabhängig zu machen. Auf der Seite der Bindung motivieren Verlust- und Versagensängste die Betroffenen in umgekehrter Weise dazu, sich noch enger an eine Person zu binden. Auf der einen Seite wird also Sicherheit in der Bindung und auf der anderen Seite Sicherheit in der Autonomie gesucht.

Misstrauen und Abwertung

Rebellische Schattenkinder können schlecht vertrauen und beobachten ihre Partner und Mitmenschen mit Argwohn. Sie sorgen sich, dass sie von anderen Menschen vereinnahmt und kontrolliert werden. Diese Angst verwalten sie, indem sie selbst am Hebel der Kontrolle und Macht sitzen. Dazu benötigen sie eine kritische Distanz zum anderen.

Durch das erhöhte Misstrauen der rebellischen Schattenkinder kann keine vertrauensvolle Bindung entstehen. Das Misstrauen schützt sie vor Enttäuschungen. So sind die Betroffenen überzeugt, dass sie sowieso verlassen werden. Allerdings spüren dies viele nicht bewusst, sie sorgen sich stattdessen vielmehr darum, dass ihre Gefühle für den Partner nicht ausreichen könnten. Viele Autonome beklagen, dass sie immer wieder die Gefühle für ihre Partner verlieren und sich deswegen häufig trennen. Dieser Verlust von Liebesgefühlen ist aber nur die Spitze des Eisbergs, die über das Wasser ragt, also die Bewusstseinsebene erlangt. Der Verlust der Zuneigung gehört zum Distanzierungsprogramm, das immer dann anspringt, wenn eine Beziehung verbindlich wird. Wenn ich noch einmal daran erinnern darf, dass wir unser Selbstbild zwangsläufig auch in die Köpfe von anderen Menschen projizieren, dann ist klar, dass ein Mensch, der eine geringe Meinung von sich selbst hat, nicht erwartet, dass sein Partner zu einer anderen Einschätzung gelangen könnte – es sei denn, er zeigt diesem nur seine beste Seite. Genau diese Anstrengung, möglichst wenig authentisch zu sein, lässt in den Autonomen das Gefühl entstehen, dass feste Beziehungen anstrengend und einengend sind, weswegen sie wahre Freiheit nur im Alleinsein wähnen. Oder sie sind so überangepasst, dass sie ihre eigenen Grenzen schon gar nicht mehr spüren und diese Maskerade ein Leben lang durchhalten. Andere brechen irgendwann zusammen und erleiden eine Erschöpfungsdepression, neudeutsch: Burn-out.

Nicht nur ein generelles Misstrauen, sondern auch die kritische Abwertung des Partners trägt zur Distanzierung und mithin zur Erlangung persönlicher Freiheit und Überlegenheit bei. Die Abwertung und der Schwächenzoom sind übliche Distanzierungstechniken, wie ich sie bereits unter dem Abschnitt »Der plötzliche Gefühlstod und andere Distanzierungstechniken« ausgeführt habe. Dabei erfolgen diese Vorgänge zumeist automatisch und unbewusst. Nur wenige Betroffenen sind sich des Umstandes bewusst, dass ihre kritische Distanzierung häufig durch eine kleine Selbstwertkränkung bzw. Verlustangst ausgelöst wird. Es liegt in der Natur der Sache, dass sich hinter der kritischen Abwertung des Partners nicht selten auch narzisstische Motive verbergen, wie ich es bereits unter dem Abschnitt: »Weitere Ursachen für den Verlust von Liebesgefühlen« ausgeführt habe. Narzissten sind ständig besorgt, verletzt zu werden und in eine unterlegene, ohnmächtige Position zu geraten, so wie es in ihrem Elternaus der Fall gewesen ist. Das Schattenkind eines Narzissten hat sich geschworen, nie wieder so gedemütigt und beschämt zu werden wie von den eigenen Eltern bzw. einem Elternteil. Aus unreflektierter Rache beschämt es jetzt andere, vor allem seinen Partner, und wehrt dadurch seine eigenen Minderwertigkeitsgefühle ab.

Wie du dich aus deinem Distanzierungsprogramm befreien kannst, erfährst du im Teil »Heilung«, hier insbesondere unter den »Schatzstrategien im Dienste der Bindung« ab S. 289.

Verlust von Liebes- und Lustgefühlen

Der Verlust von Liebes- und Lustgefühlen ist eine sehr häufig zu beobachtende Reaktion auf ein scheinbares Zuviel an Nähe und Vereinnahmung. Dadurch, dass die Betroffenen so geringe Fähigkeiten haben, sich innerlich und äußerlich abzugrenzen, mutiert der Partner in ihren Augen immer mehr zum Feind. Sie fühlen sich vereinnahmt und kontrolliert, was ihre Liebesgefühle abtöten kann (vgl. dazu die Abschnitte »Verlustangst macht scharf, Sicherheit langweilt« sowie »Weitere Ursachen für den Verlust von Liebesgefühlen«).

Machtstreben und Wettkampf

Vertrauen ist gut, Kontrolle ist besser – so die feste Überzeugung von rebellischen Schattenkindern. Sie wollen, wie gesagt, in jedem Fall vermeiden, dass ein anderer Mensch zu viel Macht und Kontrolle über sie gewinnt und sind deswegen bestrebt, diese möglichst selbst auszuüben. Sie behalten ihre Partner und Mitmenschen argwöhnisch im Auge und wollen stets gut informiert über deren Pläne sein. Im schlimmsten Fall kann sich dies bis zum Eifersuchtswahn steigern. Aber auch schon in minder schweren Fällen sind Partnerschaften an einem überhöhten Kontrollbedürfnis eines der Protagonisten gescheitert.

Das Schattenkind von Kontrollstrebern schützt sich vor dem Chaos, dem Untergang der eigenen Person. Es empfindet sich als sehr angreifbar und verletzlich, auch wenn es diese Gefühle hinter eine dicke Schutzmauer verbannt hat. Kontrollfreaks richten ihre Kontrolle jedoch nicht nur auf ihre Umgebung, sondern auch auf sich selbst. Durch penible Ordnung, Perfektionismus und das Einhalten sturer Routinen soll die Angst vor der eigenen Angreifbarkeit überwunden werden. In übersteigerter Form kann dies zu Zwangshandlungen in Form von Kontroll- und Waschzwängen führen.

Viele Kontrollfreaks erlegen sich eine geradezu zwanghafte Selbstdisziplin auf. Hier hat das Kontrollstreben eine große Schnittmenge mit dem Perfektionsstreben: Jede Kalorie wird gezählt, die Kleidung und die häusliche Umgebung sind stets picobello, sämtliche Aktivitäten werden nach einem rigiden Plan verfolgt usw.

Die Kontrolle ist die kleine Schwester der Macht. Wie bei den angepassten Schattenkindern projiziert das rebellische Schattenkind in seine Mitmenschen eine gewisse Dominanz und Überlegenheit. Nur begegnet es dieser nicht mit »Artigkeit«, sondern mit Auflehnung. Menschen mit autonomen Schutzstrategien leisten aktiven und/oder passiven Widerstand und verwehren sich gegen jegliche Einmischung von außen bzw. gegen (vermeintliche) Angriffe auf ihre Person. Das Problem dabei ist, dass sie häufig mit Kanonen auf Spatzen schießen. Dies ist eine Auswirkung ihrer Schattenkindperspektive: Aus diesem Blickwinkel sind sie klein und das Gegenüber groß. Hierdurch entstehen schnell Wahrnehmungsverzerrungen. Eine harmlose Bemerkung oder eine kleine Vergesslichkeit ihres Gegenübers werden schnell als Angriff oder Respektlosigkeit fehlgedeutet. Überhaupt ist »Respekt« einer der Lieblingswerte von Machtmenschen. Ihrem Schattenkind hat es an respektvoller Behandlung durch seine Eltern gefehlt, weswegen sie diesbezüglich eine tiefe Wunde in sich tragen. Kleine Salzkörner der Kritik, der Unaufmerksamkeit oder Eigenwilligkeit ihres Gegenübers können diese Wunde zum Brennen bringen.

Während ich diese Zeilen schreibe, muss ich an den guten, alten Macho denken. Ein Männermodell, das zumindest in Nord- und Mitteleuropa glücklicherweise allmählich ausläuft. Der Macho zelebriert und inszeniert die Macht, die er insbesondere über Frauen ausübt. Diese Gemütshaltung wird oft über Generationen weitergereicht. So war in vielen Fällen der Vater auch schon ein Macho, oder etwas vornehmer formuliert: ein Patriarch. Die Söhne leiden unter ihren autoritären Vätern, die ihnen eine Pseudostärke vorleben, ihnen aber nicht zeigen, wie man einen angemessenen Umgang mit Gefühlen wie Angst, Trauer, Beschämung und Hilflosigkeit erwirbt. Diese schwachen Gefühle werden in den Jungen weggesperrt, und übrig bleibt eine Machthülse, die nur starke Gefühle wie Wut, Aggression, aber auch Freude zulassen kann. Um seine Stärke zu erhalten, muss der Macho seine Partnerin (und auch andere Menschen) unterdrücken. Er kann seine Stärke nur aus einer Position der Überlegenheit wahrnehmen. Überlegenheit und Unterlegenheit sind die Dimensionen, in denen er denkt. In seiner Welt existiert keine partnerschaftliche Augenhöhe. Will man mit einem ausgeprägten Machtmenschen auskommen, bleiben einem nur die Unterwerfung oder der innerliche Rückzug. Frauen, die an der Seite eines Machos durchs Leben gehen, umgehen nicht selten heimlich dessen Regeln, indem sie im Verborgenen ihr eigenes Ding machen. Offene Gegenwehr und Selbstbehauptung würden hingegen in der Eskalation münden. Die einzige Chance, seine Freiheit zurückzuerlangen, besteht in der Trennung von solch einem Partner. Es sei denn, er ist geneigt, seine Struktur zu reflektieren und sich zu verändern. An Machtmenschen zeigt sich die Täter-Opfer-Perversion besonders deutlich: Der ehemals Unterdrückte wird zum Unterdrücker und beschert seinem

Gegenüber genau jene Ohnmachtsgefühle, die er selbst nicht spüren möchte.

Flucht und Vermeidung

Eine der am weitesten verbreiteten und auch völlig sinnvollen Selbstschutzstrategien ist Flucht und Vermeidung. Ich möchte noch einmal daran erinnern, dass alle Schutzstrategien angemessene Lösungsversuche darstellen können. Je nachdem, wie wir unsere Chancen einschätzen, dass wir am Ende gewinnen, gehen wir einen Konflikt ein oder vermeiden ihn eben. Zum Problem wird eine Schutzstrategie erst dann, wenn sie Probleme – zumindest auf lange Sicht – nicht löst, sondern sie geradezu hervorruft. In diesem Sinne kann die andauernde Vermeidung einer Situation oder einer Handlung das Problem an sich kreieren bzw. verstärken. Ein Beispiel für solch einen »Teufelskreis«, wie Psychologen sagen, ist der Umgang mit Angst: Ängste potenzieren sich, wenn man ständig einen Bogen um sie macht.

Menschen, die ein ausgeprägtes Autonomiemotiv haben, weisen durchlässige innere Grenzen auf. Sie können im zwischenmenschlichen Kontakt schlecht bei sich selbst bleiben, weil sie von Kindesbeinen an trainiert haben, den Erwartungen ihrer Mitmenschen zu dienen. Sobald ein potenzieller Erwartungsträger den Raum betritt, springt ihr Programm an, sich diesem anzupassen. Sie verlieren sich somit im Kontakt mit anderen, insbesondere in nahen Liebesbeziehungen leicht selbst. Deswegen ziehen sie sich gern in ihre vier Wände zurück. Nur dann geben sie sich die Erlaubnis zu tun, was sie wollen. Im Alleinsein können sie auch am besten spüren, was sie wollen und wie sie sich gerade fühlen. Aber nicht nur der Rückzug ins Alleinsein, sondern auch die Flucht in Aktivitäten ist eine beliebte Schutzstrategie, um sich vor zu viel Nähe in der Partnerschaft zu schützen. Flucht in die Arbeit, in Hobbys, ins Internet oder in Außenbeziehungen sind probate Mittel, um sich gegenüber den Ansprüchen des Partners abzuschotten. Die Flucht ist jedoch nicht nur geeignet, um sich vor dem Zugriff seines Partners zu retten, sondern auch, um sich von sich selbst und seinen inneren Nöten abzulenken. Millionen Menschen, deren Schattenkind gestresst oder gar verzweifelt ist, können nicht stillsitzen, weil in der Stille ihre Selbstzweifel und Ängste laut werden. Sie gehen ihrer Umwelt durch ihre ständige Unruhe und Betriebsamkeit auf die Nerven. Dabei kann Ablenkung auch ein durchaus gesundes Mittel der Problemverarbeitung sein. Wenn die Ablenkung die Probleme jedoch eher verstärkt als löst, ist es an der Zeit, sich ihnen zu stellen. Durch die Vermeidung signalisieren wir unserem Gehirn nämlich immer wieder, dass wir keine Chance haben, das Problem zu lösen. Und je nachhaltiger wir etwas vermeiden, desto tiefer brennt sich diese Botschaft im Gehirn ein. Die Ausweichbewegungen und die Angst werden immer stärker. Wenn wir ein Problem hingegen anpacken und eine Lösung finden, sind wir sehr stolz auf uns und glücklich. Beim nächsten Mal macht dieselbe Situation uns viel weniger Angst.

Unter dem Abschnitt »Weitere Ursachen für den Verlust von Liebesgefühlen« habe ich bereits über den Totstellreflex (fachsprachlich »Dissoziation«) gesprochen. Hierbei handelt es sich um eine besondere Form der Flucht, nämlich die Flucht nach innen. Häufig haben die Betroffenen diese Schutzstrategie als Kind erworben, weil ihnen im Säuglings- oder Kleinkindalter keine physische Flucht möglich war. Sie haben also gelernt, ihre Gefühle innerlich abzuschalten und völlig aus dem Kontakt zu gehen.

Menschen, die sich von der Nähe ihres Partners sehr schnell überflutet fühlen, neigen häufig zu dieser Reaktion. Der Partner spürt dann normalerweise auch, dass der andere innerlich gar nicht anwesend ist. Hierdurch stellen sich bei ihm sehr schmerzliche Gefühle von Verlassenheit ein – jene abgrundtiefe Verlassenheit, die das Schattenkind des Dissoziierenden selbst sehr früh erfahren hat. Auch hier kann man wieder sehr schön erkennen, wie belastende Gefühle, die von einem Menschen abgewehrt werden, sich fast zwangsläufig auf sein Gegenüber verlagern.

Angriff und Attacke

Angriff und Attacke sind seit Urzeiten die Mittel der Wahl, um sein Leben und sein Revier zu verteidigen. Sie sind die Antwort auf eine persönliche Grenzüberschreitung. Es geht hier also um den Selbst- und den Arterhalt. Die Konkurrenz um Lebensräume und Ressourcen sind mächtige Motivatoren. Zusammenleben in einem freundschaftlichen Miteinander (Bindung) oder in einem feindschaftlichen Gegeneinander (Autonomie) sind Grunderfahrungen menschlichen Lebens.

Das Problem ist in unserer mehr oder minder zivilisierten Welt des 21. Jahrhunderts, was wir als Grenzverletzung und als Angriff definieren. Rebellische Schattenkinder können sich bereits in ihren Grenzen verletzt fühlen, wenn der Partner sich im selben Raum befindet oder anruft. Sie fühlen sich sehr schnell bedrängt von den Ansprüchen, die an sie gestellt werden (seien sie auch noch so berechtigt), und je nach Temperament flüchten sie oder schlagen zu. Viele wechseln auch zwischen den verschiedenen Selbstschutzstrategien, je nach Tagesform und Möglichkeiten. Aggression ist eine Antwort auf die Angst des Schattenkindes: Durch Angriffe, Beleidigungen, Streit vom Zaun brechen hält man den Partner auf Distanz, der einen mit seinen Nähewünschen und Ansprüchen bedroht. Oder man leidet unter Verlustangst und will den Partner dominieren, um dessen etwaige Autonomiebestrebungen in Schach zu halten. Sehr dominante Männer und Frauen versuchen durch Angriff, Attacke und Machtstreben ihre Partner zu beherrschen, damit sie selbst unverletzt bleiben.

Aggression kann aber auch aus einem Übermaß an Frustration und Kränkung entstehen. So können auch an sich harmonieliebende, angepasste Schattenkinder ausgesprochen böse werden, wenn der Partner immer wieder ihre Ansprüche auf Nähe und Verbindlichkeit negiert. Irgendwann können sie dann so frustriert und gekränkt sein, dass ihre Wut stärker wird als ihre Angst vor dem Konflikt. Tränen, Szenen und anklagende Vorwürfe an den Partner sind die Folge. Ich möchte daran erinnern, dass bei passiv bindungsängstlichen Partnern, also jenen, die sich an einen Flüchtenden klammern, ein massiver Kontrollverlust entsteht. Deswegen ringen sie darum, ihre Kontrolle und somit auch ihre Autonomie wiederzuerlangen. Aus diesem Grund können sich auch sehr angepasste Menschen durchaus autonomer Schutzstrategien bedienen, wenn es »um ihr Leben geht«, also darum, den ambivalenten Partner in der Beziehung zu halten.

Mauern und Gesprächsverweigerung

Sich einmauern, trödeln, sich verspäten, sich verweigern und sabotieren sind typische Varianten der passiven Aggression bzw. der Abgrenzungsaggression. Wenn die Betroffenen sich verletzt fühlen, und sei es auch nur geringfügig, oder überfordert von den Erwartungen ihrer Partner, dann machen sie innerlich und äußerlich die Schotten dicht. Die verzweifelten Partner halten Monologe, erklären, analysieren, kämpfen, zetern, weinen – und laufen gegen eine Wand des Schweigens bzw. der Minimaläußerungen. Oder es werden vom mauernden Partner Zusagen gemacht und Besserung gelobt, aber dann passiert nichts, oder er/sie setzt die versprochenen Veränderungen so quälend langsam um, dass es dem hilflosen Partner schier die Nerven zersägt. In seinem Buch »Wie Partnerschaft gelingt – Spielregeln der Liebe« unterscheidet Hans Jellouschek zwischen der *Durchsetzungsaggression* und der *Abgrenzungsaggression*. Bei der Ersteren wollen wir ein bestimmtes Ziel erreichen: »Halt doch endlich mal Ordnung!« Bei der Letzeren geht es darum, unsere Grenzen zu verteidigen: »Misch dich nicht in meine Angelegenheiten ein!« Man könnte auch sagen, dass die Durchsetzungsaggression aktiv und die Abgrenzungsaggression passiv ist. Nicht selten sind hierbei die Rollen einseitig verteilt, sodass der eine Partner ständig etwas fordert, was der andere ablehnt. So fordert Julia beispielsweise häufig mehr Nähe und Verbindlichkeit von Robert ein, die dieser aber verweigert. Robert beherbergt also viel Abgrenzungsaggression in sich, während Julia Durchsetzungsaggression aufbringt. Julia fordert aber nur deswegen so stark, weil Robert sie durch seine Abgrenzung ständig auf Distanz hält. Von außen betrachtet mag es so aussehen, als wenn Robert der viel Ruhigere und Ausgeglichenere von beiden wäre und Julia sozusagen die »Xanthippe«. Aber wie bei der echten Xanthippe, die mit Sokrates verheiratet war, sind Julias Anliegen durchaus angemessen und gewinnen nur deshalb an aggressiver Schärfe, weil Robert sich stur verweigert. In diesem passiven Boykott liegt mindestens genauso viel aggressive Energie wie im aktiven

Angriff. Xanthippe, die Haus und Kinder zu versorgen hatte, war auch nicht zu Unrecht genervt, dass ihr Sokrates ständig auf irgendwelchen Plätzen abhing und mit Leuten diskutierte, anstatt ihr daheim mal unter die Arme zu greifen.

Menschen, die passiv-aggressiv sind, durften sich als Kinder offene Wut nicht erlauben. Ihre Eltern konnten auf ihre Wutgefühle nicht angemessen reagieren. Oft waren die Eltern selbst so aggressionsgehemmt und konfliktscheu, dass sie ihren Kindern ein schlechtes Vorbild waren. Es gibt Familien, in denen systematisch jeder potenzielle Konflikt unter den Teppich gekehrt wird. Die aufgestaute Wut lässt sich jedoch nicht ewig unterdrücken und bahnt sich somit in passiver Form ihren Weg ins Freie. Passiv-Aggressive beherbergen einen großen Vorrat an Trotz und kalter Wut in sich. Aus Konfliktscheu passen sie sich zu stark an die Erwartungen ihrer Partner und Mitmenschen an und unterdrücken ihre eigenen Bedürfnisse. Dies verübeln sie zwar auch ein bisschen sich selbst, aber noch mehr ihrem scheinbar dominanten Gegenüber. Dieses wird deshalb mit einer passiven Blockadehaltung abgestraft. Paradoxerweise verhindert der scheinbar angepasste Passiv-Aggressive die Kooperation und das Miteinander-Fortkommen. Er selbst wähnt sich jedoch, so wie Robert, häufig als Opfer und meint, er ordne sich viel zu stark den Wünschen seines Partners unter, was in seinen Augen ja auch seine Sabotageakte rechtfertigt. Hierbei handelt es sich einmal mehr um eine krasse Wahrnehmungsverzerrung des Schattenkindes. Der Passiv-Aggressive äußert aus diffuser Angst vor Zurückweisung seine Wünsche nicht und sagt Ja, obwohl er eigentlich Nein meint. Er nimmt seinen Partner nicht auf Augenhöhe wahr, sondern als ein mächtiges Gegenüber. Es handelt sich hierbei in den meisten Fällen um die Projektion eines dominanten Elternteils auf den aktuellen Beziehungspartner. Wie ein kleines, trotziges Kind muss man sich dessen Ansprüchen verweigern, um seine Autonomie zu bewahren. Das Schattenkind will nicht gehorchen und tut häufig das Gegenteil von dem, was von ihm erwartet wird, bzw. es tut gar nichts und macht einfach stur sein eigenes Ding. Wieder einmal werden hierdurch dem Partner jene Gefühle zugemutet, die das trotzige Schattenkind selbst nicht spüren möchte: Ohnmacht und Hilflosigkeit. Der passiv-aggressive Stoffel ist der Prototyp dieses Typus, und tatsächlich handelt es sich hierbei eher um ein männliches denn ein weibliches Phänomen, weil Frauen aufgrund ihrer Sozialisation besser in der Lage sind, über ihre Gefühle und Bedürfnisse zu reden. Der Stoffel weist eine notorische, unreflektierte Angst auf, sich von einer scheinbar überlegenen Frau dominieren zu lassen, weswegen er meistens dichtmacht und ausschließlich das tut, was er will. »Lass mir meine Ruhe« stellt das zentrale, wenn nicht das einzige Motiv all seiner Beziehungswünsche dar.

Eine Variante der passiven Aggression ist auch die sexuelle Lustlosigkeit und Verweigerung. Da die Betroffenen chronisch das Gefühl haben, die Erwartungen ihrer Partner erfüllen zu müssen, fühlen sie sich schnell zum Sex verpflichtet. Das killt natürlich die erotische Anziehung. Das trotzige Schattenkind dieser Menschen denkt: Wenigstens mein Körper gehört mir, den bekommst du nicht auch noch! Dahinter verbergen sich häufig auch sexuelle Versagensängste, wie ich bereits unter dem Abschnitt »Männer, die zu artig sind« ausgeführt habe.

Intellektualisieren und Rationalisieren

Eine weitere Strategie, sich seine eigenen Gefühle und jene seines Partners vom Leib zu halten, ist das Intellektualisieren und Rationalisieren. Die Aussage »Ich kann aus politischen Gründen keine Beziehung mit dir führen!« wäre die humoristische Pointierung dieser Geisteshaltung. Es sind – wie bei allen autonomen Schutzstrategien – mehr Männer als Frauen, die sich dieser Schutzstrategie bedienen. Menschen, die sich häufig und fast ausschließlich in ihrem Verstand aufhalten, haben einen schlechten Kontakt zu ihren Gefühlen. Darum fällt es ihnen schwer, zu klaren Entscheidungen in Liebesangelegenheiten zu kommen. Manche von ihnen verstricken sich in theoretischen Diskussionen über das Wesen der Liebe und ihre Sinnhaftigkeit, anstatt einfach eine Liebesbeziehung zu leben. Diese Intellektualisierung mündet häufig in haarsträubende Diskussionen mit dem Partner, der am Ende kaum wiedergeben kann, was der andere eigentlich gemeint hat. Die Betroffenen beenden auch gern mal eine Beziehung aus »reinen Vernunftgründen«. So stellen sie beispielsweise fest, dass die Beziehung aufgrund des Altersunterschiedes nicht auf Dauer gelingen kann, obwohl sie schon seit einigen Jahren mit dem Partner zusammen sind und der Altersunterschied derselbe geblieben ist. Der verzweifelte Partner rauft sich die Haare und kann – zu Recht – einfach nicht verstehen, warum der »Verstandesmensch« Schluss macht aufgrund von Fakten, die von vornherein bekannt waren.

Auch hinter der Fassade einer starken Rationalität verbergen sich Verlust- und Versagensängste der Betroffenen. Häufig haben sie ihre Verletzlichkeit jedoch so gut unter Kontrolle, dass sie sie selbst nicht mehr spüren. Aufgrund ihrer Sozialisation haben viele Männer ein Problem, mit schwachen Gefühlen wie Trauer, Hilflosigkeit, Angst und Scham umzugehen, wie ich es bereits an einigen Stellen dieses Buches ausgeführt habe. Stattdessen verspüren sie Aggression oder flüchten sich in die Rationalität. Diese Rationalität kann bei Sachthemen durchaus zu sinnvollen Lösungen führen, jedoch nicht in Liebesangelegenheiten. Die Flucht vor den eigenen Gefühlen ist auch ein Grund, warum Männer gern nach schnellen Lösungen suchen, wenn ihre Frauen von einem persönlichen Problem erzählen. Wenn sie sich nämlich in ihre Frauen empathisch einfühlen wollten, müssten sie einen Kontakt zu ihren eigenen Gefühlen haben. Da sie jedoch Gefühle der Trauer oder Angst gern vermeiden möchten, versuchen sie, schnell vom Thema wegzukommen, wodurch sich die Frau unverstanden und abgefertigt fühlt. Die Angst vor schwachen Gefühlen dürfte auch ein Grund dafür sein, dass es Männern tendenziell schwerer fällt, sich selbst zu reflektieren, als Frauen. Viele Männer beschäftigen sich lieber mit Sachthemen als mit ihrer Psyche. Oder sie beschäftigen sich scheinbar mit ihrem psychischen Erleben, tun dies aber auch auf ihre gewohnte, intellektuell-theoretische Art und Weise, sodass sie mit ihren wahren Gefühlen nicht in Kontakt kommen. Einige von ihnen wünschen sich aber auch, mehr fühlen zu können und wissen einfach nicht wie. Ihnen empfehle ich, über den Tag verteilt immer wieder innezuhalten und in ihren Brust-Bauch-Raum hineinzuspüren mit der Frage: Was fühle ich gerade? Falls ein kleines Gefühl festzustellen ist, sollte man es bitte nicht gewohnheitsmäßig wegdrücken, sondern ihm einmal ganz bewusst Raum geben. Es hilft oft sehr, wenn man seinen Gefühlen einfach mehr Beachtung schenkt, anstatt sie reflexartig wegzudrücken. Damit man diese kleine Achtsamkeitsübung im Alltag nicht vergisst, empfehle ich, sich eine Uhr, einen Ring oder ein Armband zuzulegen, das einen immer, wenn der Blick darauf fällt, daran erinnert, mal kurz innezuhalten.

Narzisstische Schutzstrategien

Nach der griechischen Sage hat der schöne Jüngling Narziss sich in sich selbst verliebt, als er sein Spiegelbild in einem ruhenden Wasser sah. Den Rest seines Lebens litt er unter unstillbarer Selbstliebe. Ein Narzisst ist demnach ein Mensch, der sich in selbstverliebter Manier als großartig und bedeutend wahrnimmt. Tatsächlich ist die Demonstration der eigenen Größe und Unfehlbarkeit jedoch lediglich eine Schutzstrategie, die ein Mensch unbewusst entwickelt, um sein verletztes Schattenkind möglichst nicht zu spüren. Während die Hysterie nach meiner Beobachtung häufiger bei Frauen zu diagnostizieren ist, sind mehr Männer vom Narzissmus betroffen. Hysterie und Narzissmus haben jedoch in ihren Erscheinungsformen große Schnittmengen. So geht es den Betroffenen in beiden Fällen darum, möglichst viel Anerkennung zu erhalten. Ihr Schattenkind weist übergroße Ängste vor Zurückweisung, Kritik und Beschämung auf.

Menschen, die eine narzisstische Persönlichkeit entwickeln, haben früh gelernt, ihr Schattenkind, das sich wertlos und kläglich fühlt, zu verdrängen, indem sie sich ein ideales zweites Selbst zulegen. Dieses *Idealselbst* wird konstruiert, indem der Narzisst alles dafür tut, sich aus dem Durchschnitt herauszuheben. Narzissten strengen sich unglaublich an, etwas Besonderes zu sein, weil ihr Schattenkind genau das Gegenteil empfindet. Um ihr Schattenkind in Schach zu halten, streben sie nach außerordentlichen Leistungen, nach Macht, Schönheit, Erfolg und Anerkennung. Narzissmus besteht somit aus einem ganzen Bündel von Schutzstrategien. Zu ihnen gehört leider auch die Abwertung anderer Menschen. So haben Narzissten ein ausgeprägtes Gespür für die Schwächen ihres Gegenübers, die sie gern in Form von ätzender Kritik verbalisieren. Narzissten können ihre eigenen Schwächen nicht ertragen und ertragen sie deswegen auch nicht bei ihren Mitmenschen. Indem sie aber auf deren Schwächen fokussieren, sind sie von den eigenen Schwächen abgelenkt. Mit ihrer Kritik lösen sie bei ihren Mitmenschen genau jene Gefühle aus, die sie selbst nicht spüren wollen: eine tiefe Verunsicherung und Minderwertigkeit. Bei Narzissten tritt das Prinzip der Täter-Opfer-Perversion besonders deutlich zutage.

Manche Narzissten wählen aber auch die gegenteilige Strategie, um sich aufzuwerten: Sie idealisieren die Menschen, die ihnen nahestehen. In diesem Fall geben sie beispielsweise mit ihrem tollen Partner, ihren grandiosen Kindern und ihren wichtigen Freunden an. Viele tun auch beides, idealisieren und abwerten. Nicht selten wird eine neue Bekanntschaft oder Liebe zunächst idealisiert, dann abgewertet und fallengelassen.

Unabhängig davon, ob Narzissten sich eher auf die Seite der Idealisierung oder der Abwertung schlagen: Sie geben gern mit ihren Fähigkeiten, Besitztümern und Unternehmungen an. Dabei müssen sie dies nicht unbedingt sehr laut und mit großem Tamtam tun. Es gibt auch *leise Narzissten*, nicht selten Intellektuelle, die auf dezente Weise ihre Überlegenheit und Einmaligkeit zur Schau stellen.

Narzissten haben jedoch auch liebenswerte Seiten. Sie können ausgesprochen charmant, liebenswürdig und interessant sein. Einige sind geradezu charismatische Persönlichkeiten. Ihr Erfolgsstreben lässt sie beruflich oft weit kommen und ein hohes Ansehen genießen. Ihre Bemühungen, etwas Besonderes zu sein, tragen also auch oft Früchte. Und dies zieht andere Narzissten in ihren Bann, aber auch Menschen, die eine abhängige Struktur aufweisen. Finden sich zwei aktive Narzissten in einer Partnerschaft zusammen, dann ist diese meist durch eine Achterbahnfahrt von Leidenschaft und gegenseitigen Verletzungen geprägt. Gehört der Partner des Narzissten hingegen eher zu den abhängigen Naturen, dann lässt er die Verbalattacken des Narzissten meist ohne viel Gegenwehr über sich ergehen und ist fleißig bemüht, dessen Erwartungen zu erfüllen. Ein Vorhaben, das zum Scheitern verurteilt ist, denn egal, wie »artig« der Partner sich auch immer betragen mag, sein Verhalten ändert nichts an der Wahrnehmungsverzerrung des Narzissten. Diese Wahrnehmungsverzerrung besteht in der weitgehenden Ausblendung seiner eigenen Schwächen in Kombination mit einer lupenhaft vergrößerten Wahrnehmung kleiner und vermeintlicher Schwächen des Partners. Wenn der Narzisst in diesen Wahrnehmungszustand hineingerät, dann verengt sich sein Blick beispielsweise auf die etwas zu lange Nase seiner Partnerin, während ihre Vorzüge aus seinem Gesichtsfeld verschwinden. Diese vermeintliche Schwäche macht den Narzissten ungeheuer wütend, weil die Partnerin zu seiner Aufwertung dienen soll. Sie muss deswegen, genau wie er, perfekt sein.

Gegen den Schwächenzoom des Narzissten hat kein Partner eine Chance. Die abhängigen Partner meinen jedoch, wenn sie nur irgendwie besser und schöner wären, dann wäre der Narzisst auch zufrieden mit ihnen. Dies ist ein typischer Trugschluss des Schattenkindes, der nicht nur in Beziehungen mit einer ausgeprägt narzisstischen Struktur zu verzeichnen ist. Viele Menschen neigen dazu, sich von jeglicher Kritik deprimieren zu lassen – und sei sie noch so ungerecht und abgelegen. Sie haben aufgrund ihrer inneren Prägungen immer und grundsätzlich das Gefühl, schuld zu sein und nicht zu genügen. Dies ist auch dann der Fall, wenn der innere Erwachsene des Betroffenen schon längst erkannt hat, dass sein Partner ein Narzisst ist und es nicht seine Schuld ist, wenn dieser ihn immer wieder abwertet. Das Schattenkind erreicht diese Erkenntnis nicht, es bleibt in seinen Minderwertigkeitsgefühlen gefangen, die durch die Kritik des Narzissten noch verstärkt werden. Um sich zu heilen, will das Schattenkind unbedingt die Anerkennung des Narzissten erlangen und strengt sich noch mehr an, ihm zu gefallen. Der Narzisst bleibt jedoch, wie er ist. Der Abhängige erlebt sich also als wirkungslos und ohnmächtig, was seine gefühlte Abhängigkeit noch verstärkt. Ein Teufelskreis.

Ihr extremer Ehrgeiz und ihr Machtstreben machen ausgeprägte Narzissten auch zu unbeliebten Kollegen und Vorgesetzten. Was den Umgang mit ihnen zusätzlich erschwert, ist ihre hohe Kränkbarkeit. Für Außenstehende ist schwer nachvollziehbar, aus welch harmlosen Anlässen narzisstische Menschen sich gekränkt fühlen können, zumal sie ja aufgrund ihres scheinbar selbstsicheren Auftretens gar nicht den Eindruck eines Sensibelchens machen. Das zutiefst verunsicherte und gekränkte Schattenkind in ihnen zieht sich jedoch nicht traurig zurück, wenn es sich gekränkt fühlt, sondern es wird ganz furchtbar wütend. Wut und Groll gehören zu den vorherrschenden Emotionen von narzisstischen Menschen. Allerdings können sie auch in ausgesprochen depressive Zustände einbrechen, und zwar immer dann, wenn ihre Erfolgsstrategien versagen und sie eine persönliche Niederlage erleben. Das Schattenkind gerät dann in tiefste Verzweiflung, weil es nun in vollem Umfang seine Unzulänglichkeit und sein Schlechtsein verspürt. Um das Schattenkind zu beschützen, wird der Erwachsene sich bemühen, mittels seiner alten Strategien wieder erfolgreich zu sein. Manchmal ist der Leidensdruck aber auch so groß, dass er sich umbringt oder sich in eine Psychotherapie begibt. Im günstigen Fall lernt er dort, das Schattenkind anzunehmen und zu trösten, sodass es sich verstanden und wertvoll fühlt, ohne etwas Besonderes leisten zu müssen.

Narzissmus ist übrigens eine Selbstschutzstrategie, die wir alle anwenden – es hängt einfach nur vom Ausmaß ab, ab wann man sagt, dieser Mensch sei ein »Narzisst«. In kleinerem Ausmaß benutzen wir alle narzisstische Schutzstrategien: Wir wollen möglichst gut dastehen und werten zu diesem Zweck andere Menschen auch manchmal etwas ab. Wir geben auch gern mal ein bisschen an, und keiner kann sich ganz frei von Prestigegedanken machen. Auch verengt sich unser Blick manchmal auf die Schwächen anderer Menschen, und wir schämen uns, wenn unser Partner uns »Schande« macht. Wir versuchen, unser Schattenkind möglichst nicht zu spüren und unsere Schwächen zu verstecken. Entsprechend reagieren wir gekränkt auf Zurückweisung und Kritik.

Ähnlich wie bei den hysterisch begabten Menschen fällt es den narzisstischen Typen schwer, ihre eigene Struktur zu erkennen. Wenn ihnen dies jedoch gelingt, können sie auch den Ausstieg aus diesem Programm finden. Es geht darum, sich mit seinen eigenen Schwächen anzunehmen und sein armes Schattenkind zu trösten – dann benötigt man nicht mehr die ständige Bestätigung im Außen und muss auch nicht mehr andere Menschen abwerten. Im Teil »Heilung« findest du alles, was du brauchst, falls du dich als Narzisst ertappt hast.

Zwanghafte Schutzstrategien

Menschen mit einem zwanghaften Persönlichkeitsstil streben nach einem Höchstmaß an Kontrolle. Sie wollen alles und jeden im Griff haben. Als Kinder sind sie meist dadurch massiv in ihrer eigenen Autonomie-Entwicklung beeinträchtigt worden, dass ihre Eltern ihnen viel zu rigide Normen und Vorschriften auferlegten. Diese Normen haben sie in ihrem Schattenkind so sehr verinnerlicht, dass sie zu ihren eigenen Vorstellungen von richtig und falsch, gut und böse geworden sind. Ihr Schattenkind steckt voller Minderwertigkeitsgefühle und Selbstzweifel, und diese sollen durch das zwanghafte Handeln verdrängt werden. Die Zwanghaftigkeit ist das Gegenstück zur Hysterie. Vereint der Zwängler ein Höchstmaß an Regeln und Gesetzen in sich, so hasst der Hysteriker alle ihn einengenden Grenzen und Gesetze und ist bemüht, sie bestmöglich zu umgehen und aufzuheben.

Zwanghafte Menschen neigen zu Pedanterie, extremer Sparsamkeit und einer radikalen Regeltreue. Sie haben wenig Vertrauen in sich selbst und in ihre Beziehungen. Zum Selbstschutz haben sie sich auf dem autonomen Pol verankert, nach dem Motto: Am besten verlässt man sich nur auf sich selbst! Und: Wenn die ganze Welt sich an meine Regeln hielte, wäre alles in Ordnung! Einer der hohen Preise, die sie für diese Schutzstrategie bezahlen, ist die rigide Unterdrückung eigener Bedürfnisse. Nichts kann einfach mal spontan und aus dem Gefühl heraus geschehen. Das Leben darf nicht einfach genossen werden. Jedes Handeln ist starren Strukturen und Routinen unterworfen. Da die Zwanghaften so exakt nach Plan funktionieren, wissen sie auch oft gar nicht, wonach ihnen eigentlich wirklich zumute ist.

Hinter der Zwanghaftigkeit verbergen sich auf emotionaler Ebene tiefe Versagens- und Verlustängste. Sie möchte der Zwanghafte durch fixe Regeln in den Griff bekommen.

Der Zwang ist also eine aktive Form, Kontrolle über das eigene Leben zu bekommen – und auch das der Mitmenschen. Der Zwanghafte zwingt sich und andere. Er braucht Macht. So macht er sich schnell unbeliebt, denn andere Menschen lassen sich nicht gern herumkommandieren. Sie fühlen sich durch den Zwängler belehrt und abgewertet.

Seine Normen sind für den Zwanghaften oft wichtiger als seine persönlichen Beziehungen. Ist ein Partner nicht bereit, den Normen und Regeln des Zwanghaften zu folgen, wird die Partnerschaft beendet – zumindest solange man noch nicht verheiratet ist, denn die Heirat gilt als ein verpflichtender Vertrag, der nicht aufgelöst werden darf. Auch der Kontakt zu den eigenen Kindern kann abgebrochen werden, wenn diese sich in den Augen des Zwangsmenschen »unanständig« verhalten. Laut Rainer Sachse, einem bekannten Persönlichkeitsforscher, ist der zwanghafte Mensch so missionarisch unterwegs, weil er Angst hat, andere Menschen könnten ihm vorleben, wie leicht und locker das Leben sein kann. Er will nicht in Versuchung geraten, deswegen muss seine Umgebung sich auf seine Regeln einstellen. Verbrämt wird diese an sich egoistische Regelsetzung jedoch hinter moralischen Ausrufen nach einer besseren Welt. Menschen, die den Regeln des Zwänglers nicht folgen, werden als unmoralisch, unsozial, als Schädlinge der Gesellschaft abgewertet.

Im positiven Sinne kann der Zwang als Versuch bewertet werden, alles richtig zu machen und alte Traditionen zu bewahren. Menschen, die an sich psychisch gesund sind und nur leichte zwanghafte Einschläge aufweisen, sind die Hüter der Traditionen und Ordnungen – die Pfleger alter Bräuche und Sitten. Sie sind exakt in allem, was sie tun, und man kann sich hundertprozentig auf sie verlassen. Sie halten loyal und geduldig an Beziehungen fest, auch wenn sie ihnen nicht guttun. Dazu trägt auch ihre Angst vor dem Ungewissen und Neuen bei. Das Altbekannte vermittelt ihnen die größte Sicherheit.

Weil zwanghafte Menschen extrem hohe Ansprüche an die Einhaltung von Regeln und Pflichterfüllung stellen, zögern sie, sich fest zu binden. Vor allem vor einer Heirat hegen sie starke Zweifel an der Richtigkeit des Unterfangens und ihrer Partnerwahl. Sie spüren große Widerstände gegen das Heiraten in sich, obwohl die Heirat andererseits ihren traditionellen Wertevorstellungen entspricht. Ihr Widerstand nährt sich aus ihrer zwanghaften Vorstellung, dass ein Ehevertrag unauflösbar ist. Für Zwanghafte gilt ganz besonders, dass man sich nicht trennen darf, wenn man einmal einen Vertrag unterzeichnet hat. Je stärker die zwanghaften Züge ausgeprägt sind, desto mehr wird die Beziehung bzw. die Ehe formalisiert. Sie wird dann quasi als ein ewig bindender Vertrag gesehen mit wechselseitigen Verpflichtungen. Da zwanghafte Menschen ihr Leben der Pflicht verschrieben haben, kann es passieren, dass sie ihren Ehepartner, an dem sie zwangsläufig festhalten müssen, immer mehr hassen. Hier kann es zu sadistischen Beziehungsformen kommen, bei denen der Zwanghafte danach trachtet, seinen Partner, an den er sich gekettet fühlt, zu quälen.

Die Liebe ist für den zwanghaften Menschen eine Bedrohung per se, vor allem in ihrer gefährlichen Form der Leidenschaft und Verliebtheit. Verliebtheit und Leidenschaft sind das Gegenteil von Plan und Struktur, was für den Zwanghaften zutiefst beunruhigend ist. Folglich versuchen zwanghafte Menschen, ihre

Gefühle im Griff zu behalten. Gefühle sind nichts, worauf der zwanghafte Mensch sich verlassen möchte. Erschwerend kommt hinzu, dass er sich durch seine lebenslang trainierte Gefühlsunterdrückung auch mit seinen eigenen Gefühlen nicht besonders gut auskennt. Sie sind ihm suspekt, genau wie die Gefühle anderer Menschen. Der Zwanghafte vermag romantische Situationen mit einem Schlag durch eine völlig deplatzierte sachliche Bemerkung zu zerschlagen. Überhaupt geht er mit Gefühlsäußerungen in einer Liebesbeziehung sehr sparsam um.

Zwanghaftes Denken ist an Hierarchien ausgerichtet. Oben/unten, überlegen/unterlegen, Macht/Ohnmacht; gewinnen/verlieren sind die Kategorien, in denen der Zwängler sich bewegt. Da er selbst als Kind viel Ohnmacht erfahren hat, hat das Schattenkind in ihm sich geschworen, nie wieder in Situationen der Ohnmacht und Unterlegenheit zu gelangen wie bei Mama und Papa. Deswegen ficht der Zwanghafte in seinen Beziehungen viele Machtkämpfe aus, er muss unbedingt die Oberhand behalten. Dem Partner bleibt eigentlich nur die Wahl, sich den Regeln des Zwanghaften zu unterwerfen oder sich zu trennen. Der Zwanghafte in seinem krampfhaften Bemühen, nicht in eine unterlegene Situation zu geraten, mutet seinem Partner eben diese zu. Beziehungsgespräche zu führen ist mit ihm sehr schwierig, weil auch hier seine Angst vor Unterlegenheit und Vernichtung dominiert und ihn ausgesprochen rechthaberisch und dominant agieren lässt. Die Rechthaberei kann auch bei Menschen, die nur leichte zwanghafte Züge aufweisen, ziemlich nervig sein.

Ein weiteres Problem in der Beziehung mit zwanghaften Menschen ist ihr Mangel an Spontaneität und echter Begeisterungsfähigkeit. Ihre Partner sehnen sich häufig nach mehr liebevoller Nähe und gemeinsamer Zeit. Der Zwanghafte kann dies durchaus gewähren, wird aber auch hierfür einen genauen Plan ausarbeiten. So beschließt er beispielsweise, dass er jeden Freitagabend etwas mit seiner Partnerin unternimmt. Hieran hält er dann genauso programmatisch fest wie an allem anderen, wodurch bei der Partnerin das Gefühl einer Pflichtveranstaltung entsteht, was ihren Wunsch nach mehr Nähe natürlich in keiner Weise befriedigt. Der Zwanghafte wird aber sehr verärgert auf entsprechende Vorwürfe reagieren, hat er doch in seinen Augen den Wünschen seiner Partnerin vollkommen entsprochen. Weil er alles nach Regeln organisiert, fehlt es ihm an Empathie und emotionaler Schwingungsfähigkeit. Er kann sich schlecht in die Bedürfnisse seines Partners einfühlen – hierfür bräuchte er einen besseren Kontakt zu seinen eigenen Bedürfnissen. Was der depressive Mensch mit seinem übersteigerten Bindungswunsch also zu viel an Empathie hat, hat der Zwanghafte zu wenig. Er ist ständig um Abgrenzung und die Durchsetzung seiner eigenen Interessen bemüht.

Eine besondere Herausforderung in der Beziehung mit zwanghaften Menschen stellt auch ihre Beziehung zu Geld dar. Sie sind ausgesprochen geizig. Eine längst notwendige Neuanschaffung kann zu einer Tragödie ausarten. Die Schutzstrategie des Festhaltens und Bewahren-Wollens manifestiert sich auch in ihrer übertriebenen Sparsamkeit. Viele partnerschaftliche Auseinandersetzungen entzünden sich an finanziellen Themen. Auch hier kann sich der Partner an der rigiden Kompromisslosigkeit des Zwanghaften die Zähne ausbeißen.

Menschen, die nur leichte zwanghafte Züge aufweisen, sind beziehungsfähig und als Partner sehr verlässlich. Allerdings weisen auch sie ein hohes Regelungs- und Planungsbedürfnis auf und überlassen ungern etwas dem Zufall. Auch achten sie streng auf ihre Ausgaben und sind recht geizig. Nicht wenige neigen zur Rechthaberei. Die Partner können sich sehr auf sie verlassen, müssen ihnen allerdings viel Gestaltungsraum überlassen, weil auch der Mensch mit leichten zwanghaften Zügen gern bestimmt, wo es langgeht.

Wollte der Zwanghafte sich entspannen und loslassen, müsste er genau das tun, was ihm am meisten Angst bereitet, nämlich Kontrolle abgeben und vertrauen. Das Schattenkind von zwanghaften Menschen muss also mehr Bindungsfähigkeiten und damit einhergehend mehr Selbstvertrauen erwerben. Wie dies gelingen kann, ist der Inhalt der Abschnitte »Stärke dein erwachsenes Ich« auf S. Ms. 218 und »Schatzstrategien im Dienste der Bindung« auf S. Ms. 289.

Schizoide Schutzstrategien

Schizoid bedeutet »gespalten«; schizoide Menschen spalten ihre Gefühle vom Denken ab. Der schizoide Persönlichkeitsstil stellt das Gegenstück zum depressiven dar. Er hat nichts mit »schizophren« zu tun, auch wenn die Wörter ähnlich klingen. Sucht der Depressive die Sicherheit in einer engen Bindung, weil ihm die Individuation und Selbstwerdung Angst macht, so fürchtet der Schizoide die Bindung; seine einzige Sicherheit ist das Alleinsein. Schizoide Menschen weisen mithin ein sehr ausgeprägtes Motiv auf, einen Sicherheitsabstand zu anderen Menschen einzuhalten.

Die Kindheit von schizoid strukturierten Menschen war meist trostlos. Ablehnung, Missbrauch, Misshandlung spielen eine wichtige Rolle. Hinzu kommt eine genetische Disposition – so kommen schizoide Menschen schon mit einer Veranlagung zu einer hohen Rationalität auf die Welt. Sie sind keine Kuschelkinder. Wenn ihre Mütter ihre Signale übersehen und sie weitaus mehr bekuscheln, als es dem Kind recht ist, kann auch eine Näheüberflutung durch die Mutter/Eltern dazu führen, dass das Kind schizoide Schutzstrategien entwickelt. Um diese zu verstehen, muss man sich in die Situation des Säuglings und Kleinkindes hineinversetzen. In den ersten zwei Lebensjahren verfügt ein Kind über sehr wenig autonome Fähigkeiten. Wenn es misshandelt oder näheüberflutet wird, bleibt ihm zum Selbstschutz nur die Möglichkeit, sich völlig in sich selbst zurückzuziehen und alle Gefühle abzustellen, und genau dies ist der Kern des schizoiden Selbstschutzes.

Blickt man auf die Stärken schizoid strukturierter Menschen, so sind ihr scharf arbeitender Verstand und eine hohe Unabhängigkeit im Denken zu nennen. Häufig sind sie Vordenker und gesellschaftliche Reformer. Hierzu tragen zum einen ihre guten intellektuellen Fähigkeiten bei und zum anderen ihre geringe Abhängigkeit vom Urteil anderer Menschen. Sie können gut allein sein, benötigen wenig Kontakt und Zustimmung von anderen Menschen. Weil sie ihre Gefühle weitgehend abspalten, haben sie auch Nerven wie Drahtseile. Sie sind also auch in allen Berufen exzellent, in denen es darauf ankommt, einen kühlen Kopf zu bewahren. Es gibt mehr schizoide Männer als Frauen, weil zwei Drittel der Männer auf dem autonomen Pol verankert sind und somit auch häufiger autonome Schutzstrategien aufweisen.

Das Problem schizoider Menschen ist ihre geringe Bindungsfähigkeit. Sie können nicht vertrauen und sich nicht hingeben. Ihr Schattenkind ist zutiefst verunsichert und verfügt über sehr schlechte Abgrenzungsfähigkeiten, weswegen sie sich durch umso rigidere Grenzen im Außen beschützen. Durch den großen Abstand, den sie zu anderen Menschen einnehmen, haben sie auch erhebliche Schwierigkeiten, sich in diese einzufühlen und einzuschätzen, was in ihnen vorgeht. Sie fühlen sich im Kontakt mit anderen unbeholfen. Sie zweifeln, ob sie ihrer Wahrnehmung vertrauen können oder ob sie sich vieles nur einbilden. Wenn jemand sie beispielsweise anlächelt, sind sie nicht sicher, ob dieser Mensch das freundlich oder spöttisch meint. Diese Kontaktlücke wird mit den Jahren immer größer, häufig leiden schizoid strukturierte Menschen im Alter unter großer Einsamkeit. Manche Schizoide kompensieren ihr soziales Defizit jedoch mit einer sehr guten Beobachtungsgabe, die vom Gegenüber leicht mit einer hohen Einfühlung verwechselt werden kann.

Auf andere Menschen wirken Schizoide häufig kühl und unnahbar. Manche von ihnen verhalten sich aber auch durchaus freundlich und zugewandt. Dazu muss man verstehen, dass sie im zwischenmenschlichen Kontakt in einem Funktionsmodus operieren. Ihre tiefe Unsicherheit kompensieren sie mit einem Set an Verhaltensweisen, das sie für den sozialen Umgang erworben haben. Es ist diese oftmals glatte Fassade, die bei anderen Menschen tiefe Bestürzung hervorruft, wenn sie entdecken, wie gleichgültig der Schizoide ihnen in Wahrheit gegenübersteht. Da Schizoide um ihre Fassadenhaftigkeit wissen, leben viele von ihnen in der beständigen Angst »aufzufliegen«. Ein Betroffener erklärte mir einmal, wie er seine Andersartigkeit schon als Kind ganz stark erlebt habe und sich deswegen, um nicht aufzufallen, seine Verhaltensweisen bei anderen Kindern abgeschaut habe: »Wenn die anderen Kinder gelacht haben, habe ich auch gelacht. Wenn man sich beim Kindergeburtstag ein kleines

Geschenk aussuchen durfte, habe ich das auch getan, obwohl ich gar keines wollte ...« Bis heute treibt ihn die diffuse Sorge um, dass er irgendwie enttarnt werden könnte.

Schizoide würden am liebsten nur mit einer Tarnkappe aus dem Haus gehen. Sie fühlen sich dort am wohlsten, wo sie keiner kennt und keinerlei Erwartungen an sie gestellt werden. Sie sind Eigenbrötler, das genaue Gegenteil von Vereinsmenschen. Am liebsten hätten sie noch nicht einmal ihren Namen auf der Klingel stehen und lassen ihn auch tatsächlich gerne weg, wenn ihr Wohnumfeld dies zulässt. Ihr stärkstes Motiv ist ihre Autonomie und Freiheit, die Äußerung »Ich will einfach nur meine Ruhe« ist charakteristisch für sie. Aufgrund ihres gering ausgeprägten Gefühlslebens entwickeln sie wenig Leidensdruck, ihre Grundstimmung ist von Gleichgültigkeit geprägt, sie hängen auch nicht besonders am Leben. Sie fühlen sich eher wie Zaungäste am Rande, die das Leben der anderen beobachten, ohne selbst daran teilzunehmen. Meines Erachtens gibt es unter Schriftstellern überproportional viele Schizoide. Die Kombination einer sehr guten Beobachtungsgabe mit geringer persönlicher Teilhabe am Leben kann großes schriftstellerisches Talent hervorbringen. In ihren Romanen erschreiben diese Autoren sich ein Ersatzleben.

Erstaunlich ist, dass man vielen von ihnen bei oberflächlicher Bekanntschaft ihre Bindungslosigkeit und ihren Lebensverdruss gar nicht anmerkt. Einer meiner Klienten ist zum Beispiel außerordentlich aktiv, politisch engagiert und künstlerisch tätig und sogar gern in Gesellschaft. Er diskutiert gern, hat viele Freunde und zahlreiche Affären. Wenn man es nicht weiß, würde man niemals auf die Idee kommen, dass sich hinter dieser scheinbaren Lebensfreude und Aktivität eine tiefe Abgespaltenheit verbirgt und er an sein tatsächliches Erleben niemanden heranlässt. Es gibt aber auch nicht wenige Schizoide, die auf ihre Umgebung etwas absonderlich wirken. Der Nerd, der hinter seinem Computer versumpft und über so gut wie keine Außenkontakte verfügt, wäre ein typisches Beispiel.

Es liegt auf der Hand, dass schizoide Menschen ihre größten Probleme im Nahkontakt haben. Sie können sich bestenfalls für kurze Zeit auf Intimität und Nähe einlassen. Dabei sind einige von ihnen durchaus in der Lage, sich zu verlieben, aber sie können dieses Gefühl nicht halten. Ihre Liebe weist große »Funklöcher« auf und erlischt zumeist nach einer verliebten Anfangsphase ganz. Aufflackern kann sie bestenfalls dann wieder, wenn der Schizoide für eine längere Zeit räumliche Distanz zum Partner herstellen konnte. Nähe bedroht schizoid strukturierte Menschen, sie verlieren in ihr ganz schnell ihre Ich-Grenzen. Aufgrund ihrer häufig traumatischen Kindheitserfahrungen haben sie Beziehungen als etwas abgespeichert, das man über sich ergehen lassen muss, aber nicht mitgestalten kann. Sie können sich Liebe nur als ein Ausgeliefertsein und als Abhängigkeit vorstellen. Ihr Schattenkind fühlt sich zutiefst wehrlos und ohnmächtig. Deswegen reagieren sie auf Nähe häufig mit Aggression. Mit harschen Zurückweisungen, eiskalten Bemerkungen, abrupten Kontaktabbrüchen wird der Partner nach Momenten der Nähe wieder auf Distanz gebracht. Eine weitere Form der schizoiden Distanzierung ist die *Dissoziation*, die man sich wie einen Totstellreflex vorstellen kann. Der Schizoide geht gewissermaßen komplett offline und begibt sich innerlich aus dem Kontakt heraus. Auch wenn er noch mit seinem Gegenüber redet, wirkt er wie abgeschaltet. Er verschwindet also nach innen, so wie er es schon als Kind gelernt hat. Bei den Partnern schizoider Menschen hinterlässt die Dissoziation ein schmerzliches Gefühl der

Einsamkeit. Überhaupt fühlen sich die Partner von Schizoiden in der Beziehung sehr einsam. Sie erleiden quasi jene Einsamkeit, die der Schizoide bei sich selbst verzweifelt abwehrt. Einige Schizoide gehen erst gar keine Partnerschaften ein, bleiben Dauersingle, befriedigen ihren Sexualtrieb bei Prostituierten. Es kann aber auch vorkommen, dass Schizoide heiraten. Nicht selten aus dem Motiv heraus, durch die Heirat eine gute gesellschaftliche Tarnung zu bekommen und so der Rolle des bindungsgestörten Sonderlings zu entfliehen. Die Ehe wird dann jedoch nach den Gesetzmäßigkeiten des Schizoiden gestaltet. Das heißt, er allein bestimmt, wann der Partner ihm nahe sein darf und wann nicht. In der Regel ist es so, dass die Gefühle des Schizoiden, die ja auch schon in der ersten Phase der Verliebtheit nicht besonders intensiv waren (was der Partner nicht unbedingt bemerken muss), ganz erlöschen, sobald die Beziehung fest und verbindlich wird. Aber nicht nur die Gefühle, sondern auch der Sexualtrieb kommt zum Stillstand – zumindest hinsichtlich sexueller Aktivitäten mit dem eigenen Partner. Manche Schizoide können durchaus noch Sex mit ihrem Partner haben; dieser wird aber durch die Abspaltung der Gefühle von der Sexualität als reines Sexualobjekt wahrgenommen, das zur Befriedigung des Schizoiden dient. Da Schizoide kaum Bindungsgefühle an ihre Partner verspüren, sind sie prädestiniert für Seitensprünge und Affären, die sie ohne sonderlich schlechtes Gewissen verfolgen. Manche von ihnen sind aber auch aus Prinzip treu.

Es stellt sich die Frage, warum ausgeprägt schizoide Menschen sich überhaupt an Partner binden. Die Antwort lautet: weil der Bindungswunsch als existenzielles menschliches Motiv bei vielen von ihnen noch nicht ganz abgestorben ist. Schizoide können durchaus eine unerlöste Sehnsucht nach Liebe und Beziehung in sich tragen, vor allem dann, wenn sie keinen Partner haben. Innerhalb einer Partnerschaft bedroht sie dann jedoch die Nähe des anderen, aber Alleinsein, so befinden nicht wenige von ihnen, ist die noch schlechtere Option. Am liebsten ist es ihnen, wenn ihre Partner möglichst keine Ansprüche nach Zuwendung an sie stellen und sie in Ruhe lassen. Aus dieser Ferne können sie dann ihre Partner als eine Wärmequelle empfinden, für die sie durchaus dankbar sind. Die Partner müssten also, um mit dem Schizoiden klarzukommen, selbst sehr unabhängig und anspruchslos sein. Sie müssen ihm Liebe schenken, ohne eigene Ansprüche zu haben. Das schafft natürlich kaum ein Mensch.

Schizoide Partnerschaften können auch sehr sadistische Formen annehmen, nämlich dann, wenn der Schizoide seine tiefen Zweifel, ob er geliebt werden kann, in Hass und Rache am Partner auslebt. Die Zuwendung und Zärtlichkeit des Partners werden dann notorisch fehl- und umgedeutet und abgewertet. Bekundet der Partner beispielsweise spontan seine Zuneigung, ätzt der Schizoide zurück: »Hast du ein schlechtes Gewissen, oder warum schleimst du hier so rum?« Nicht selten zerstört der Schizoide auch durch Zynismus die Liebesbereitschaft seines Partners. Im Moment der innigsten Zuwendung attackiert er den Partner an dessen verletzlichsten Stellen: »Guck doch nicht so unterwürfig, solltest dich mal sehen!« Diese Form der aggressiven Abschottung hält kein Partner auf Dauer durch, es sei denn, er ist das masochistische Pendant, das meint, aus Verlustangst und Schuldgefühlen alles in Kauf nehmen zu müssen oder auch eine gewisse Lust an der Qual empfindet.

Will ein schizoid strukturierter Mensch liebesfähiger werden, müsste er sein traumatisiertes Schattenkind an die Hand nehmen und ihm immer wieder klarmachen, dass es heute groß ist und sich wehren kann, und vor allem: dass es in Sicherheit ist. Wie dies gelingen kann, ist der Inhalt der Abschnitte »Stärke dein erwachsenes Ich« und »Schatzstrategien im Dienste der Bindung« auf den Seiten 218 und 289.

Du hast jetzt viel über mögliche Schutzstrategien gelesen, die auf der Seite der Autonomie stehen. Hast du dich da und dort wiedererkannt? Falls du es noch nicht getan hast: Bitte notiere die autonomen Schutzstrategien, die du häufig anwendest, in den Fußraum deiner Schattenkindschablone (siehe Schablone in der vorderen Innenklappe des Buches).

Typische Konflikte rund um das Thema Elternschaft

Sehr viele unserer Konflikte haben etwas mit dem Schattenkind und seinen Glaubenssätzen bzw. Schutzstrategien zu tun. Manchmal gerät eine Beziehung jedoch auch einfach durch besondere Lebensumstände aus der Balance, so beispielsweise, wenn die Partner Eltern werden. In jedem Fall lohnt es sich für das Paar, einen Blick hinter die Kulissen zu werfen und das übergeordnete Konfliktthema zu finden. Dies möchte ich diesmal am Beispiel von Janine und Dennis erklären, die verheiratet sind und zwei Kinder im Alter von vier und fünf Jahren haben. Wie ich im nächsten Abschnitt ausführlicher schildern werde, lastet auf Janine der Löwenanteil der Familienarbeit, sie fühlt sich diesbezüglich wenig von Dennis unterstützt. Deshalb kann es passieren, dass sie Dennis anschnauzt, wenn er ihr eine harmlose Frage stellt wie: »Schatz, hast du meine Brille gesehen?« Solche Zusammenstöße haben die zwei in letzter Zeit immer häufiger. Der Umgangston ist zunehmend gereizt und giftig. Wollten Dennis und Janine dies ändern, müssten sie sich in einer ruhigen Minute zusammensetzen und sich fragen, worum es hier eigentlich wirklich geht. Dann würden sie herausfinden, dass die

Beziehung zwischen ihnen, seit die Kinder auf der Welt sind, aus der Balance geraten ist: Janine ist vorwiegend in der Rolle der Versorgenden und Gebenden, während Dennis sich wenig in das Familienleben einbringt. Janine findet also zu Recht, dass auf ihren Schultern zu viel Verantwortung lastet und das Nehmen-Geben-Konto auf Dennis' Seite stark im Minus steht. Die scheinbar harmlose Frage nach seiner Brille berührt in Janine genau diesen wunden Punkt. Es reicht ihr, ständig für die Kinder da zu sein, sie will nicht auch noch für Dennis sorgen müssen. Dennis soll gefälligst selbst die Verantwortung für seine Siebensachen übernehmen. Dennis hingegen fühlt sich gekränkt, dass Janine ihn ständig wegen Kleinigkeiten anraunzt. Wäre beiden jedoch ihr grundsätzliches Konfliktthema bewusst, könnten sie zu einem neuen Umgang miteinander finden. Im Folgenden möchte ich ein paar typische Konfliktthemen vorstellen.

Verlust von Gleichberechtigung

Als Janine und Dennis sich kennenlernten, hatten beide eine eigene Wohnung, einen Beruf, den sie mochten, und jeder verdiente genügend Geld, um sein Leben zu bestreiten. Sie liebten ihre Unabhängigkeit, und wenn sie sich trafen, war der Alltag fern und ihr Glück groß. Nach einem Jahr zogen sie zusammen, und nach einem weiteren heirateten sie. Bald darauf kam ihr erstes Kind auf die Welt, und schon ein Jahr später das zweite. Sie beschlossen gemeinsam, dass Janine die ersten Jahre daheim bleiben und Dennis die Familie mit seinem Einkommen ernähren würde. Dennis ist Manager bei einer Großbank und verdient ordentlich, allerdings sind Überstunden an der Tagesordnung. Wenn er abends nach

Hause kommt, möchte er am liebsten nur noch seine Ruhe haben. Janine übernimmt im Hause quasi alle Versorgungsaufgaben; dazu gehört auch, dass sie jeden Abend etwas Leckeres für Dennis kocht. Ihm fällt es noch nicht einmal ein, nach dem Essen beim Aufräumen zu helfen, meist zieht er sich vor den Fernseher zurück, trinkt noch ein Glas Wein und geht früh schlafen. Für die Kinder ist Janine fast die alleinige Ansprechperson – sie spüren, dass ihr Vater nicht wirklich für sie zur Verfügung steht. An den Wochenenden unternimmt die Familie zwar öfter etwas gemeinsam, aber das unterstreicht nur die Tatsache, dass Dennis ein Freizeit-Papa ist. Dennis macht Karriere, und Janine fühlt sich immer mehr beruflich abgehängt. Ihr Selbstwertgefühl sinkt, zumal sie das Gefühl hat, bei Dennis in dieser abhängigen Rolle an Attraktivität zu verlieren. Er ist häufig sexuell lustlos, und sie glaubt, dass er sich nach der alten, selbstständigen Janine ohne Kochschürze zurücksehnt. Sie hat Dennis schon ein paarmal auf ihre Situation aufmerksam gemacht und ihm Lösungsvorschläge für eine gerechtere und bessere Rollenaufteilung unterbreitet. Dennis zeigt sich in diesen Gesprächen mal verständnisvoll, mal geht er in die Defensive – wie auch immer, an seinem Verhalten verändert er bestenfalls kurzfristig etwas.

Vor dem Hintergrund von Autonomie und Bindung betrachtet, ist die Balance zwischen Dennis und Janine dahingehend gekippt, dass Dennis nun quasi allein die autonome Seite repräsentiert und Janine sich abhängig und in der Bindung gefangen fühlt. Als sie noch kinderlos waren, konnten beide sowohl die Bindungsseite als auch die autonome Seite in sich selbst verwirklichen.

Ein Rückfall in alte Rollenmuster kann auch sehr emanzipierten Paaren passieren, wenn sie Eltern werden. Die Rollenbilder, die wir von unseren Eltern vorgelebt bekommen, hinterlassen tiefe Spuren in uns. Auch wenn wir uns vornehmen, es gerade nicht wie unsere Eltern zu machen, stellen wir häufig mit Erschrecken fest, wie ähnlich wir uns doch verhalten und dass wir bestenfalls eine 2.0-Version der eigenen Mutter, des eigenen Vaters sind. Wollen wir nicht in diese Falle tappen, müssen wir uns in einem ersten Schritt unsere Prägungen bewusst machen. Nur dann können wir auch bewusst entscheiden, diese Prägungen hinter uns zu lassen und eigene Ideen zum Familienleben und zur Verteilung der beruflichen und familiären Aufgaben und Zuständigkeiten zu entwickeln.

Natürlich kann auch eine Ehe nach traditionellen Rollenmustern von beiden Partnern als glückbringend erlebt werden, wenn beide sich in ihrer Funktion wohlfühlen. Da viele Frauen jedoch über eine gute Berufsausbildung verfügen und einige bereits Karriere gemacht haben, bevor sie Kinder bekamen, fühlen sie sich in der Rolle als Vollzeit-Mutter auf Dauer nicht am richtigen Platz. Verschärfend kommt hinzu, dass der Wiedereinstieg in das Berufsleben, vor allem für Akademikerinnen, schwierig ist (das Gleiche gilt, mit umgekehrten Vorzeichen, natürlich auch für Hausmänner). Posten, auf denen Mütter ihre frühere Karriere fortsetzen könnten, sind höchst selten als Halbtagsjob ausgeschrieben. Dies beklagen zwar viele. Aber bisher tut sich in den Unternehmen nicht viel in Sachen Veränderung. Je qualifizierter der Job, umso geringer die Möglichkeit für Teilzeit. Wollten die Mütter also nach einigen Monaten oder einem Jahr Elternzeit wieder voll einsteigen, müsste entweder der Mann zurückstecken oder sie müssten die Kinder unter der Woche fremdbetreuen lassen. Beides kommt für viele Eltern nicht in Frage. Sei es die finanzielle Einbuße, wenn der Mann seine Karriereambitionen zugunsten der Frau zurückschraubt, sei es die Vorstellung, das Kind mit wenigen Monaten bereits zehn Stunden am Tag in Fremdbetreuung zu geben. Dies lehnen viele Eltern ab. Sie möchten ihrem Nachwuchs zur Verfügung stehen und dessen Entwicklung nicht allein in die Hände von Tagesmüttern und Erziehern legen. Das ist insbesondere dann der Fall, wenn die Kinder, weil sie zum Beispiel ein Entwicklungsproblem aufweisen, besondere Zuwendung benötigen.

In der Paarberatung beklagen sich viele junge Eltern, dass sie so gut wie gar keine gemeinsame freie Zeit miteinander hätten, weil der gesamte Alltag und auch das Wochenende mit Broterwerb, Kindererziehung und Haushalt verplant wären. Ein Paar, das bei mir in Beratung ist, träumte davon, einfach nur einmal wieder zu zweit spazieren gehen zu können! Diese Freizeit-Askese könnten sie eigentlich nur deshalb ertragen, weil es allen befreundeten Paaren genauso gehe, erklärten sie mir.

Andererseits habe ich auch schon in einigen Fällen festgestellt, dass ein Elternteil große Probleme hat, Aufgaben an Fremdhilfen zu delegieren. Ich erinnere mich an eine Mutter von fünf Kindern, die zusätzlich ein großes Haus und einen noch größeren Garten zu pflegen hatte und die sich stur weigerte, eine Haushalts- bzw. Gartenhilfe einzustellen, obwohl dies finanziell überhaupt kein Problem gewesen wäre. Aber ihr Schattenkind wies die Glaubenssätze auf: »Vertraue niemandem und verlass dich nur auf dich selbst!« Diese Überzeugung boykottierte jedwede vernünftige Lösung (so lange, bis sie ihre tiefsitzenden Glaubenssätze auflösen konnte).

Eng verbunden mit einer einseitigen Rollenaufteilung innerhalb der Familie kann eine ungleiche Verteilung von Macht sein.

Ungleiche Machtverteilung

Der Verlust von Gleichwertigkeit in Paarbeziehungen hat häufig auch etwas damit zu tun, welchen Zugang die Partner zu Machtquellen haben. Das sind: Beruf, Geld, Ausbildung und Bildungsniveau, Beziehung zu den Kindern, Beziehung zu Freunden und Familie. Anfänglich hatten Janine und Dennis beide einen ausgewogenen Zugang zu diesen Ressourcen. Sie hatten beide einen gleichwertigen Beruf, genügend Geld, Kontakt zu Freunden etc. Durch die Geburt der Kinder ist dieses Verhältnis jedoch gekippt.

Autonomie und Macht stellen eine Allianz dar, genau wie Bindung und Abhängigkeit. Dadurch, dass die Balance sich auf Dennis' Seite zugunsten der Autonomie verschoben hat, hat er auch einen stärkeren Zugang zu den Machtquellen Beruf und Geld, wofür er mehr Anerkennung als Janine erhält, die sich unterlegen und abhängig fühlt. Janine hingegen hat einen stärkeren Zugang zu der Machtquelle »Beziehung zu den Kindern«. Durch seine geringe häusliche Präsenz hat Dennis sich familiär in eine Außenseiterposition manövriert. Janine ist glücklicherweise reflektiert genug, um sich nicht über die Kinder an Dennis zu rächen, indem sie diese etwa in eine enge Koalition gegen Dennis manipuliert. Es gibt nicht wenige Mütter, die ihre Kinder gegen den »bösen Vater« aufstellen. Janine ist hingegen darum bemüht, Dennis mehr in das Familienleben zu integrieren – es ist Dennis selbst, der sich an den Rand stellt. Sein Schattenkind ist geprägt durch das Vorbild seines Vaters, der ihm genau dieses Vatermodell vorgelebt hat. Dennis fühlt sich im Zusammensein mit den Kindern unbeholfen und gehemmt und flüchtet sich deswegen lieber in andere Aktivitäten. Er selbst hatte als Kind einen schlechten Draht zu seinem Vater und kann deswegen auch nur schlecht Kontakt zu seinen eigenen Kindern aufnehmen. Dennis' Schattenkind ist ein zärtlicher und liebevoller Umgang mit den Kindern peinlich, obwohl er sich eigentlich danach sehnt. Wollte er seine Beziehung zu den Kindern und mithin auch seine Beziehung zu Janine in eine bessere Balance bringen, müsste er seine familiäre Prägung reflektieren und neue Entscheidungen treffen. Stattdessen boykottiert er Janines Lösungsversuche, weil ihm die Rolle als alleiniger Familienversorger – unbewusst – entgegenkommt. Auf der bewussten Ebene wirft er Janine immer mal wieder vor, dass sie seinen finanziellen Beitrag zu wenig anerkenne. Ein Vorwurf, der Janine maßlos auf die Palme bringt, weil er einfach nicht gerechtfertigt ist: Jedes Beziehungsgespräch eröffnet sie, indem sie genau diesen Beitrag von ihm würdigt. Wenn Dennis sich aber in seinem Schattenkindmodus befindet, ist er nicht kritikfähig und verteidigt sich mit unfairen Gegenangriffen, und so kommt es immer wieder zu unfruchtbaren Auseinandersetzungen. Oder Dennis stimmt Janines Klagen im Großen und Ganzen zu, verändert jedoch nichts. Das Schattenkind in ihm weigert sich – abgesehen von der finanziellen Seite – Verantwortung für die Beziehung zu seiner Frau und den Kindern zu übernehmen, womit wir bei einem weiteren häufigen Konfliktthema angelangt wären, nämlich einer ungerechten Verteilung von Geben und Nehmen.

Ungerechte Verteilung von Geben und Nehmen

Will eine Partnerschaft gelingen, so sollte zwischen den Partnern eine weitgehend ausgeglichene Balance zwischen Geben und Nehmen bestehen. Aber gerade wenn die Pole zwischen

Bindung und Autonomie sich zwischen den Partnern aufgeteilt haben, wie bei Dennis und Janine oder auch Robert und Julia im früheren Beispiel, ist meistens auch die Balance zwischen Geben und Nehmen gestört.

Bleiben wir beim Beispiel von Janine und Dennis: Janine leistet quasi die alleinige Beziehungsarbeit, während Dennis sich auf das Geldverdienen zurückzieht. Dies ist zwar auch ein sehr wichtiger Beitrag für das Familienglück, aber er ist eher abstrakt, weil er über den Umweg des Bankkontos verbucht wird. Janine hingegen ist durch die Bedürftigkeit der Kinder und die Erwartungen, die Dennis bezüglich seiner leiblichen und emotionalen Versorgung an sie stellt, permanent in der Rolle der Gebenden. Es gibt Lebensphasen, da lässt sich eine solche Unwucht von Geben und Nehmen nicht vermeiden. Sie kann jedoch erheblich kompensiert werden, wenn der vorwiegend nehmende Part dem vorwiegend gebenden Partner mit einer besonderen Wertschätzung begegnet. Dies kann sowohl in Worten vermittelt werden, indem Dennis beispielsweise Janine immer mal wieder seinen Dank für ihr Karriereopfer und ihr Bemühen um die Kinder ausspricht. Aber auch kleine Aufmerksamkeiten wie Blumen, Schmuck oder Süßigkeiten, die man auch ohne besonderen Anlass schenkt, können die Dankbarkeit und Wertschätzung zum Ausdruck bringen. Außerdem sollte der vorwiegend nehmende Partner bemüht sein, den vorwiegend Gebenden immer mal wieder durch die Übernahme von Aufgaben zu entlasten. Durch solch ein Verhalten fühlt sich der oder die vorwiegend Gebende in seinem/ihrem Einsatz gesehen und gewürdigt.

Andererseits muss der gebende Part auch aufpassen, dass er sich nicht zu sehr in die Opferrolle begibt und hierdurch den Nehmenden zum Täter degradiert. Die Beziehung gerät nämlich nicht nur aus dem Takt, weil der vorwiegend Gebende das Gefühl hat, zu kurz zu kommen, sondern auch, weil der Nehmende oft Schuldgefühle entwickelt. Kurioserweise veranlassen diese Schuldgefühle den Nehmenden nicht unbedingt dazu, sich mehr einzubringen, sondern sie motivieren ihn häufig im Gegenteil dazu, sich noch mehr aus der Beziehung zurückzuziehen. Nicht selten kommt es vor, dass der sich schuldig fühlende Nehmende sich in eine Affäre stürzt, weil er hier noch eine »saubere« Bilanz aufweisen kann und sich wieder begehrt fühlt. Aber auch der vorwiegend gebende Partner, der sich ausgenutzt und geringgeschätzt fühlt, kann, anfällig für die Aufmerksamkeit und Zuwendung von Dritten, eine Affäre starten, oder er trennt sich in der Hoffnung auf ein besseres Leben vom »Ausbeuter«.

An dieser Stelle möchte ich noch einmal daran erinnern, dass Männer dazu neigen, das Bild ihrer überversorgenden Mütter auf ihre Frauen zu projizieren und deswegen dann unter Umständen vorwiegend mit ihrer Abgrenzung und Autonomie beschäftigt sind, so wie ich es am Beispiel von Robert erklärt habe. Dann empfinden sie jede Forderung nach mehr Zuwendung und Engagement als Eingriff in ihre Entscheidungsfreiheit. Wollten sie also mehr geben lernen, müssten sie zunächst diese alte Schattenkind-Projektion auflösen. Allerdings gibt es auch nicht wenige Frauen, die sich traditionell schwertun zu nehmen. Sie sind durch das Vorbild ihrer eigenen Mutter, in der klaglosen Versorgerrolle zu agieren, so stark geprägt, dass sie es kaum schaffen, Hilfe anzunehmen. Wenn sie zudem ein hohes Kontrollmotiv aufweisen, weigern sich manche Frauen, die Kinder einfach mal dem Vater zu überlassen. Sie wähnen sich unersetzlich. Nicht wenige Frauen leiden nämlich unter der irrigen Vorstellung, dass die Väter mit den Kindern alles genauso machen müssten wie sie selbst. Dabei ist es für die Kinder durchaus sehr bereichernd, wenn Mama und Papa unterschiedliche Beziehungs- und Beschäftigungsangebote bereitstellen.

Wie bei allen Beziehungskonflikten ist es auch hier sehr wichtig, dass man die Verantwortung für das eigene Verhalten übernimmt und die Verantwortung des Gegenübers auch bei diesem belässt. Solange die Frau also nicht glaubt, dass es für die Kinder lebensgefährlich wäre, wenn der Vater sich um sie kümmert, sollte sie es dem Vater und den Kindern überlassen, wie sie ihre Beziehung gestalten. Eine Klientin von mir erzählte mir einmal, dass ihr Mann, wenn sie auf Geschäftsreisen sei, die zehnjährige Tochter recht nachlässig versorge – meistens vergesse er, ihr das Abendbrot zu machen. Da mische sie sich aber nicht ein, ihre Tochter gehe dann selbst an den Kühlschrank oder fordere den Vater auf, ihr etwas zu essen zu machen, was dieser dann auch meist tue. Bislang sei ihre Tochter jedenfalls nicht verhungert. Dies ist eine sehr gesunde Abgrenzung der Verantwortlichkeit, die der Familie unnötige Konflikte erspart. Natürlich hatte die Klientin ihrem Mann zuvor ein paarmal nahegelegt, mehr Verantwortung für die Tochter zu übernehmen. Da dieser jedoch ein recht bockiges Schattenkind in sich beheimatet, das sich von keiner Frau Vorschriften lassen machen will, hat sie klugerweise ihre Verantwortung für die Vater-Tochter-Beziehung an den Vater zurückgegeben.

Heilung

Bis hierher ging es darum, dass du dein Beziehungsprogramm und deine Schutzstrategien erkennst. Im Folgenden möchte ich dich dabei unterstützen, deine inneren Programme und damit einhergehende dysfunktionale Verhaltensweisen, die dir das Leben und deine Beziehungen schwermachen, zu verändern.

Eigentlich geht es bei der Heilung im Kern nur darum, sich nicht länger mit seinem Schattenkind zu identifizieren, sondern aus einer klaren, erwachsenen Geisteshaltung heraus zu erkennen, dass es sich dabei um ein Gespenst aus der Kindheit handelt. Aus diesem inneren Abstand heraus, also aus der Beobachterperspektive, kannst du die alten Gefühle und die negativen Gedanken entmachten und zu Einstellungen kommen, die deiner heutigen, erwachsenen Realität angemessen sind. Darüber hinaus kannst du neue und konstruktive innere Glaubenssätze erstellen und gesunde Verhaltensweisen einüben, die du quasi als Gegenprogramm zum Schattenkind aktivierst. In diesem Teil des Buches wird es also um dein Sonnenkind gehen. Um dieses gut spüren zu können und um die Kraft zu entwickeln, unser Schattenkind liebevoll zu entmachten, benötigen wir jedoch zunächst ein haltspendendes und starkes Erwachsenen-Ich. Auf Möglichkeiten, dieses zu stärken, gehe ich im Folgenden ein. Vorher möchte ich jedoch noch etwas näher darauf eingehen, was eine intakte Beziehung eigentlich ausmacht, damit wir eine Vision haben, worauf wir hinauswollen.

Wie sieht eigentlich eine glückliche Beziehung aus?

Wie ich bereits ausgeführt habe, hat der Zustand der Verliebtheit nur eine geringe Schnittmenge mit dem Gefühl der Liebe. Das Verliebtsein ist wesentlich durch körperliche Empfindungen gekennzeichnet: Herzklopfen, Schmetterlinge im Bauch und ein starkes körperliches Verlangen nach der anderen Person. Ich vergleiche Verliebtheit gern mit Prüfungsangst, weil sich beide Zustände sehr ähnlich anfühlen. Es handelt sich um eine Form der Nervosität und Aufgeregtheit, die im Körper auch sehr ähnlich repräsentiert ist, nur dass wir diese Symptome im Zustand der Verliebtheit als positiv und im Zustand der Prüfungsangst als negativ empfinden. Meiner Meinung nach ist die Verliebtheit auch eine Form der Prüfungsangst. Der Prüfungsstoff heißt: Bin ich ein liebenswertes Wesen? Bin ich attraktiv? Willst du mich haben? Bleibst du auch bei mir, wenn du mich zum ersten Mal ungeschminkt siehst? Was muss ich tun, damit du dich in mich verliebst? Wirst du bei mir bleiben? Usw. Wenn man frisch verliebt ist, setzt man alles daran, den anderen von sich zu überzeugen.

Im Zustand der Verliebtheit vertraut man der anderen Person nicht, im Gegenteil: Man zeigt sich von seiner besten Seite und verbirgt seine Schwächen, man ist also nicht offen und ehrlich. Im Grunde genommen ist man bei der Verliebtheit mehr mit sich selbst und seiner eigenen Performance als mit dem Partner beschäftigt. Dies haben auch neuropsychologische Studien an verliebten Menschen ergeben: Im Verliebtheitsrausch sind im Wesentlichen Gehirnareale aktiviert, die einen Selbstbezug haben. Auch wenn Verliebte nahezu ständig an ihr Liebesobjekt denken und eine starke Sehnsucht empfinden, bezieht sich dieses Denken und Sehnen auf die Freude an der eigenen Erregung und nicht darauf, sich in den anderen einzufühlen und für ihn Verantwortung zu übernehmen. Genau darum geht es aber bei der Liebe. Liebe ist gekennzeichnet durch ein hohes Maß an Verantwortung für den Partner und durch ein hohes Maß an Authentizität. Weitere unverzichtbare Merkmale einer glücklichen Beziehung sind Wertschätzung, Zärtlichkeit, Mitfreude, Einfühlungsvermögen und das Akzeptieren von Schwächen.

Wenn man sich im positiven Sinne verantwortlich für seinen Partner fühlt, will man, dass es ihm gut geht, und man vermeidet Handlungen, die ihn verletzen könnten. Man behandelt seinen Partner mit Respekt, Zärtlichkeit und Wertschätzung. Was Verantwortung nicht bedeutet, ist, dass man seinem Gefährten alles recht macht und sich selbst dabei vergisst. Im Gegenteil, Verantwortung heißt auch, dass ich die Verantwortung für meine eigenen Wünsche und Bedürfnisse übernehme und diese offen kommuniziere. Denn nur so hat mein Partner eine Chance, mir mit dem gleichen Respekt und der gleichen Wertschätzung zu begegnen. Man darf und soll in einer Liebesbeziehung unterschiedliche Wünsche und Vorstellungen verhandeln. Dies bedeutet ja auch Authentizität, nämlich, dass man zu sich selbst und seinen Wünschen stehen kann. Gerade weil man einander vertraut, kann man sich ruhig auch mal aus-einander-setzen. Menschen, die eine nahe und lebendige Beziehung führen, sind konfliktfähig. Sie vertrauen darauf, dass die Liebe eine Auseinandersetzung aushält. Glückliche Paare haben allerdings auch nicht so häufig Anlass, sich zu streiten. Sie haben ihre Schattenkinder gut im Auge, und der Partner kriegt deswegen kaum negativ verzerrte Projektionen ab. Er oder sie fühlt sich entsprechend meist richtig verstanden und gesehen. Es dürfte hinreichend klar geworden sein, dass in schwierigen Beziehungen mindestens einer der Beteiligten ein unreflektiertes Schattenkind in sich beheimatet. Konflikte, die aus gesunden Anteilen der Persönlichkeit entstehen, sind in der Regel schnell zu lösen. Oft reichen Absprachen aus, um das Problem aus der Welt zu schaffen. So verhandelt das Paar beispielsweise, wie es sich die Hausarbeit und die Kinderbetreuung einteilt. Sind beide Partner in der Lage, Verantwortung zu übernehmen und den anderen wertzuschätzen, funktionieren diese Absprachen in der Regel auch gut.

Langzeitliebende gehen mit den Schwächen ihrer Partner großzügig um und fokussieren auf deren Stärken. Sie idealisieren den Partner zwar nicht mehr ganz so stark wie in der verliebten Anfangszeit, aber eine gewisse Idealisierung bleibt bestehen. Sie können sich zwar auch mal fetzen, aber danach ist alles wieder gut. Glückliche Paare können sich streiten und wieder vertragen – der Streit hinterlässt keine Narben, weil sie sich grundsätzlich vertrauen und keine Zweifel an der Liebe des anderen haben.

Wie sieht es denn mit dem Sex aus in langjährigen Partnerschaften, schläft der nicht zwangsläufig ein? Die meisten glücklichen Paare haben regelmäßig Sex, auch noch im hohen Lebensalter. In der Sexualität spielt die Authentizität eine genauso wichtige Rolle wie beim sonstigen Miteinander. Wenn beide Partner vertrauen können, können sie sich auch hingeben, und die Sexualität ist im Fluss. Natürlich ist der Sex nicht mehr so häufig und so rauschhaft wie in der verliebten Anfangszeit; dafür kennt man die Vorlieben seines Partners besser. Das erotische Verlangen hängt auch mit der gefühlten Attraktivität des eigenen Körpers zusammen: Sexuelle Unlust entsteht nämlich nicht nur, wenn man den Partner nicht mehr anziehend findet, sondern vor allem auch dann, wenn man seinen eigenen Körper ablehnt. Männer wie Frauen nehmen sich gern als Sexobjekt wahr und wollen im Bett gut aussehen. Ist dies nicht der Fall, reduziert dies den Spaß am Sex ganz gewaltig.

Es gibt auch glückliche Paare, die keinen Sex haben, vor allem dann, wenn beide dabei nichts vermissen.

Ein weiteres Merkmal glücklicher Paare ist, dass sie gern mal regredieren, das heißt, auf eine frühere Entwicklungsstufe zurückfallen. Sie erleben eine wohlige, kuschelige Abhängigkeit, in der sie nochmal klein werden dürfen. Studien haben gezeigt, dass glückliche Paare gern den sogenannten »Babytalk« praktizieren, also manchmal ganz kindlich miteinander sprechen. Viele entwickeln eine Art eigener Sprache mit speziellen Kosewörtern. Diese Regression ist als ein glückliches Sich-Fallenlassen in die beschützende Geborgenheit der Partnerschaft zu verstehen.

Von großem Vorteil ist es, wenn die Partner sich möglichst ähnlich sind. Es gibt zahlreiche psychologische Studien, die herausgefunden haben, dass »Gleich und Gleich« es wesentlich einfacher miteinander haben als die viel zitierten Gegensätze, die sich anziehen. Die Anziehung besteht nämlich meist nur am Anfang. In einer späteren Phase der Beziehung haben es die Gegensätze schwer miteinander. Gemeinsame Werte, gemeinsame Interessen und Hobbys und auch eine gemeinsame kulturelle Identität erleichtern es den Beteiligten ungeheuer, miteinander klarzukommen.

Dies sind einige Punkte, die eine glückliche Beziehung ausmachen. Ich denke, du kannst dir jetzt vorstellen, wie leicht es eigentlich sein kann, eine Partnerschaft zu leben, in der man sich wohl und geliebt fühlt. Wäre es nicht schön, sich geborgen und zugleich frei zu fühlen? Wenn du mit deinem Partner einfach darüber sprechen und ihm zeigen kannst, was dir wichtig ist – und er ginge darauf ein und ihr suchtet gemeinsam nach guten Lösungen?

Vielleicht klingt das für dich fast zu einfach, um wahr zu sein. Doch die einzige Voraussetzung dafür ist, dass du dich mutig entschließt, dich selbst zu reflektieren, dein Schattenkind-Programm zu erkennen und es loszulassen.

Im nächsten Abschnitt geht es um dein erwachsenes Ich, das dir Halt und Stärke gibt, damit dir diese Ablösung gelingt.

Stärke dein erwachsenes Ich

In den folgenden Abschnitten möchte ich erklären, wie man sein Erwachsenen-Ich stärken kann. Die Ausgangsbasis hierfür ist, dass du aus der Opferrolle aussteigst und die Verantwortung für dein Schattenkind übernimmst. Denn nur so wird es dir gelingen, die folgenden Übungen aktiv mitzugestalten. Ansonsten wirst du die Zeilen lesen, ihnen vermutlich häufig innerlich zustimmen und sie dann irgendwann wieder vergessen – und alles bleibt beim Alten. Die Verantwortung für dein Verhalten übernimmst du, indem du anerkennst, was ist. Denn nur, wenn du die Augen aufmachst und dir eingestehst, dass da ein Schattenkind in dir wirkt, kann der erwachsene Anteil sich entschließen, für es Verantwortung zu übernehmen. Diese Entscheidung müsstest du treffen. Viele tun sich damit schwer; Veränderung macht Angst. Das Alte ist zwar nicht so schön, fühlt sich aber vertraut und sicher an. Die Erlösung fällt nicht einfach vom Himmel, sie will stattdessen geübt werden. So wie du einen neuen Tanz, eine neue Sportart oder ein Instrument üben musst, damit du es irgendwann beherrschst, benötigst du auch Training, um neues Denken, Fühlen und Verhalten zu erlernen. Ich habe auf den folgenden Seiten einige Übungen zusammengestellt, mit deren Hilfe du deine alten Programme entmachten und neue Programme installieren kannst. Deine Veränderung liegt in deiner Hand.

Ertappe dich und schalte um

Die Königin aller Veränderungsstrategien ist, dass man sich dabei *ertappt*, wenn man sich in seinem Schattenkindmodus befindet, und dann auf sein erwachsenes Ich *umschaltet*. Dazu habe ich schon einiges in den Abschnitten »Unser 4D-Film ...« und »Unser Erwachsenen-Ich« geschrieben. Noch einmal kurz zur Erinnerung: Wenn ich mich verändern möchte, muss ich als Erstes erkennen, worin mein tatsächliches Problem besteht. Das haben wir getan, indem wir dein Schattenkind analysiert haben. Im zweiten Schritt ist es unabdingbar, dass du aus deinem erwachsenen Verstand heraus erkennen kannst, dass es sich um willkürliche Prägungen handelt, die über deinen Selbstwert nichts aussagen, sondern ausschließlich etwas über die Erziehung, die du von deinen Eltern erfahren hast. Auch wenn dein Gefühl dem innerlich noch gar nicht zustimmen kann, so muss es dir doch wenigstens im Verstand klar sein, dass deine Glaubenssätze keinen Wahrheitsgehalt haben. Mach dir bitte bewusst, dass sie bis in die kleinsten deiner Handlungen hinein wirken, du also gewohnheitsmäßig aus dem Schattenkind heraus agierst, weil es bislang deine Realität konstruiert hat. Ertappen kannst du dich am leichtesten bei deinen Gefühlen – deswegen ist es so wichtig, dass du die Gefühle, die zu deinem Schattenkind gehören, kennst. Das sind zum Beispiel: Scham, Schuld, Eifersucht, Leere, Verlustangst, Versagensangst, Trauer, Verzweiflung, Druck oder Trotz und Wut.

Sobald du diese Gefühle fühlst, weißt du ab sofort, dass sich hier höchstwahrscheinlich dein Schattenkind zu Wort meldet. Nun magst du vielleicht einwenden, dass es ja auch eine berechtigte Wut oder eine berechtigte Angst gibt, die mit dem Schattenkind gar nichts zu tun haben. Das ist natürlich völlig richtig, aber wenn die Gefühle tatsächlich nachvollziehbar und insofern berechtigt sind, weißt du das auch vom Kopf her. Im Übrigen gehe ich im nächsten Abschnitt noch darauf ein, wie du die Gefühle, die aus deinem Schattenkind heraus entstehen – und denen du nicht länger vertrauen solltest – von deinen anderen Gefühlen unterscheiden kannst.

Um dich zu ertappen, benötigst du *Selbstaufmerksamkeit*. Sie ist das A und O jeglicher Weiterentwicklung, das stelle ich immer und immer wieder bei meinen Klienten fest. Es verlangt *mentale Disziplin*, nicht in seinem Schattenkind zu versacken, sondern selbstaufmerksam ein Stück weit über sich zu schweben und zu *merken*, wenn man wieder in seinem Schattenkind ist. Vielen Menschen ist das nämlich zwar theoretisch klar, aber sie setzen es nicht um! *Sobald du dich jedoch regelmäßig ertappst und umschaltest, spuren sich immer mehr neue Datenautobahnen in deinem Kopf ein, und bald hast du auch in deinem Gefühl ein neues Programm installiert, das das alte Schattenkindgefühl entmachtet.*

Zudem lege dir bitte eine *Metahaltung* zurecht. »Metahaltung« bedeutet, dass du dir ein für alle Mal klarmachst, dass dein Schattenkind eine reine Projektion aus der Kindheit ist und mit deiner erwachsenen Realität nichts zu tun hat. Um dein Erwachsenen-Ich an dieser Stelle zu stärken, gebe ich dir ein paar Argumente an die Hand. Argumente werden in den folgenden Abschnitten noch eine wichtige Rolle spielen, weil sie der Standpunktsicherheit und der Vernunft die Tür öffnen.

Argumente, die dein Erwachsenen-Ich stärken

- Kein Kind kommt schlecht auf die Welt.
- Kinder können keine schlechten Menschen sein.
- Kinder können nerven und anstrengend sein, aber das ändert nichts an ihrem Wert.
- Es liegt in der Verantwortung der Eltern – bevor sie Eltern werden –, sich darüber Gedanken zu machen, ob sie die Belastungen der Elternschaft auf sich nehmen wollen.
- Kinder müssen sogar nerven. Denn eigentlich sind sie recht machtlos und müssen die Erwachsenen irgendwie dazu bewegen, ihre wichtigen Bedürfnisse zu befriedigen. Ihr Programm ist schließlich: Überleben! Groß werden! Alles lernen!
- Wenn die Eltern mit der Erziehung ihrer Kinder überfordert sind, müssen sie sich Hilfe suchen. Die Kinder können nichts dafür.
- Es ist die Aufgabe der Eltern, die Gefühle und Bedürfnisse ihres Kindes zu verstehen. Es liegt nicht in der Verantwortung des Kindes, die Gefühle und Bedürfnisse seiner Eltern zu verstehen und diese zu erfüllen.
- Es ist die Aufgabe der Eltern, ihr Kind auf dieser Welt willkommen zu heißen und es lieb zu haben. Es ist nicht die Aufgabe des Kindes, sich so zu verhalten, dass die Eltern es lieb haben können.

Du solltest dich fortan sehr selbstaufmerksam beobachten, damit du dich möglichst schnell ertappst, wenn du wieder in dein Schattenkind abrutschst. Voraussetzung ist, dass du deine Gefühle wahrnimmst, und zwar am besten schon dann, wenn sie im Entstehen begriffen und noch nicht allzu intensiv sind. Sehr starke Gefühle lassen sich nämlich kaum noch regulieren. Also behalte dich selbst gut im Auge, und sobald du merkst, dass du wieder in deine Schattenkindgefühle hineinrutschst, schaltest du um auf die Beobachterperspektive, also dein Erwachsenen-Ich, und nimmst hierdurch einen Abstand zu deinen Gefühlen ein. Aus der Beobachterperspektive kannst du beispielsweise glasklar erkennen, dass du heute groß und erwachsen bist und keinen Grund hast, dich deinem Gegenüber unterlegen zu fühlen. Von hier aus kannst du sehen, dass du das Recht hast, dich zu wehren, zu argumentieren oder dich zu trennen. Ich weiß, dass du jetzt vermutlich denkst: »Theoretisch ist mir das schon lange klar, aber ich kann trotzdem nichts ändern.« Ich versichere dir, dass wir in diesem Buch noch viel unternehmen, um deine neuen Sichtweisen auch in deinen Gefühlen zu verankern. An dieser Stelle geht es nur um den Perspektivenwechsel, den du mithilfe deines erwachsenen Verstandes vornehmen kannst. Ob deine Gefühle schon alle hinterherkommen, ist jetzt noch nicht wichtig, sondern nur, dass du zumindest vom Verstand her klarkriegst, dass dein Schattenkind ein Produkt deiner Erziehung ist und *nicht DU* bist.

Übung:
Zwei Positionen der Wahrnehmung

Bei dieser Übung geht es darum, ganz bewusst von der Feld- in die Beobachterperspektive umzuschalten. Wir sprechen auch von den zwei Positionen der Wahrnehmung. In der ersten Position bin ich voll mit mir und meinen Gefühlen identifiziert, befinde mich also in der Feldperspektive. Hierbei kann es sich um Schattenkindgefühle oder auch um gesunde Persönlichkeitsanteile von mir handeln. Die Beobachterperspektive stellt die zweite Position der Wahrnehmung dar. Hier bin ich mit meinem klardenkenden Verstand, dem Erwachsenen-Ich, identifiziert.

Erinnere dich bitte für diese Übung an einen bestimmten Konflikt, den du mit deinem Partner oder einem anderen Menschen hattest und an dem mit Sicherheit dein Schattenkind beteiligt war. Am besten nimmst du nicht gleich den schlimmsten Konflikt, sondern einen leichten bis mittelschweren, damit du erst einmal das Prinzip dieser Übung verstehst. Also, stell dir bitte eine ganz konkrete Situation vor, in der du eine Auseinandersetzung mit deinem Gegenüber hattest oder in der du eine Auseinandersetzung vermieden hast, weil du dich – mal wieder – angepasst hast.

1. Bitte geh in die erste Position der Wahrnehmung, also in dein Schattenkind. Dazu stellst du dich am besten auf einen bestimmten Platz im Raum. Bitte betrachte aus der Feldperspektive, also aus deinen Schattenkindaugen, dein imaginiertes

Gegenüber in dieser schwierigen Situation und nimm wahr, was du über es denkst, welche Motive und Absichten du ihm unterstellst und wie sich das alles in dir anfühlt. Wenn du das alles registriert hast, steig bitte völlig aus deinen Gefühlen aus. Am besten, indem du dich kurz mit einer ganz anderen Beschäftigung ablenkst oder indem du dich am ganzen Körper – von den Füßen bis zum Kopf – abklopfst. Zur Ablenkung kannst du auch für jeden Buchstaben im Alphabet ein Land finden.

2. Wenn du aus deinen Schattenkindgefühlen ausgestiegen bist, gehst du in die zweite Position der Wahrnehmung. Das ist die Beobachterposition. Von hier aus schaust du aus deinem Erwachsenen-Ich auf dich selbst und deinen Interaktionspartner – du siehst euch also mit Abstand. Du kannst dir sogar vorstellen, dass das gar nicht du bist, sondern irgendein anderer Mensch, der so fühlt und handelt, damit du den größtmöglichen Abstand zu dir herstellen kannst. Nun stell dir bitte vor, du wärst eine neutrale Richterin oder ein Richter, die/der diesen Fall zu beurteilen hätte.

 – Wie nimmst du dein Schattenkind von außen wahr?
 – Analysiere bitte seine Glaubenssätze, seine Gefühle und sein Verhalten.
 – Findest du, dass die Gefühle und das Verhalten deines Schattenkindes der Situation angemessen sind?
 – Wenn du dein eigener Coach wärst, welchen Rat würdest du dir erteilen?

Diese Übung kannst du für verschiedene Situationen und Konflikte gar nicht oft genug machen, sie ist quasi die Basis jeglicher Veränderung und Selbstregulation. In der nächsten Übung gehen wir noch einen Schritt weiter. Bei der obigen Übung ging es darum, möglichst schnell von der Feldperspektive in die Beobachterperspektive zu wechseln. Nun gibt es aber noch eine dritte Perspektive, und das ist jene des Gegenübers. Hier geht es also um die empathische Perspektivenübernahme. Diese setzen wir jetzt an die zweite Position, weil wir immer mit der Beobachterperspektive abschließen; deswegen rückt diese jetzt in die dritte Position. Die drei Positionen sind also:

1. Feldperspektive: Ich bin mit meinem Schattenkind (oder auch mit den gesunden Anteilen meines Selbst und meines Gefühlslebens) identifiziert.
2. Empathie: Ich identifiziere mich mit den Gefühlen meines Gegenübers.
3. Beobachterperspektive: Ich sehe mich und mein Gegenüber von außen.

Im Idealfall können wir recht mühelos zwischen allen drei Perspektiven wechseln. Es ist nicht unbedingt nötig, dass du deine Position im Raum veränderst, wenn du dich in die verschiedenen Positionen versetzt. – Dies ist lediglich eine unterstützende Maßnahme, damit dir der Perspektivenwechsel besser gelingt. Viele Menschen befinden sich bevorzugt in einer Perspektive. So sind die angepassten, bindungsbedürftigen Schattenkinder zumeist in der empathischen Perspektive, das heißt, sie sind häufig viel stärker mit den Wünschen ihres Gegenübers identifiziert als mit sich selbst. Sie fühlen sich in ihren Gesprächspartner ein, um zu wissen, was er von ihnen erwartet. Weil sie sich jedoch mit ihrer Aufmerksamkeit in den Gefühlen ihres Gegenübers befinden, können sie nicht gleichzeitig sich selbst spüren. Das können sie, wie ich schon mehrfach erwähnt habe, am besten, wenn sie allein sind.

Die autonomen Schattenkinder hingegen, die ständig damit beschäftigt sind, ihre Grenzen zu verteidigen, befinden sich häufig in der ersten Position der Wahrnehmung. Das heißt, sie fühlen nur ihre eigene Not, aber nicht die ihres Gegenübers. Es fällt ihnen schwer, empathisch zu sein. Zu sehr sind sie mit der Verteidigung ihrer Ich-Grenzen beschäftigt.

Menschen, die sich hingegen zumeist in der Beobachterposition aufhalten, haben kaum Kontakt zu ihren Gefühlen und auch nicht zu jenen ihres Gegenübers. Sie sind sehr sachlich, und ihre emotionale Amplitude ist flach. Zumeist verspüren sie wenig. Sie betrachten die Welt und ihre Mitmenschen von außen, ohne selbst wirklich lebendig am Leben teilzunehmen. Viele von ihnen haben das Gefühl, oft einfach nur zu funktionieren.

Denke bitte darüber nach, ob du eine Tendenz zu einer Position aufweist. Oder kannst du gut zwischen allen dreien wechseln?

Übung:
Die drei Positionen der Wahrnehmung

Für diese Übung kannst du gern noch einmal den gleichen Konflikt heranziehen wie in der obigen Übung. Da du bei der obigen Übung ja schon in der ersten Wahrnehmungsposition, also deinem Schattenkind, gewesen bist, kannst du diesen Schritt diesmal überspringen und begibst dich in die zweite Position. Du fühlst dich also in dein Gegenüber ein und siehst dich mit seinen/ihren Augen. Wie fühlt sich dein Gegenüber mit dir? Wenn du die zweite Position hinreichend erforscht hast, schüttelst du wieder alle Gefühle ab, begibst dich in die dritte Position, also die Beobachterposition, und analysierst von dort aus, wie ein unparteiischer Richter, die Situation aus deinem Erwachsenen-Ich. Hier spielen die Gefühle keine Rolle, es geht um eine ganz sachliche Argumentation, die du quasi »neutral« vornimmst. Wieder schließt du die Analyse ab, indem du dir als dein eigener Coach Verhaltensvorschläge gibst bzw. dir eine andere innere Haltung zulegst.

Die drei Positionen bilden die Grundlage für Konfliktfähigkeit, Empathie und eine sachliche Beurteilung des Geschehens. Falls du dazu neigst, dich vornehmlich in einer bestimmten Position aufzuhalten, trainiere bitte, in deinem Alltag auch die anderen Positionen einzunehmen. Wenn du dich zum Beispiel häufig mit den Gefühlen deines Gegenübers identifizierst (zweite Position), dann trainiere in Gesprächen ganz bewusst, mehr dich selbst zu fühlen. Frage dich: Wie geht es mir gerade mit dir/euch? Was will ich? Was sind meine Wünsche und Bedürfnisse? Versuche also, in Kontakt mit deinen Gefühlen zu bleiben, auch wenn andere Personen anwesend sind.

Falls dir hingegen die empathische Perspektivenübernahme schwerfällt, trainiere einmal bewusst, dich in dein Gegenüber einzufühlen. Richte also deine Aufmerksamkeit auf die Frage, wie es ihm geht, was sein Anliegen ist und welche Gefühle es fühlt. Du wirst erleben, dass deine Beziehungen viel harmonischer werden, wenn du dich in Empathie übst.

Solltest du vorwiegend in der dritten Position sein, dich also häufig in der Beobachterperspektive aufhalten, dann erlaube dir, mehr in die erste Position zu gehen und du selbst zu sein. Achte auf deine Gefühle und erlaube dir zu fühlen. Sorge für Spaß und Lebendigkeit in deinem Leben. Bei dir kommt es darauf an, dass du einen besseren Draht zu dir selbst entwickelst. Dazu findest du an späterer Stelle noch einige Übungen.

Unterscheide Fakten von Interpretationen

Wie ich bereits gesagt habe, sind wir zutiefst darauf konditioniert, unseren Gefühlen zu vertrauen, weil sie unserem Handeln eine Richtung verleihen und uns in Bewegung setzen – das Wort *Emotionen* geht zurück auf das lateinische »emovere«, »herausbewegen«. Die größte Herausforderung besteht darin, nicht allen Gefühlen, die wir erleben, Glauben zu schenken. Haben sie nämlich ihren Ursprung im Schattenkind, dann sind sie schlechte Berater. Wir müssen also lernen, unsere Gefühle zu regulieren. Gefühle, die aus unserem Schattenkind entstehen, fühlen sich leider genauso wahr an wie jene, die aus den gesunden Anteilen unserer Persönlichkeit resultieren. Auch unsere Gefühle sind übrigens einer genetischen Disposition unterworfen: Extravertierte erleben ihre Gefühle – die guten wie die schlechten – intensiver als Intros. Das Gefühlsleben der Intros ist ausgeglichener, weniger dramatisch.

Wie können wir nun aber berechtigte Gefühle von Schattenkindgefühlen unterscheiden? Und sind nicht auch unsere Schattenkindgefühle berechtigt? Ich bekomme manchmal Zuschriften von Leser/innen, die mir sagen, dass ihr Schattenkind doch schließlich auch ein Teil von ihnen sei und dessen Gefühle mithin auch berechtigt seien. Das stimmt leider nicht so ganz. Wenn wir nämlich verstehen, dass die Programme, die in unserem Schattenkind ablaufen, eine fehlerhafte Software sind, weil wir bei unseren Eltern und sonstigen Bezugspersonen einen kleinen »Programmierschaden« erlitten haben, dann müssen wir anerkennen, dass die Gefühle, die aus dem Schattenkind resultieren, auf falschen Annahmen und unzutreffenden Interpretationen der Wirklichkeit beruhen. Hier spielt der bereits vorgestellte Begriff der Projektion eine wichtige Rolle. Wenn wir in unserem Schattenkind gefangen sind, sind wir hochgradig gefährdet, falsche Interpretationen in unser Gegenüber hineinzuprojizieren, so wie Julia, die aufgrund ihres Glaubenssatzes »Ich genüge nicht« in Robert eine große Überlegenheit hineinprojiziert und sich gemäß ihres Glaubenssatzes von ihm abgelehnt und minderwertig fühlt. Wollte sie dieses Gefühl verändern, dürfte sie nicht darauf hoffen, dass der bindungsängstliche Robert sich endlich zu ihr bekennt, sondern sie müsste ihren Glaubenssatz und ihre Interpretation der Wirklichkeit hinterfragen. Ich erinnere daran, dass wir, in unserem Schattenkind gefangen, egozentrisch wahrnehmen. Kleine Kinder beziehen alle Geschehnisse auf sich, sie meinen, sie seien der Grund dafür, warum ihre Eltern und andere Menschen sich so und nicht anders verhalten. Wenn der Papa das Kind verdrischt, denkt es: Ich bin verkehrt, und nicht: Papa ist zu aggressiv. Wenn die Mama es anlächelt, fühlt das Kind, dass es richtig ist. Das gespiegelte Selbstwertempfinden verleitet uns auch als Erwachsene dazu, die Verhaltensweisen unserer Mitmenschen viel zu persönlich zu nehmen.

Wenn unsere Gefühle aus unserem Schattenkind resultieren, sind sie ganz schlechte Berater, und wir sollten nicht auf sie hören.

Bitte überlege dir mindestens drei Situationen aus deinem Leben, in denen dich deine Gefühle noch tiefer in einen Konflikt, eine Kränkung oder eine scheinbar ausweglose Situation hineinmanövriert haben, und notiere sie in dein Reflexionsheft.

Übung:
Realitätscheck

Suche dir bitte eine Situation aus deinem Leben aus, in der du einen Konflikt, ein Problem mit einem anderen Menschen hast oder hattest, und analysiere sie bitte wie folgt:

Das Verhalten von XY ...
(Hier notierst du das objektivierbare Verhalten deiner Konfliktperson, das auch von neutralen Dritten zu beobachten wäre. Zum Beispiel: Mein Partner hört mir häufig nicht richtig zu und fällt mir ins Wort.)

Meine Interpretation des Verhaltens ...
(zum Beispiel: Er nimmt mich nicht wichtig, es interessiert ihn nicht, was in mir vorgeht.)

Welcher meiner Glaubenssätze passt zu dieser Interpretation?
(zum Beispiel: »Ich bin nicht wichtig!«)

Wie fühle ich mich, wenn ich so denke?
(zum Beispiel: traurig und wütend)

Suche mindestens drei alternative Erklärungen für das Verhalten.
(zum Beispiel: 1. Er/Sie ist extravertiert und deswegen sehr ungeduldig 2. Ich fordere zu wenig Aufmerksamkeit ein und erzähle zu leise und zurückhaltend. 3. Er/sie interessiert sich wirklich nicht, aber das hat nichts mit mir zu tun, weil mein Selbstwert nicht davon abhängt, wie sich mein Partner mir gegenüber verhält. Sein Verhalten sagt eher etwas über ihn/sie selbst aus.)

Bitte gewöhne dir an, die Fakten von der Interpretation zu unterscheiden. Hierbei ist dir dein Erwachsenen-Ich in der Beobachterposition eine große Hilfe.

Nimm dich aus der Verstrickung

Wenn ich mit einer anderen Person verstrickt bin, habe ich einen realen oder potenziellen Konflikt mit ihr. »Verstrickt« bedeutet, dass ich nicht sauber trennen kann, welche Anteile (also Einstellungen, Verhaltensweisen, Gefühle etc.) auf Seiten der anderen Person zu dem Konflikt beitragen und für welche Anteile an dem Geschehen ich selbst Verantwortung übernehmen muss. Julia ist mit Robert verstrickt, weil sie quasi die Verantwortung dafür übernimmt, dass er sich nicht wirklich auf die Beziehung mit ihr einlässt. Aufgrund der falschen Interpretation ihres

Schattenkindes, dass ihre Ungenügsamkeit die Ursache für Roberts Näheflucht ist, nimmt sie das Problem auf ihre Kappe, indem sie sich anstrengt, für Robert noch besser und schöner zu sein. Wollte sie sich aus der Verstrickung lösen, müsste sie in die dritte Position der Wahrnehmung gehen und Folgendes tun:

1. Sie müsste vor ihrem inneren Auge eine Glaswand zwischen sich und Robert ziehen.
2. Dann könnte sie genau analysieren, was Roberts Verhalten wirklich mit ihr zu tun hat, bzw. analysieren, welchen Anteil Robert selbst an der Situation hat – und ihm die Verantwortung hierfür innerlich zurückgeben.
3. Danach könnte sie sich mit der Frage beschäftigen, ob sein Verhalten wirklich etwas über ihren Wert aussagt.
4. Sie könnte analysieren, welches Verhalten ihrerseits zu der Situation beiträgt.
5. Sie würde vor ihrem inneren Auge die Anteile sehen, die Robert zu dieser Situation beiträgt. Die Verantwortung für Roberts Verhalten, Gefühle oder Projektionen könnte sie nun bei ihm belassen und ausschließlich die Verantwortung für ihre eigenen Anteile übernehmen.

Bei dieser Übung würde Julia also klar erkennen, dass Roberts Verhalten aus seiner Bindungsangst resultiert und nichts über ihren, Julias, Wert aussagt. Verantwortung würde sie für ihren Anteil übernehmen: dass sie sich zu stark an ihn klammert. Aufgrund dieser nüchternen Analyse könnte Julia zu neuen Entscheidungen kommen, beispielsweise, sich zukünftig viel mehr um sich selbst zu kümmern und ihr eigenes Ding zu machen. Vielleicht käme sie auch zu dem Ergebnis, dass es durchaus auch eine Überlegung wert ist, sich von Robert zu trennen.

Entsprechend könnte Robert erkennen, dass es in seiner Verantwortung liegt, seine Mutter-Projektion auf Julia aufzulösen. Er könnte begreifen, dass Julias Wünsche, er möge sich mehr auf die Beziehung zu ihr einlassen, völlig okay sind und er heute kein kleiner Junge mehr ist, der sich einer übergriffigen Frau unterwerfen muss. Dies könnte bei ihm eine neue Offenheit schaffen, um sich mehr auf Julia einzulassen.

Wenn beide die Übung machten, könnten sie sich auf einer Metaebene über Roberts Fluchtimpulse und Julias Klammern austauschen und sich gut selbst reflektieren. Ihre Beziehung würde hierdurch enorm an Qualität gewinnen.

Argumente statt Bauchgefühl

Wenn du richtige von falschen Gefühlen unterscheiden möchtest, benötigst du Standpunktsicherheit. Diese erlangst du vor allem durch gute Argumente. Unsere Bauchgefühle sind, wenn es sich um Schattenkindgefühle handelt, wie gesagt, oft schlechte Berater. Der Verstand hingegen arbeitet wesentlich präziser. Deswegen sollten wir ihn öfter einmal konsultieren. Bleiben wir beim obigen Beispiel, dass Julias Schattenkind meint, es liege an ihr, dass Robert sie auf Abstand hält. Wollte sie diese Einschätzung überprüfen, müsste sie in die dritte Position der Wahrnehmung gehen und anhand von Argumenten analysieren, ob ihre Einschätzung wirklich stimmt. Ihre verstandesgeleitete Einschätzung könnte wie folgt ausfallen:

Pro: Ich gehe Robert mit meinem Gejammer und Geklammer auf die Nerven. Ich habe durch den ganzen Kummer drei Kilo zugenommen. Ich gebe ihm nicht genügend Freiraum.

Contra: Ich würde nicht jammern, wenn Robert etwas verbindlicher wäre und sich öfter Zeit für mich nehmen würde. Wenn ich erwarte, dass wir wenigstens drei Abende in der Woche gemeinsam verbringen, ist das nicht zu viel verlangt. Außerdem kann ich von Robert auch erwarten, dass er sich auf eine gemeinsame Urlaubsplanung festlegt, weil meine Wünsche nach Vorhersehbarkeit und Planbarkeit schließlich genauso berechtigt sind wie seine Wünsche nach Flexibilität und Freiraum. Was den Freiraum betrifft, ist Robert sowieso der alleinige Bestimmer in unserer Beziehung. Eigentlich geht es immer nur um seine Bedürfnisse. Ich darf ihm nur nah sein, wenn er es will – er geht da keine Kompromisse ein. Zu einer Beziehung gehören aber Kompromisse. Ein Mann, der mich nicht mehr liebt, nur weil ich drei Kilo zugenommen habe, ist nicht wirklich liebesfähig. Im Übrigen hatte Robert auch schon in anderen Beziehungen ein Problem mit Nähe, es sei denn, die Frau hat sich gar nicht auf ihn eingelassen, so wie die zickige Valerie.

Zugabe: ... da fällt mir ein, dass ich Chris für Robert verlassen habe. Dabei war Chris viel beziehungsfähiger. Vielleicht habe ich selbst auch ein Problem mit Nähe und Distanz in der Beziehung und sollte mich auch einmal darum kümmern ...

Immer, wenn du dich dabei ertappst, etwas nur aus einem Gefühl heraus für wahr zu halten, begib dich bitte in die dritte Position der Wahrnehmung und überprüfe deine Einschätzung.

Nimm dein Schattenkind an die Hand

Bis hierher hast du schon viel gelernt: Du hast dein Schattenkind mit seinen hinderlichen Glaubenssätzen und seinen Schutzstrategien erfasst und deinen inneren Erwachsenen gestärkt. Zudem weißt du nun, wie man das Schattenkind und den inneren Erwachsenen auseinanderhält, indem man sich in die verschiedenen Positionen der Wahrnehmung begibt, und du hast dich im Argumentieren trainiert. Du hast jetzt sehr viel Know-how angesammelt, wie du dein Schattenkind beruhigen und aus deinen negativen Gefühlen aussteigen kannst. Vielleicht hast du bei den Übungen auch selbst schon gemerkt, dass du manchmal ein wenig Traurigkeit empfindest, wenn du deinem Schattenkind bewusst begegnest. Du spürst vielleicht, wie gekränkt, wütend, traurig und verloren dein Schattenkind ist. Genau deshalb reicht es nicht, unser Schattenkind zu erkennen, um es dann einfach nur zur Seite zu schieben und den Blickwinkel des Erwachsenen-Ichs einzunehmen. Wir müssen unser Schattenkind vielmehr im ersten Schritt liebevoll annehmen, es beachten und es trösten. Dann wird es viel leichter, ihm zu erklären, dass es keine Macht mehr über unser jetziges Leben hat, weil seine Zeit vorbei ist und wir heute groß sind.

Dein Wissen, das du bis hierher erworben hast, kannst du wunderbar einsetzen, um ganz unmittelbar mit deinem Schattenkind zu kommunizieren und es zu trösten: Mithilfe deines Erwachsenen-Ichs kannst du klar reflektieren, dass deine negativen Glaubenssätze ein Ergebnis deiner Erziehung und nicht die Wahrheit sind. Dein Schattenkind wird davon allerdings vermutlich nicht ohne weiteres zu überzeugen sein. Zu tief sind die alten Prägungen in seine Gefühle eingespurt. Es ist deshalb wichtig, dass du das Schattenkind auf einer emotionalen Ebene erreichst. Dies geht nur, wenn du es annimmst. Die Annahme deines Schattenkindes ist ein grundlegender Schritt zur Heilung. Sobald du Ja zu etwas sagst, löst du deinen inneren Widerstand auf. Indem du auf einer tiefen Ebene anerkennst, dass diese Verletzungen stattgefunden haben, erkennst du dich selbst an. Wenn du dein Schattenkind und seine Verletzungen hingegen verdrängst, setzt du das Unrecht fort, das ihm durch deine Eltern widerfahren ist: Seine Gefühle und inneren Wunden werden ignoriert und verleugnet. Heil werden heißt ganz werden. Indem du diesen Teil deiner Persönlichkeit annimmst, wirst du ganz. Das Schattenkind, das ein Schattendasein fristete und deswegen umso machtvollere Gefühle und destruktive Programme entfalten konnte, findet nun eine Heimat in dir. Je aufgehobener es sich in dir fühlt, desto ruhiger wird es werden.

Übung:
Das Schattenkind an die Hand nehmen

1. Bitte schließe die Augen und nimm innerlich Kontakt zu deinem Schattenkind auf. Dies gelingt dir, indem du dir deine negativen Glaubenssätze vorsagst und sie innerlich spürst. Vielleicht kannst du dein Schattenkind aber auch leichter abrufen, wenn du an eine Situation denkst, in der es ganz aktiv war bzw. ist. Vielleicht ist dies eine Situation aus deiner Kindheit, vielleicht auch aus deinem Erwachsenenleben. Stell dir die Situation vor und spüre, wie sich dein Schattenkind fühlt. Wahrscheinlich tauchen altvertraute Gefühle wie Angst, Druck, Wut, Trauer oder Scham auf. Dein Schattenkind zeigt sich in diesen Gefühlen.

2. Atme tief in den Bauchraum ein und sage dir: Ja, so ist das. Das ist mein Schattenkind. Mein armes Kind, du darfst jetzt einfach mal hier sein. Ich nehme dich wahr, und ich nehme dich ernst. Ich heiße dich willkommen!
3. Atme einfach weiter. Habe Mitgefühl für dein Schattenkind. Versichere ihm, dass du fortan immer für es da sein wirst. Sage ihm, dass es nie mehr allein sein wird. Sage ihm, dass du, der innere Erwachsene, es an die Hand nehmen und ihm die Welt erklären wirst, sodass es bald im tiefsten Inneren fühlt, dass es vollkommen genügt, so wie es ist.

Du wirst sehen, je mehr du dein Schattenkind akzeptierst, desto ruhiger wird es. Es fühlt sich gesehen und angenommen. Baue diese Übung in deinen Alltag ein und wiederhole sie so oft wie möglich.

Du passt ab jetzt darauf auf, dass dein Schattenkind in deinem Handeln nicht mehr die Führung übernimmt. Das Schattenkind mag ängstlich und verzagt sein, am liebsten davonlaufen oder auch zuschlagen. Aber der Erwachsene bestimmt, was getan wird. Das ist wie im realen Leben mit kleinen Kindern: Hat das Kind zum Beispiel Angst, zum Zahnarzt zu gehen, nimmt der liebevolle Elternteil es an die Hand und hilft ihm, den Zahnarztbesuch zu bewältigen. Er wird aber nicht dem Kind die Führung überlassen, indem er den Zahnarztbesuch absagt. Ebenso wenig wird er dem Kind gestatten, die Schule zu schwänzen, weil es keine Lust hat, dorthin zu gehen. Genauso kannst du dir das mit deinem Schattenkind vorstellen: Du hörst ihm zu und gestattest ihm, seine Ängste und Sorgen zu erzählen. Aber letztlich entscheidest du mit deinem vernünftigen Verstand und guten Argumenten – also mit deinem Erwachsenen-Ich – darüber, was getan wird.

> **Die Schattenkind-Trance**
>
> Zur Vertiefung im Unterbewusstsein habe ich für dein Schattenkind eine hypnotische Trance eingesprochen, die du unter www.kailash-verlag.de/daskindindir herunterladen kannst. Du kannst sie dir so oft anhören, wie du magst.

Alltagsstrategien für das Schattenkind

Die Übungen, die ich dir bisher vorgestellt habe, erfordern, dass du dir Zeit nimmst, um sie zu praktizieren. Sie dienen der langfristigen Heilung deines Schattenkindes. In deinem Alltag hast du jedoch nicht immer die Zeit, mit deinem Schattenkind längere Gespräche zu führen oder die drei Positionen einzunehmen. In kniffligen Alltagssituationen, in denen du dich dabei ertappst, dass dein Schattenkind aktiv ist, brauchst du kurze Interventionen, die schnell wirken. Deswegen habe ich dir im Folgenden ein paar griffige Alltagsstrategien zusammengestellt, wobei die Liste keineswegs erschöpfend ist – lass ruhig auch deine Kreativität und Fantasie spielen, um deine persönlichen Strategien zu finden. Wichtig ist, dass du für dich ein paar persönliche Strategien zusammenstellst und diese am besten schriftlich notierst, damit du sie in deinem Alltag immer parat hast und nicht lange nachdenken musst.

Aufmunternde Sprüche

Kurze, aufmunternde Sätze reichen oft schon, um das Schattenkind zu beruhigen und in einen anderen Zustand zu kommen. Stell dir dazu bitte vor, dass du deinem Schattenkind der gute Papa oder die gute Mama bist, den oder die es benötigt, um Trost und Halt zu finden. Das heißt, du nimmst eine liebevolle Haltung zum Schattenkind ein und sprichst (innerlich) entsprechend mit ihm. Wenn du dich beispielsweise dabei ertappst, dass du gekränkt auf eine kleine Kritik reagierst, könntest du deinem Schattenkind sagen: »Oje, ist ja schon gut. Wir sind ganz in Ordnung, auch wenn wir mal einen kleinen Fehler machen!« Oder wenn du dich ertappst, dass du dich einer bestimmten Person unterlegen fühlst: »Oje, mein Schatz, das ist doch nicht die Mama/der Papa, und heute sind wir groß und mit den anderen auf Augenhöhe!«

Manchmal hilft es auch schon, wenn du deinem Schattenkind (vor deinem inneren Auge) aufmunternd über das Köpfchen streichst oder es an die Hand nimmst. Bitte schrecke jetzt nicht gleich zurück im Gedanken, es sei doch reichlich albern, so mit sich selbst umzugehen. Probiere es einfach aus – sieht und hört ja keiner. Du wirst spüren, dass es dir guttut und dein Schattenkind ruhig werden lässt.

Bitte überlege dir mindestens drei typische alltägliche Auslösereize für dein Schattenkind und finde für jeden einen aufmunternden Spruch oder auch eine Geste. Notiere bitte alles, was du dir erarbeitest, in dein Reflexionsheft.

Klare Ansagen

Es kann aber auch helfen, wenn man manchmal ein bisschen strenger mit dem Schattenkind umgeht, weil es dazu neigt, sich im Selbstmitleid zu verlieren. Dies ist zum Beispiel häufig bei Liebeskummer der Fall. Aber auch dann, wenn das Schattenkind sich zu stark in seine Gefühle, zum Beispiel Angst, hineinsteigert, kann eine klare Ansage heilsam sein. Auch die realen Kinder im Leben benötigen schließlich manchmal klare Grenzen. Wenn du dich also bei deinen negativen Gedankenspiralen und Angstszenarien ertappst, kannst du auch in einem strengeren Ton sagen: »Nun ist aber mal gut! Du bist nicht der Einzige, der Kummer hat!«; »Hör jetzt mal auf mit dem Unsinn, immer die alte Leier!«; »Deine Befürchtungen sind noch nie eingetreten, du bist meine Angststimme, ein schlechter Berater!« usw.

Lege dir mindestens drei klare Ansagen zurecht, mit denen du dein Schattenkind zur Ordnung rufen kannst, und notiere sie.

Kraftquellen

Vorstellungsbilder verfügen über eine ungeheure Kraft – im negativen Sinne erfährst du das oft, wenn du dir deine Schreckensszenarien ausmalst. Du kannst deine Vorstellungskraft aber auch für positive Bilder nutzen. Finde bitte eine Imagination, aus der du viel Kraft schöpfen kannst und die auf deine persönlichen Schattenkindängste beruhigend und/oder stimmungsaufhellend wirkt. Dieses Bild kann eine Lieblingslandschaft von dir sein oder eine Situation aus der Vergangenheit, in der du dich stark und kompetent gefühlt hast. Vielleicht möchtest du auch eine Situation wählen, in der du einfach nur glücklich warst (und die keine traurigen Erinnerungen weckt). Du kannst dir auch eine Situation ganz frei fantasieren oder dir Bilder aus Filmen borgen, sei es aus »Star Wars« oder aus »Herr der Ringe«. Wichtig ist, dass dieses Bild, diese Situation dir ein Gefühl der inneren Stärke und Sicherheit vermittelt. Dieses Bild wird zu deiner persönlichen Kraftquelle.

Bitte stell dich hin und tauche innerlich ganz in deine Kraftquelle ein. Tauche mit allen Sinneskanälen in das Bild ein: Was siehst du da? Welche Töne und Geräusche kannst du vernehmen? Gibt es einen Geruch? Wie fühlst du dich? Wie fühlt sich dein Körper an? Finde bitte für deine Kraftquelle ein Stichwort und male in dein Reflexionsbüchlein ein Symbol für diese Kraftquelle (das kann ruhig eine ganz einfache Skizze sein!).

Wenn du dich in deinem Alltag dabei ertappst, dass du im Schattenkindmodus bist, holst du dir innere Kraft aus deiner Kraftquelle, die du jederzeit in Gedanken abrufen kannst.

Powerposen

Ebenso wie Vorstellungsbilder eine unmittelbare Auswirkung auf unsere Stimmung haben, wirkt sich auch unsere Körperhaltung auf unsere Gemütsverfassung aus. Unsere Gestimmtheit und unser Körper beeinflussen sich wechselseitig, das haben viele psychologische Studien ergeben. *Du kannst dir also Körperhaltungen zunutze machen, um ganz schnell von deinem Schattenkind in dein Erwachsenen-Ich umzuschalten, wie wir es eben schon geübt haben.

---

* Vgl. dazu den Vortrag von Amy Cuddy, im Internet abrufbar unter https://www.ted.com/talks/amy_cuddy_your_body_language_shapes_who_you_are

Übung:
Powerposen – kraftvolle Körperhaltungen

1. Stell dich am besten hin und finde einen guten Stand: mit beiden Füßen fest auf dem Boden, in den Knien etwas locker. Nun stell dir bitte eine Situation vor, in der du dich ganz stark und gut gefühlt hast, sei es beim Sport, sei es bei einem persönlichen Erfolg, sei es bei einem glücklichen Moment in deinem Privatleben. Du kannst aber auch deine Kraftquelle aus dem vorigen Abschnitt als Bild wählen.
2. Nun senke bitte den Blick oder schließe die Augen. Versenke dich ganz in diese Situation. Was siehst du dort? Welche Geräusche hörst du? Gibt es einen Geruch oder einen Geschmack? Wie fühlt sich der Boden unter deinen Füßen an? Welche Gefühle stellen sich ein? Lass deine Glückssituation auf deinen ganzen Körper wirken und spüre hierbei auch deine Atmung – wie geht dein Atem, wenn du in deiner Stärke bist? Spüre deine Füße, Beine, das Gesäß, den Rumpf, die Schultern und den Kopf. Wie fühlt sich das an, wenn du in einer starken Position bist? Richte dich auf und finde eine Haltung, die genau zu diesem Zustand passt. Diese Haltung ist ab jetzt deine persönliche Powerpose. Bitte finde für die Powerpose auch noch eine entsprechende Position im Sitzen.

Ab sofort gehst du, wenn du dich im Schattenkindmodus ertappst, in deine Powerpose und schaltest in einem Schwung in dein Erwachsenen-Ich um. Wenn du das häufig wiederholst, konditionierst du deinen Körper und dein Gehirn so, dass du mit der veränderten Haltung automatisch in eine bessere Stimmung kommst.

Nachdem wir nun deinen inneren Erwachsenen gestärkt und dein Schattenkind reguliert haben, möchte ich dir dein Sonnenkind vorstellen, das sowohl deine Ressourcen symbolisiert als auch eine klare Vision deines gewünschten Zielzustandes darstellt.

Entdecke dein Sonnenkind

Das Sonnenkind ist das Symbol für unsere gesunden Persönlichkeitsanteile, die wir alle ebenso in uns tragen wie die problematischen. Das Sonnenkind steht für unser Freude- und Spaßpotenzial. Erinnere dich, wie du als Kind völlig selbstvergessen spielen und laut lachen konntest. Erinnere dich, wie unbefangen du die Welt als Kind betrachtet hast und dass viele deiner heutigen Normen von schön und hässlich, richtig und falsch damals gar nicht existiert haben. Die Dinge waren einfach so, wie sie waren. Interessanterweise erinnern sich auch Menschen mit wirklich miesen Kindheitserlebnissen an diese Leichtigkeit des Kinderdaseins. Diese Kraft, die sich da zeigt, ist dein Sonnenkind. Es ist die Summe all der Eigenschaften, die dich lebendig, neugierig, stark machen. Wenn wir uns deinem Sonnenkind zuwenden, wollen wir schauen, welche positiven Prägungen und Eigenschaften du aufweist. Und indem wir dein Sonnenkind erkunden, öffnen wir den Zugang zu deinem vollen kreativen, erwachsenen Potenzial, mit dem du heute deine Einstellungen und dein Selbstbild neu gestalten kannst. Aus dem Blickwinkel des Sonnenkindes können wir deine alten Glaubenssätze in hilfreiche und unterstützende Glaubenssätze transformieren. Wir werden nach deinen Stärken und deinen persönlichen Kraftquellen schauen, und wir werden von den Schutz- zu den Schatzstrategien kommen, mit deren Hilfe du deine Beziehungen konstruktiv und glücklich gestalten kannst. Es wird jedoch nicht darum gehen, dich quasi neu zu erfinden. Denn vieles an dir ist ja bereits gut und richtig. Nachdem wir bislang jene Einstellungen und Verhaltensweisen angeschaut und verändert haben, mit denen du dir selbst im Wege stehst und die dein Beziehungsglück beeinträchtigen, widmen wir uns jetzt dem Positiven, den Ressourcen, die schon in dir stecken. Ich möchte dir – auch wieder anhand von Übungen – zeigen, wie du all das Positive, Leichte in dir weiter ausbauen und stärken kannst.

Übung:
Schöne Kindheitserinnerungen

Wir wollen wieder mit einer kleinen Vorstellungsübung loslegen – diese soll dir dabei helfen, dich an die schönen Seiten deiner Kindheit zu erinnern. Bitte beantworte die folgenden Fragen:
- Was war dein Lieblingsspiel als Kind?
- An welchem Ort hast du dich liebend gern aufgehalten?
- Mit wem hast du gern gespielt?
- Was war dein liebstes Spielzeug?
- Was war dein Lieblingsessen?
- Was war dein liebster Duft?

- Was war einer deiner schönsten Momente in deiner Kindheit?

Bitte spüre, was deine positiven Erinnerungen in dir auslösen, und notiere alles in dein Reflexionsheft.

Übung:
Finde deine positiven Glaubenssätze

Nun wollen wir uns mit deinen positiven Glaubenssätzen beschäftigen. Für diese und die folgenden Übungen benötigst du wieder ein größeres Blatt Papier (DIN-A4 oder größer) und bunte Stifte.

Nun malst du bitte noch einmal eine Kindersilhouette auf das große Blatt Papier. Diese soll im Unterschied zum Schattenkind ganz bunt, schön und fröhlich werden. Das ist deine Sonnenkindschablone. Auch dazu findest du ein Beispiel im hinteren Buchinnendeckel. Das Sonnenkind wird dein Zielzustand, und es soll deswegen auch optisch sehr ansprechend sein. Das motiviert dich und macht dir Lust auf neue Erfahrungen. Also gestalte dein Sonnenkind so schön, als wolltest du einen Malwettbewerb gewinnen. Male ihm auch ein Gesicht, Haare, und dekoriere das Blatt ganz nach deinem Geschmack und Belieben.

Wir werden jetzt deine positiven Glaubenssätze finden. Dies tun wir in zwei Schritten: Erstens schauen wir, welche positiven Glaubenssätze du von deinen Eltern oder anderen Pflegepersonen übernommen hast. Und zweitens drehen wir die Kernglaubenssätze, die du bei deinem Schattenkind gefunden hast, in ihr positives Gegenteil um.

1. Positive Glaubenssätze aus der Kindheit

Falls deine Beziehung zu deinen Eltern gut genug ist, dass du sie bei deinem Sonnenkind dabeihaben möchtest, schreibe Mama und Papa bzw. deine Pflegepersonen rechts und links neben den Kopf deiner Sonnenkindschablone, und überlege dir diesmal, welche guten Eigenschaften sie hatten. Was haben sie richtig gemacht? Notiere es bitte.

Beispiel Julia:
Mama: war lieb, hat sich um mich gekümmert.
Papa: war lieb und fürsorglich.

Falls du deine Eltern nicht bei deinem Sonnenkind haben möchtest, weil deine Beziehung zu ihnen zu schwierig ist/war, dann lässt du diesen Teil der Übung entweder ganz weg, oder du notierst die guten Eigenschaften deiner Eltern auf einem Extrablatt und schreibst dann nur die positiven Glaubenssätze, die du von ihnen übernommen hast, in dein Sonnenkind.

Vielleicht hast du aber auch eine liebe Oma, eine nette Nachbarin oder einen verständnisvollen Lehrer, die oder der dir in deiner Kindheit Wärme gespendet hat? Dann kannst du diese Person dort aufführen.

Wenn du die guten Eigenschaften deiner Bezugspersonen notiert hast, spüre einmal in dich: Welche positiven Glaubenssätze hast du von ihnen erworben? Um dir dabei zu helfen, habe ich eine Liste mit positiven Glaubenssätzen zusammengestellt.

- Ich werde geliebt!
- Ich bin wertvoll!
- Ich genüge!
- Ich bin willkommen!
- Ich werde satt!
- Ich bekomme genug!
- Ich bin klug!
- Ich bin schön!
- Ich habe ein Recht auf Freude!
- Ich darf Fehler machen!
- Ich habe Glück verdient!
- Das Leben ist leicht!
- Ich darf ich sein!
- Ich darf auch mal zur Last fallen!
- Ich darf mich wehren!
- Ich darf meine Meinung haben!
- Ich darf fühlen!
- Ich darf mich abgrenzen!
- Ich schaffe das.

Falls du mehrere positive Glaubenssätze gefunden hast, wähle bitte höchstens zwei aus und trage sie in den Brustraum deiner Kinderschablone ein. Auch hier wollen wir uns – wie bei den negativen Glaubenssätzen – etwas begrenzen, damit du im Alltag leichter mit ihnen arbeiten kannst.

2. Umdrehen der Kernglaubenssätze

Nun nimmst du dir bitte die negativen Kernglaubenssätze vor, die du auf den Seiten 86 und 106 identifiziert hast. Diese wollen wir jetzt in ihr positives Gegenteil verkehren. Bei Glaubenssätzen wie »Ich bin wertlos« oder »Ich genüge nicht« liegt die Umkehrung auf der Hand: »Ich bin wertvoll!« Oder: »Ich genüge!« Es gibt aber auch Glaubenssätze, die etwas schwieriger umzudrehen sind, und dies liegt in dem Umstand begründet, dass wir bei den positiven Glaubenssätzen keine Verneinung wie ein »nicht« haben wollen. Wenn du also beispielsweise den Glaubenssatz hast »Ich bin für dein Glück verantwortlich!«, heißt die Umkehrung nicht »Ich bin nicht für dein Glück verantwortlich!« Das »nicht« ist vom Unterbewusstsein zu umständlich zu denken, weil es schwierig ist, an etwas nicht zu denken. Wenn ich dir jetzt sage, denke bitte nicht an einen rosa Luftballon, wirst du automatisch an ihn denken. Die Umkehrung von »Ich bin für dein Glück verantwortlich!« könnte also lauten: »Ich darf mich abgrenzen!« Oder: »Ich darf mein eigenes Ding machen!« Oder: »Meine Wünsche und Bedürfnisse sind genauso wichtig!«

Die Umkehrung eines Glaubenssatzes wie »Ich falle zur Last!« wäre: »Ich darf auch mal zur Last fallen!« So ist es schließlich nicht zu vermeiden, dass wir für andere Menschen auch mal eine Belastung sein können, wenn wir zum Beispiel krank und hilfsbedürftig sind. Ebenso: »Ich darf auch mal Fehler machen.«

Die positiven Glaubenssätze sollen zudem so formuliert werden, dass sie auch annehmbar sind. So ist es manchen Menschen beispielsweise zu viel, wenn sie anstatt »Ich bin hässlich!« den Glaubenssatz »Ich bin schön!« für sich annehmen sollen. Diesen rate ich zu einem »genug« am Schluss, also: »Ich bin schön genug!« Oder: »Ich bin gut genug!«

Du kannst deine Glaubenssätze, damit sie für dich besser annehmbar sind, auch etwas einschränken. Wenn dir zum Beispiel der Glaubenssatz »Ich bin wichtig!« übertrieben und schlecht annehmbar erscheint, könntest du notieren: »Für meine Kinder/Freunde/Eltern bin ich wichtig.« Formuliere deine neuen Glaubenssätze so, dass sie sich für dich gut anfühlen.

Bitte notiere deine positiven Kernglaubenssätze in den Bauchraum deiner Sonnenkindschablone.

Beispiel Julia:
Ich genüge; ich kann auf eigenen Füßen stehen.

Übung:
Argumente für das Sonnenkind

Damit du deine neuen Glaubenssätze gut annehmen kannst, versuche bitte einmal vernünftige Argumente zu finden, die für sie sprechen. Du wirst sehen, dass dein Verstand deinen neuen Glaubenssätzen sehr viel besser zustimmen kann als den alten. Ich erinnere: Der Verstand hat fast immer recht – es sind nur unsere Gefühle, die sich häufiger irren können. Damit du deine neuen Glaubenssätze aber auch fühlen kannst, sollten sie zunächst vom Verstand »abgenickt« werden.

Ich will dir das am Beispiel von Julia zeigen, die die folgenden negativen Kernglaubenssätze hatte: »Ich werde verlassen.«; »Ich genüge nicht.«

Zu 1) Positive Umkehrung: »Ich kann auf eigenen Füßen stehen!«; »Ich genüge!«

Als Umkehrung für: »Ich werde sowieso verlassen« hat Julia einen Glaubenssatz gewählt, der ihre autonomen Fähigkeiten stärkt und somit der Möglichkeit, verlassen zu werden, den Schrecken nimmt. Ob sie verlassen wird oder nicht, obliegt nicht ihrer eigenen Kontrolle, deswegen wäre ein positiver Glaubenssatz des Inhaltes: »Robert bleibt bei mir!« nicht geeignet, denn das kann nur Robert selbst entscheiden. Die positiven Glaubenssätze sollten also unbedingt innerhalb unserer Kontrolle liegen. Julias neuer Glaubenssatz hätte aber auch lauten können: »Ich kann mich jederzeit verbinden« (zum Beispiel mit

Freunden) – dieser Glaubenssatz würde den Aspekt betonen, dass sie ihre Beziehungen aktiv mitgestalten kann und nicht ohnmächtig und ausgeliefert ist, so wie sie es als Kind erlebt hat. Auch dies wäre eine Stärkung ihre autonomen Fähigkeiten.

Julias Argumente, die für den Wahrheitsgehalt von: »Ich kann auf eigenen Füßen stehen« sprechen, sind folgende: Heute bin ich groß und kann mich selbst versorgen. Ich bin nicht darauf angewiesen, dass sich jemand um mich kümmert. Ich habe alle Fähigkeiten, die ich brauche, um ein selbstständiges Leben zu führen. Außerdem habe ich viele Freunde und komme mit einigen Familienmitgliedern sehr gut klar. Folglich habe ich immer Menschen, an die ich mich wenden kann, wenn ich Hilfe oder Trost benötige.

Julias Argumente, die ihren neuen Glaubenssatz: »Ich genüge!« unterstützen, sind: Ich bin eine ehrliche und loyale Freundin. Ich bemühe mich stets, mich weiterzuentwickeln. Ich habe einen guten Job. Ich muss auch nicht perfekt sein, ich darf Fehler haben und machen und genüge immer noch, weil ich okay bin und so sein darf, wie ich bin.

Geh bitte in die Beobachterposition – also in dein Erwachsenen-Ich – und finde gute Argumente für deine neuen Glaubenssätze. Notiere diese bitte schriftlich.

Übung:
Finde deine Stärken und Ressourcen

Neben den positiven Glaubenssätzen ist es wichtig, dass du dir deiner Stärken und Ressourcen bewusst wirst. Zu den Stärken zähle ich Charaktereigenschaften und Fähigkeiten, die dir oft nützlich sind, wie beispielsweise Humor, Mut oder soziale Kompetenz. Du darfst jetzt ruhig einmal großzügig mit dir sein. »Eigenlob stinkt« ist einer der blödesten Sprüche, die je erfunden wurden. Falls es dir schwerfällt, etwas Gutes über dich zu sagen, stell dir vor, welche positiven Eigenschaften deine Freunde an dir loben würden. Oder frag sie einfach mal.

Um dir beim Auffinden deiner Stärken auf die Sprünge zu helfen, gebe ich dir nachfolgend einige Beispiele.

- humorvoll, ehrlich, loyal, hilfsbereit, intelligent, kreativ, reflektiert, sozial kompetent, sympathisch, diszipliniert, attraktiv, flexibel, tolerant, witzig, sportlich, verbindlich, großzügig, gebildet, wissbegierig, ausgeglichen, temperamentvoll, stabil, unterhaltsam, achtsam, unternehmungslustig, zuverlässig, ehrlich, gewissenhaft, weltoffen, empathisch usw.

Deine Stärken malst du bitte auch in deine Sonnenkindschablone (siehe Schablone in der hinteren Innenklappe des Buches).

Unter *Ressourcen* wollen wir sozusagen deine Kraftquellen sammeln bzw. äußere Lebensumstände, die dir Halt oder Kraft spenden.
- Gute Freunde, intakte Beziehung, Familie, Kinder, guter Job, genügend Geld, Gesundheit, Natur, Musik, eine schöne Wohnung, Haustier, nette Arbeitskollegen, Reisen usw.

Deine Ressourcen malst du bitte um dein Sonnenkind herum (siehe Schablone in der hinteren Innenklappe des Buches).

Übung:
Spüre dein Sonnenkind

Mithilfe der folgenden Übung wollen wir das Sonnenkind ganz in deinem Gefühl, in deinem Geist und in deinem Körper verankern. Die Übung kannst du übrigens auch als Spiel bezeichnen, das hat das Sonnenkind nämlich noch viel lieber.

Am besten stellst du dich für dieses Spiel aufrecht hin. Lege dein Blatt mit deinem Sonnenkind vor dich auf den Boden. Nimm bewusst deinen Körper wahr – wie geht es ihm? Dann richte bitte deine innere Aufmerksamkeit auf deinen Brust-Bauch-Raum – den Sitz der Gefühle.

1. Lies dir deine positiven Glaubenssätze vor und spüre in dich hinein. Wie fühlen sie sich an, wenn du sie dir leise vorsagst?
2. Rufe dir eine Situation in deinem Leben in Erinnerung, in der deine positiven Glaubenssätze bereits wahr waren bzw. wahr sind. Dies kann im Beisammensein mit Freunden der Fall sein, bei der Arbeit, beim Sport oder im Urlaub. Vielleicht auch, wenn du Musik hörst oder dich in der Natur aufhältst. Du wirst mindestens eine Situation in deinem Leben erlebt haben, in der deine positiven Glaubenssätze sich richtig und stimmig angefühlt haben.
3. Dann geh gedanklich zu deinen Ressourcen. Hole sie dir mit allen Sinnen – Sehen, Hören, Riechen, Schmecken – hervor, und spüre in dich hinein, wie sie dir Kraft spenden.
4. Dann wende dich deinen Stärken zu. Denke sie nicht nur, sondern fühle auch, was du in deinem Körper empfindest, wenn du sie dir leise vorsagst. Welche Empfindungen lösen sie in dir aus?
5. Fühle alles zusammen – wie spürt dein Körper das Sonnenkind?

Bewege dich in diesem inneren Zustand durch den Raum und finde deine *Sonnenkindhaltung*. Spüre, wie dein ganzer Körper sich anfühlt, wenn du in diesem Zustand bist. Fühle ganz bewusst, wie dein Atem fließt, wenn du im Sonnenkindmodus bist. Finde eine kleine Geste, die dieses Sonnenkindgefühl ausdrückt. Lasse sie aus deinem Körper entstehen. Diese Geste hilft dir im Alltag sozusagen als Anker, dir diesen guten Zustand – wann immer du ihn benötigst – abzurufen. Eine Klientin öffnete spontan ihre Hand, sodass eine Art lockere Schale entstand. Diese entspannte Handhaltung wurde ihre *Sonnenkindgeste*.

Trage bitte die guten Gefühle in den Bauchraum deiner Sonnenkindschablone ein.

Zuschlag: Bleib in dem guten inneren Zustand des Sonnenkindes. Und lass dann aus diesem Gefühl heraus ein Bild für dieses Gefühl entstehen. Vielleicht siehst du das Meer, vielleicht eine schöne Landschaft, vielleicht einen Spielplatz oder ein Häuschen im Wald – lass dir dein Bild einfach von deinem Sonnenkind schenken. Lasse dich überraschen, welches Geschenk es dir macht.

Notiere auch mit einem Stichwort dieses Bild, das du in deinem Sonnenkind gefunden hast.

Bitte nimm dir vor, jeden Tag so oft wie möglich ganz bewusst in dein Sonnenkind umzuschalten. Hierdurch erstellst du synaptische Verknüpfungen in deinem Gehirn, du trainierst also neuronal ein neues Bewusstsein – genauso, als wenn du einen neuen Bewegungsablauf erlernen würdest. Dadurch wird dein Sonnenkind immer mehr zu einem Bestandteil von dir selbst. Durch die Wiederholungen bekommt es sozusagen in deinem Denken und Fühlen Routine. Du kannst selbst entscheiden, ob du immer mehr auf die Sonnenseite gelangst oder nicht.

Vom Sonnenkind in die Beobachterposition

Wir haben ja in der Übung »Die drei Positionen der Wahrnehmung« auf S. 226 trainiert, dein Erwachsenen-Ich von deinem Schattenkind zu trennen und somit eine nüchterne und realistische Sicht auf deine Probleme zu gewinnen. Ich erinnere daran, dass es die Basis jeglicher Veränderung ist, wenn wir uns im Schattenkindmodus ertappen und bewusst in das Erwachsenen-Ich umschalten. Durch das Sonnenkind kannst du dich zudem blitzschnell in eine gute Stimmung versetzen, aus der heraus die Welt und deine Probleme sich noch einmal ganz anders betrachten lassen.

Ich möchte dir empfehlen, aus deinem Sonnenkindgefühl einmal in die Beobachterposition zu wechseln. Tauche also mit all deinen Sinnen in dein Sonnenkind ein, wie wir es im vorherigen Abschnitt geübt haben, und betrachte dein Problem einmal aus der Beobachterposition im Zustand deines Sonnenkindes (zum Beispiel jenes Problem, das du in den drei Positionen der Wahrnehmung analysiert hast). Oder denke an Julia, die sich mit der Näheflucht ihres Freundes Robert und ihren Problemen damit beschäftigt hat.

Würde Julia ihr Problem aus der Sonnenkindperspektive heraus betrachten, könnte es gut sein, dass sie lächeln müsste und etwas denken würde wie: »Oh Mann, wir machen es uns aber wirklich schwer. Aber das Gute ist: Wir können damit aufhören. Ich fange sofort damit an.«

Du kannst natürlich auch dein Schattenkind als solches aus der Sonnenkind-Beobachterposition wahrnehmen. Unsere Probleme stellen sich ganz anders dar, wenn wir sie aus einer guten Stimmung heraus, aus einer versöhnten Haltung mit uns selbst betrachten. Wenn wir in guter Stimmung sind, ist alles halb so wild und unsere Sorgen können sich in Luft auflösen. Bitte nimm von deinem Sonnenkind aus wahr, wie *richtig* und *genügend* du bist und dass deine negativen Glaubenssätze nichts mit dir und deiner heutigen Realität zu tun haben, sondern ausschließlich mit der Überforderung deiner Eltern. Vielleicht kannst du vor deinem inneren Auge auch dein Schattenkind mit Sonnenlicht überschütten und ihm versichern, dass du immer für es da sein wirst.

Die Sonnenkind-Trance
Damit dein Sonnenkind ein Teil von dir wird, habe ich auch hierfür eine Trance eingesprochen, die du unter www.kailash-verlag.de/daskindindir herunterladen kannst. Je öfter du sie hörst, desto tiefer spurt sich dein Sonnenkind in dein Unterbewusstsein ein.

Finde deine Schatzstrategien

Die Schatzstrategien sind der konkrete Gegenentwurf zu den Schutzstrategien. Sie stellen konstruktive Verhaltensweisen dar, die unsere Beziehungen klären und stabilisieren. Hier geht es also um die konkrete Umsetzung der positiven Glaubenssätze in unserem Verhalten. Die Schatzstrategien sind die Antwort auf die Frage: »Was kann ich besser machen?« Im Folgenden werde ich »allgemeine Schatzstrategien« vorstellen, die sowohl für die autonomen als auch für die angepassten Schattenkinder gelten. Danach stelle ich ein Set von Schatzstrategien für die angepassten Schattenkinder vor, die lernen dürfen, autonomer zu werden, sowie ein Set für die autonomen Schattenkinder, die mehr Anpassung und Bindung lernen dürfen.

Allgemeine Schatzstrategien

Die folgenden Schatzstrategien tun sowohl angepassten als auch autonomen Schattenkindern gut.

Übernimm die Verantwortung und bejahe, was ist

»Ja, so ist das …«; »Ja, mein Schattenkind fühlt sich oft unterlegen …«; »Ja, und deshalb bin ich oft neidisch …«; »Ja, meine Mutter hat mich eigentlich nicht gewollt …«. Solange wir nicht annehmen, was ist, befinden wir uns im Widerstand. Und der Widerstand ist es letztlich, der uns die meiste Energie raubt. Das »bejahende Annehmen der Wirklichkeit« ist eine Haltung, die ihre Wurzeln im Buddhismus hat und die in den letzten 20 Jahren zunehmend in die Psychotherapie integriert wird. Diesem Annehmen der Wirklichkeit liegen zwei Prinzipien zugrunde:
1. Ich kann nur Probleme lösen, die ich als solche anerkenne.
2. Das Annehmen einer Wirklichkeit bringt mir Entspannung – Widerstand ruft hingegen Anspannung hervor.

Allein durch den Umstand, dass ich zu einer akzeptierenden Haltung finde, löse ich schon einen Teil der Anspannung und dadurch auch meines Problems. Dies haben wir schon bei der Übung »Nimm dein Schattenkind an die Hand« erfahren: In dem Moment, in dem ich mir eingestehe: »Ja, so ist es!«, tritt eine kleine Erlösung ein. Dieses Prinzip kann man auf alle möglichen Probleme anwenden, auch auf banale Alltags-Wehwehchen. Ich möchte an dieser Stelle meinen Kollegen Jens Corssen zitieren, der dieses Prinzip ebenfalls propagiert. Er empfiehlt zum Beispiel allen, wenn sie im Stau stehen, sich selbst zu sagen: »Ich habe mir ein Auto gekauft und mich somit für die Möglichkeit entschieden, im Stau zu stehen. Also: Ich will im Stau stehen!« Es beruhigt wirklich die Nerven, wenn man gewisse Umstände, die man nicht verändern kann, annimmt und akzeptiert. Es kostet zu viel Ärger-Energie, sich über alles und jeden dort draußen aufzuregen ... womit wir beim nächsten Thema angelangt wären: Übernimm Verantwortung für dich und deine Gefühle.

Wir neigen alle dazu, unseren Stress und andere negative Gefühle auf die äußeren Umstände zu projizieren. Unser mies gelaunter Partner ist schuld, wenn wir schlecht drauf sind. Die Kinder sorgen dafür, dass man keine ruhige Minute mehr hat. Die Kassiererin im Supermarkt lässt unseren Geduldsfaden reißen. Das Wetter zieht uns runter usw. Wie würden all diese alltäglichen Sorgen aussehen, wenn wir eine bejahende Haltung einnähmen und die Verantwortung für unsere Gefühle übernähmen? Die Übernahme von Verantwortung setzt bei der Entscheidung an. Ich sollte mir also bewusst machen, dass fast jede Misere, unter der ich leide (ausgenommen echte Schicksalsschläge), ein Ergebnis einer Entscheidung von mir ist. Aus dieser Perspektive betrachtet, stellten sich die oben genannten Probleme wie folgt dar: 1. Ich habe mir diesen Partner ausgesucht. Gibt es etwas, das ich dazu beitragen kann, dass er besser drauf kommt? Falls nein, falls er also chronisch und unheilbar schlecht gelaunt ist, bleibt mir noch die Option, ihn zu verlassen. 2. Es war meine Entscheidung, Kinder zu bekommen, also muss ich in Kauf nehmen, dass sie auch mal nerven – das gehört dazu. 3. Es ist nicht die Kassiererin, die meinen Geduldsfaden reißen lässt, sondern meine Einstellung zu ihr und der Situation. In der Zeit, in der ich mich über sie aufrege, hätte ich auch meditieren können. 4. Es regnet, aber es liegt in meiner Hand, wie ich das Wetter bewerte und diesen Tag gestalte und nutze.

Finde für deine Probleme eine bejahende Haltung – allein damit reduzierst du sie schon auf die Hälfte an Problemgewicht. Ich sage gern zu meinen Klienten: Es gibt einen Teil A des Problems und einen Teil B. Teil A ist beispielsweise: Ich leide unter

Panikattacken, wenn ich allein im Auto unterwegs bin. Teil B wäre: Ich bin sch…, weil ich unter Panikattacken leide. Teil B des Problems ist also meine Einstellung zu meinem Problem.

Viele Menschen machen sich selbst nieder, weil sie ein bestimmtes Problem haben. Nicht selten ist Teil B sogar belastender als Teil A und kann sogar dessen Lösung verhindern. So beispielsweise, weil der Betroffene sich für sein Problem sehr schämt und sich deswegen keine Hilfe sucht. Es reicht also, wenn du unter Teil A des Problems leidest, Teil B kannst du dir schenken oder in liebevollem Verständnis auflösen. Dies könnte für obiges Beispiel so aussehen: »Oje, mein armes Schattenkind leidet unter Panikattacken, es hat das Gefühl, nicht auf eigenen Füßen stehen zu können und sehnt sich nach der Hand von Mama.«

Teil B fällt dann weg bzw. der oder die Erwachsene übernimmt die Verantwortung für Teil A, indem er oder sie beschließt: »Ich (dein liebevoller Erwachsener) passe auf dich auf und werde dafür Sorge tragen, dass du bald keine Angst mehr hast, weil ich deine alten Kinderfilme und Projektionen auflösen werde!«

Versuche also bitte, zu deinem Problem eine freundliche und bejahende Haltung zu finden und Verantwortung für es zu übernehmen. Bitte notiere deine Gedanken hierzu in dein Reflexionsheft.

Löse deine Projektion auf und finde eine Metahaltung

Unter dem Kapitel »Stärke dein erwachsenes Ich« hast du schon einige Übungen an die Hand bekommen, um deine Schattenkind-Projektionen aufzulösen. Ich wiederhole: Es geht darum, dass du »alte Filme«, die aus deiner Vergangenheit stammen, als solche identifizierst und somit nicht mehr auf sie hereinfällst. Wenn du zum Beispiel für dich erkannt hast, dass dein Schattenkind über eine depressive Grundstruktur verfügt, weil es in seiner Kindheit sehr viel Ohnmacht erfahren hat, ist es von grundlegender Bedeutung, dass du dies als eine alte Projektion entlarvst, indem du dir mithilfe deines Verstandes bewusst machst, dass du »heute groß« bist und selbst über dein Leben bestimmen darfst. Diese Erkenntnis solltest du dir gleichsam zu einer sogenannten *Metahaltung* ausbauen.

Eine Metahaltung ist so etwas wie eine übergeordnete Entscheidung mit dem Ziel, mich nicht für jede Situation wieder neu entscheiden zu müssen. Wenn ich also erkannt habe, dass mein Schattenkind in depressiver Manier grundsätzlich dazu neigt, schwarz zu sehen, kann ich mir auf einer übergeordneten Ebene klarmachen, dass es sich hierbei um eine Wahrnehmungsverzerrung handelt, die ich nicht als Grundlage für meine Entscheidungen heranziehen darf. Sobald ich mich also wieder dabei ertappe, mich in irgendwelchen Horrorszenarien zu verlieren, muss ich *sofort umschalten* und mir bewusst machen, dass es gerade wieder meine depressiv-ängstliche Stimme ist, die diese Fantasien in meinem Gehirn gestaltet. Von der Warte des Erwachsenen-Ichs aus kann ich mich dann mit der Frage befassen, welche *Argumente* dafür sprechen, dass tatsächlich alles schiefgeht, und falls selbst vernünftige Argumente dafür sprechen, sollte die unbedingt erforderliche Anschlussfrage gestellt werden: Werde ich das überleben? Bzw.: Was kann mir im schlimmsten Fall passieren?

Ein weiteres Beispiel: Wenn Robert sich einmal grundsätzlich klar machen würde, dass sein chronisches Empfinden, Julia wolle ihn vereinnahmen, eine Projektion seiner Mutter auf sie ist, kann er diese Erkenntnis als Metahaltung in seinem Kopf installieren. Diese könnte in etwa so ausformuliert werden: »Dein Schattenkind meint, Julia wolle dich vereinnahmen, so wie die Mama immer über dich bestimmt hat. Das ist Quatsch, du bist kein kleiner Junge mehr, und du hast die gleichen Rechte wie Julia. Du musst dich nicht ständig wie ein kleiner, trotziger Junge abgrenzen und um deine Autonomie kämpfen. Julias Anliegen nach mehr Nähe und Verbindlichkeit sind gerechtfertigt, du kannst ihnen *freiwillig* zustimmen.«

Julia ihrerseits könnte zu der Metahaltung kommen, dass ihr Schattenkind ständig um Anerkennung und Zuwendung bettelt und es sinnlos ist, dies ausgerechnet von dem bindungsscheuen Robert zu erwarten, dessen Schattenkind von seiner übergriffigen Mutter geprägt ist. Sie sollte sich klarmachen, dass ihr Wert unabhängig von Roberts Verhalten ist. Sie könnte sich auf dieser übergeordneten Ebene vornehmen: Falls Robert wieder in seinen Schattenkindmodus verfällt und mir wieder unsinnige Vorwürfe macht, ziehe ich vor meinem inneren Auge eine Glaswand zwischen ihn und mich und lasse sein Verhalten bei ihm (siehe auch: »Nimm dich aus der Verstrickung«).

Bitte finde für deine Schattenkind-Projektionen eine Metahaltung und notiere sie schriftlich in dein Reflexionsheft.

Sieh zu, dass dir dein Leben Spaß macht

Menschen, die ihr Denken und Fühlen ihrem Schattenkind überlassen, kennen oft nur zwei Zustände: entweder fühlen sie sich gestresst und kaputt oder müde und gelangweilt. Sie leiden unter dem *Freude-Mangel-Syndrom*, kurz FMS. Ihr Schattenkind ist überzeugt, dass die Welt da draußen gefährlich ist, dass überall Ablehnung und Versagen lauern. Sie zerbrechen sich den Kopf über (un-) mögliche Schreckensszenarien und verderben sich damit auch die schönen Momente. Häufig zählt zu ihren Schutzstrategien auch das Perfektionsstreben, das sie nicht stillhalten und einfach mal genießen lässt. Die Erlaubnis auszuruhen, gestatten sie sich nur bei Krankheit. Weil Stress das Immunsystem schwächt, werden viele von ihnen auch öfter krank. So kränkeln und stressen sie sich durch ihr Leben.

Das Wichtigste ist wie immer: Ertappen und Umschalten! Solange ich in meiner Matrix, sprich: in meinem Schattenkind gefangen bin, glaube ich ja wirklich, was ich denke und fühle. Im ersten Schritt muss ich also erkennen, dass meine Ängste nicht realistisch sind. Dafür taugen alle Übungen, die ich in dem Kapitel »Stärke dein erwachsenes-Ich« aufgeführt habe. Im zweiten Schritt finde bitte auch hier zu einer Metahaltung, indem du dir klarmachst, dass deine spaßfeindliche Einstellung keinen Sinn macht. Sie bringt keinem etwas, dir selbst am allerwenigsten, aber auch nicht deinen Mitmenschen. Mein leider bereits verstorbener Vater, den ich an dieser Stelle immer wieder gern zitiere, sagte immer: »Wem soll das schlechte Leben nutzen?« Ich leite diese Frage hiermit an dich weiter... Mach dir bitte bewusst, dass du ein besserer Mensch bist, wenn du gut drauf bist. Denn wenn wir gestresst sind, sind wir kleinlicher und aggressiver. Im gestressten Zustand bringen wir wenig Wohlwollen für unsere Mitmenschen auf. Dann laufen da draußen nur »Idioten« rum. Sind wir hingegen gut drauf oder sogar verliebt, fragen wir uns, wo all die Idioten auf einmal abgeblieben sind. Plötzlich sehen wir auch die Welt da draußen rosarot. Das zeigt einmal mehr, wie stark wir unsere inneren Zustände auf die Außenwelt projizieren. Sieh es also als deine persönliche Pflicht an, dass du für Spaß, Freude und Entspannung in deinem Leben sorgst.

Das gemeinsame Vergnügen und Genießen sind auch sehr beziehungsstiftende Maßnahmen. Vor allem Paare mit Kindern sind oftmals nur noch am Schuften. Hierzu tragen allerdings auch viele Sachzwänge bei. Gleichwohl überlege dir mit deinem Partner, ob ihr als Paar genügend für euch sorgt oder ob die Freude aus eurer Beziehung verschwunden ist. Falls ja, überlegt, was ihr tun könnt, um sie wieder zu verspüren. Die meisten Paare, die nur noch wenig Freude miteinander haben, haben sich vom Alltagstrott gefangen nehmen lassen. Häufig sind sie in Machtkämpfe verstrickt, weil jeder dem anderen vorwirft, dass er daran schuld sei, dass die Geben-Nehmen-Balance in der Beziehung in Schieflage ist. Nicht selten sind es die Frauen, die – häufig zu Recht – das Gefühl haben, dass zu viel der Familienarbeit auf ihren Schultern lastet.

Falls dem so ist, rate ich euch, dass ihr euch einmal Zeit nehmt und über eure Geben-Nehmen-Balance redet. Aber bitte verstrickt euch nicht sofort in Vorwürfe und Anklagen. Euer Fokus sollte auf Lösungen liegen. Wie könnt ihr euch gegenseitig entlasten? Besteht die Möglichkeit, auf externe Hilfen für den Haushalt und für die Kinder zurückzugreifen? Tragt euch bitte feste Zeiten in den Terminkalender ein, die nur euch als Paar zur Verfügung stehen und/oder in denen ihr etwas Schönes mit der Familie unternehmt. Denkt bitte immer daran, dass ihr die besseren Partner, Eltern, Mitarbeiter und Mitmenschen seid, wenn ihr für Spaß und Entspannung in eurem Leben sorgt. Am besten plant ihr das Vergnügen genauso in euren Terminkalender ein wie alles andere auch.

Leider ist unser Gehirn so gebaut, dass es auf negative Dinge und Probleme fokussiert, weil dies in der menschlichen Entwicklungsgeschichte unser Überleben gesichert hat. Unsere Gehirn-Software hat sich bedauerlicherweise noch nicht auf moderne Zeiten eingestellt. Folglich dürfen wir unser Hirn beim Denken nicht sich selbst und seinen Automatismen überlassen, sondern müssen immer wieder mit unserem Erwachsenen-Ich bewusst korrigierend eingreifen. Dies bedeutet, dass wir uns, sobald wir uns wieder bei schwarzen Gedanken ertappen, sofort »Stopp« sagen und uns auf stimmungsaufhellende Gedanken konzentrieren. Was läuft gut in meinem Leben? Worauf kann ich stolz sein? Wen habe ich lieb? Wer hat mich lieb? Was sind meine Stärken? Wofür kann ich dankbar sein? Das sind die Fragen und Antworten, die unser Gehirn normalerweise nicht automatisch denkt, also müssen wir ihm zu Denkanstößen verhelfen. Menschen, die über ein gutes Selbstwertgefühl verfügen, deren Sonnenkind mithin oft zum Vorschein kommt, tun dies übrigens von sich aus. Es zählt zu ihren Erfolgsgeheimnissen, dass sie sich nach einem Misserfolg wieder aufbauen, indem sie sich vor Augen halten, was sie alles geschafft haben und was sie gut können.

Aber auch die Frage, wofür du dankbar sein darfst, sollte viel Raum in deinem Denken bekommen. Wenn wir uns nämlich in die Opferrolle begeben, verlieren wir leicht jegliche Verhältnismäßigkeit, was die Beurteilung unseres Unglücks anbelangt.

Du kannst dir nicht bewusst genug über die Tatsache sein, dass du selbst der Konstrukteur deiner Wirklichkeit bist – und dass du dir mit geringem mentalem Aufwand zu mehr Lebensfreude verhelfen kannst. Dies bedeutet auch, so banal es klingt, dass du viele kleine Freuden im Leben viel bewusster genießen solltest. Gestresste Menschen, die in einem Funktionsmodus agieren, nehmen häufig gar nicht mehr wahr, was sie essen und trinken und wie viel Schönheit es in ihrer Umgebung zu bewundern gibt. Erst, wenn sie ausgebrannt in der psychosomatischen Klinik landen, lernen sie in der sogenannten »Genusstherapie«, wieder richtig zu schmecken und ihre Sinne wieder anzuschalten. Wie ich bereits geschrieben habe, verdrängen viele Menschen so sehr ihre eigenen Wünsche und Bedürfnisse, dass sie sie gar nicht mehr verspüren. Also mach bitte die Augen auf und schalte deine Sinne für Schönes auf Empfang. Sorge auch aktiv dafür, dass deine Wohnung und dein Arbeitsplatz (sofern dies möglich ist) schön gestaltet sind. Deine Umgebung steht in Wechselwirkung mit deiner inneren Stimmung.

Lachen macht glücklich und bringt in Sekundenschnelle dein Sonnenkind zum Vorschein. Warte nicht darauf, dass etwas geschieht, das dich zum Lachen bringt, sondern sorge für Spaß. Anstatt morgens zum Beispiel total genervt im Stau zu stehen, zieh dir doch eine CD mit guter Comedy rein. An dieser Stelle möchte ich Julia Tomuschats Buch »Das Sonnenkind-Prinzip« empfehlen. Hier findest du ganz viele Mini-Übungen, mit denen du dir im Alltag blitzschnell gute Laune verschaffen kannst.

Schatzstrategien im Dienste der Autonomie: Lerne, dich abzugrenzen, mach dein Ding!

Die nun folgenden Schatzstrategien richten sich insbesondere an jene Schattenkinder, die sich zu viel anpassen und die deshalb ihre Autonomie trainieren dürfen. Zusammengefasst geht es darum, dass du deine Bedürfnisse besser spürst und für dich eintreten kannst. Dies schließt eine gute Konfliktfähigkeit mit ein, die auch deine Überzeugung stärkt, auf eigenen Füßen stehen zu können. In der Folge wirst du unabhängiger von der Zustimmung und Zuwendung anderer Menschen.

Bedenke bitte, dass sich auch hinter einem stark autonomen Schattenkind ein überangepasstes verstecken kann. So denken nämlich auch die Autonomen, sie müssten jede Erwartung erfüllen, um geliebt zu werden, aber dieser Gedanke ruft in ihnen Trotz und Widerstand hervor und aktiviert ihr Antiprogramm: »Einen Sch... muss ich!« Sie leben keine gesunde, echte Autonomie, sondern eine Art Pseudo-Autonomie, die auf Abschottung und Abgrenzung beruht. Deswegen ist es für viele überautonome Schattenkinder wichtig, zunächst die »Schatzstrategien im Dienste der Autonomie«, die ich nun beschreibe, zu erwerben, um zu einer gesunden Autonomie zu gelangen. Ist diese gegeben, kann man sich auf das Abenteuer Beziehung viel besser einlassen, weil man seine Stärke aus der inneren Abgrenzungsfähigkeit bezieht und deswegen seine Grenze nicht mehr so hart im Außen errichten muss.

Innere Abgrenzungsfähigkeit bedeutet: Ich fühle mich wertvoll, ich kann mich spüren, ich kann für mich eintreten und meine Beziehungen mitgestalten. Diese Überzeugungen und Fähigkeiten möchte ich im Folgenden mit dir trainieren. Da man zu jeder der kommenden Überschriften ein eigenes Buch schreiben könnte, habe ich mich bewusst kurz gefasst, um dich nicht mit zu viel Input zu überfrachten. Es geht mir darum, dir einen roten Faden an die Hand zu geben.

Nimm dich wichtig

Das klingt geradezu schmerzhaft banal, wie aus der untersten Ratgeber-Schublade. Trotzdem ist es leider wahr, dass überangepasste Schattenkinder ihre eigenen Bedürfnisse nicht wichtig nehmen, denn das würde sie bei der Anpassung stören. Wenn sie nämlich anfingen, sich selbst wichtig zu nehmen, müssten sie sich ja öfter von ihren Mitmenschen abgrenzen, und genau das wollen sie vermeiden. Ihr tiefes Harmoniebedürfnis steht ihrer Selbstwerdung im Weg. Sie wollen es immer schön kuschelig haben. Dass diese Haltung oft nur kurzfristig die Harmonie sichert, habe ich unter der Schutzstrategie: »Harmoniestreben« erläutert.

Wenn du also autonomer werden möchtest, darfst du als Erstes eine grundlegende Entscheidung treffen, nämlich dich und deine Wünsche, deine Einstellungen, Gefühle, Ideen und Ziele ab sofort wichtig zu nehmen. Sie sollten dir zumindest genauso wichtig wie jene deiner Mitmenschen oder deines Partners sein. Übernimm Verantwortung für deine Wünsche und Bedürfnisse und erwarte nicht, dass dein Partner sie dir von den Augen abliest. Damit ist er nämlich überfordert. Es liegt in deiner Verantwortung, für dich einzutreten. Wenn jeder für seine eigenen Wünsche die Verantwortung übernimmt, braucht keiner die Gedanken des anderen zu lesen, und ihr könnt offen und fair miteinander verhandeln.

Mach die Augen auf

Wenn du zu mehr Autonomie gelangen möchtest, hör bitte auf zu verdrängen. Die Verdrängung ist eine deiner wichtigsten Schutzstrategien, um dir die Nähe zu anderen Menschen zu sichern. Ich erinnere dich daran, dass du Sicherheit in der Bindung suchst und in deinem Schattenkind Ängste schlummern, abgelehnt und verlassen zu werden. Deswegen redest du dir viele Menschen schön und willst nicht zur Kenntnis nehmen, was dich von ihnen trennt. Wahrscheinlich bist du auch nicht richtig von deinen Eltern gelöst, auch wenn sie vielleicht schon verstorben sind. Vermutlich erfüllst du immer noch die Erwartungen deiner Eltern. Oder du hast dir ganz bewusst vorgenommen, es anders als deine Eltern zu machen, aber innerlich hoffst du immer noch auf deren Zuspruch und Anerkennung. Dabei haben deine Eltern sicherlich auch einiges richtig gemacht und dir auch zu guten Werten und Einstellungen verholfen. Vielleicht magst du dir einmal etwas Zeit nehmen und dir überlegen, welche Glaubenssätze, Einstellungen und Verhaltensweisen du von deinen Eltern vermittelt bekommen hast. Und *du* kannst entscheiden, welche davon ruhig in deinem Leben bleiben können, weil *du* ihnen zustimmen kannst. Und, welche du verändern möchtest, weil sie nicht zu dir gehören. Versuch einmal, dir eine ganz *eigene Meinung* zu bilden. Geh bitte in die dritte Position der Wahrnehmung, also in dein Erwachsenen-Ich, betrachte deine Eltern und dich von außen und finde zu einem eigenen Standpunkt.

Bitte führ diese Übung auch für andere wichtige Beziehungen von dir durch. Wenn du an einem Partner klebst, der dich nicht gut behandelt, versuch bitte einmal, dir ein wirklich *realistisches Bild* von ihm/ihr und eurer Partnerschaft zu machen. Mach also die Augen auf, oder anders formuliert: Hör auf, dir etwas vorzumachen! Das wird dir gelingen, wenn du deine Partnerschaft aus der dritten Position der Wahrnehmung analysierst, indem du dir vorstellst, du wärst der Richter oder die Richterin dieses »Falls«. Bitte notiere ehrlich in dein Reflexionsheft, was diese Analyse ergibt und welchen Rat du dir erteilen würdest, wenn du dein eigener Coach wärst.

Überangepasste Schattenkinder sind häufig in der zweiten Position der Wahrnehmung, das heißt, sie sind stärker mit den Bedürfnissen ihres jeweiligen Gegenübers identifiziert als mit ihren eigenen. Trainiere bitte intensiv, die erste und dritte Position der Wahrnehmung immer wieder einzunehmen, wie ich es in der entsprechenden Übung »Die drei Positionen der Wahrnehmung« empfehle.

Spüre dich selbst

Wenn du dich anpasst, bist du häufig mit deiner Aufmerksamkeit beim anderen und nicht bei dir selbst. Du verlierst dich im Kontakt, weswegen du dich dann am besten spürst, wenn sonst keiner da ist. Es ist also wirklich wichtig, dass du dich selbst wahrnimmst. Nur so kannst du die Grenze zwischen dem Ich und dem Du spüren, die du so dringend benötigst, um dich in dir selbst zu verankern.

Am leichtesten kommen wir in den Kontakt zu uns selbst, wenn wir auf unsere Atmung achten: Schließe einfach deine Augen und achte auf deinen Atem. Du brauchst ihn nicht zu verändern oder zu steuern – nur wahrnehmen.

Die folgende Übung machst du mit geschlossenen Augen. Lies sie deshalb einmal kurz durch, bevor du beginnst.

Übung:
Das verärgerte Schattenkind beruhigen

Schließe deine Augen und achte absichtslos auf deinen Atem. Jetzt denke bitte an eine Situation, in der du dich über einen anderen Menschen sehr geärgert hast. Falls du einen Partner hast, kannst du gern ein Ärgernis mit ihm einsetzen. Nun hole dir diese Situation so präsent es geht in dein Bewusstsein und erlaube dir, deinen Ärger zu fühlen. (Du kannst diese Übung natürlich auch für Trauer oder andere unangenehme Gefühle machen, wenn dir das lieber ist.) Bemühe dich, deinen Ärger (Trauer, Scham etc.) bewusst zu fühlen, indem du deine Aufmerksamkeit nach innen richtest. Meistens konzentrieren wir uns bei unseren Gefühlen auf das Außen, auf das Objekt des Ärgers, wie zum Beispiel unseren Partner. Und wir versuchen auch, unser Gefühl im Außen zu besänftigen oder zu lösen, indem wir zum Beispiel nach Rache sinnen oder den anderen abwerten. Wenn wir jedoch unsere Gefühle spüren wollen, sollten wir sie in unserem Innenraum erforschen. Indem du dies tust, bemerkst du vielleicht, dass der Ärger gar nicht aus den Handlungen deines Partners resultiert, sondern aus deinem Schattenkind, das diesen Handlungen eine negative Bedeutung zuschreibt. Dies könnten die Glaubenssätze deines Schattenkindes sein. Indem du dem nachspürst und es erforschst, *bist* du nicht mehr der Ärger, sondern der *Erforscher* deines Ärgers. Und damit hast du dich schon ein Stück weit von der ersten Position

> (Feldperspektive, Schattenkind, totale Identifikation mit dem Gefühl) in die dritte Position (Beobachter, Erwachsenen-Ich) begeben. Von dort aus kannst du eine wohlwollende, sogar mitfühlende Haltung zu deinem ärgerlichen Schattenkind einnehmen, indem du Verständnis für es aufbringst. Dann kannst du es trösten, wie du es im Abschnitt »Nimm dein Schattenkind an die Hand« gelernt hast. Wenn du das ärgerliche Schattenkind an die Hand nimmst und ihm innerlich Platz gibst, beruhigt es sich, und die Emotion löst sich auf. Indem du erkennst, welchen Anteil du selbst an deinem Ärger hast, kannst du Verantwortung für die Situation und das Gefühl übernehmen und zu sinnvollen Lösungen kommen, wie du mit der betreffenden Person weiter umgehst.

Grundsätzlich gilt, dass du am schnellsten über deine Atmung an deine Gefühle herankommst. Geh darum über den Tag verteilt immer wieder mal in dich, lenke deine Aufmerksamkeit auf deinen Atem und spüre achtsam nach, welche Gefühle sich in dir regen. Meditation ist übrigens eine gute Möglichkeit, zu sich selbst zu kommen. Aber auch Übungen zur besseren Körperwahrnehmung können dir sehr helfen.

Entscheide und handle

Überangepasste Menschen haben Probleme, Entscheidungen zu treffen, weil sie zu wenig geübt sind, auf sich selbst zu achten. Deswegen habe ich die Abschnitte: »Nimm dich wichtig«; »Mach die Augen auf« und »Spüre dich selbst« vorangestellt. Sie sind sozusagen die Voraussetzung, um entscheidungsfähig zu werden.

Ich erinnere daran, dass sich Überangepasste ihr Leben eher widerfahren lassen, als dass sie es selbst aktiv gestalteten. Wenn du lernst, dich selbst zu spüren, wird es dir auch viel leichterfallen, eine Entscheidung zu treffen. Dann kannst du dein Leben und deine Beziehungen bewusst gestalten. Die folgende Übung hilft dir, richtige Entscheidungen für dich zu finden. (Lies die Übung einmal durch, bevor du sie durchführst, denn deine Augen werden auch hier wieder geschlossen sein.)

Übung:
Körperliche Empfindungen als
Entscheidungshilfe nutzen

Schließe bitte deine Augen und richte deine Aufmerksamkeit auf deinen Atem.
1. Denk an eine reale oder fantasierte Situation (zum Beispiel deinen Traumurlaub), von der du ganz sicher weißt, dass du absolut *dafür* bist, und spüre, wie sich das in deinem Körper anfühlt. Achte bitte auf den körperlichen Ausdruck dieses positiven Ja-Gefühls. Dies kann ein Kribbeln sein, ein warmes Gefühl im Bauchraum, eine tiefe Atmung usw. Genieße dieses Gefühl für eine kurze Zeit. Dann öffne langsam die Augen, atme tief ein und aus und schüttle dich ein wenig, um wieder im Hier und Jetzt zu landen.

2. Nun schließe wieder die Augen und stell dir bitte eine Gegebenheit vor, von der du genau weißt, dass du *dagegen* bist (zum Beispiel eine politische Einstellung, die du völlig ablehnst) und spüre sie entsprechend in deinem Körper. Spüre auch hier kurz hin, bevor du wieder auftauchst, tief ein- und ausatmest und dich etwas bewegst, vielleicht sogar streckst und räkelst, um die Übung zu beenden.

Jetzt weißt du, wie es sich anfühlt, wenn du dafür bzw. wenn du dagegen bist. Entsprechend kannst du nun, wenn es etwas zu entscheiden gilt, darauf achten, wie sich dein Körper anfühlt: Sind es eher Pro- oder eher Contra-Empfindungen, die du verspürst?

Unter dem Abschnitt »Argumente statt Bauchgefühl« hatte ich ja geschrieben, dass unsere Bauchgefühle schlechte Berater sind, wenn sie aus dem Schattenkind entstehen. Deswegen ist es so wichtig, dass wir unsere Projektionen auflösen. Wie kannst du aber feststellen, ob dein Gefühl ein Schattenkindgefühl oder ein gesundes, richtiges Gefühl ist? Hierfür geh bitte in die Beobachterperspektive, also dein Erwachsenen-Ich, und analysiere aus diesem Blickwinkel, wie viel Schattenkindanteil an deinem Gefühl beteiligt ist, so wie ich es unter dem Abschnitt »Die drei Positionen der Wahrnehmung« erklärt habe. Ich mache die Erfahrung, dass meine Klienten, wenn sie in ihr Erwachsenen-Ich wechseln, sehr schnell eine klare Vorstellung von richtig und falsch bekommen bzw. ihre Schattenkindanteile sehr gut analysieren können.

Die Unfähigkeit, eine Entscheidung zu treffen, resultiert häufig aus einer ständigen Vermischung von Schattenkind und Verstand. Wenn diese Zustände sich in uns vermischen, sagen wir Sätze wie: »Vom Kopf her ist mir alles klar, aber ...« Das heißt, der schlaue Erwachsene weiß genau, was zu tun ist, aber das Schattenkind quengelt immer dazwischen. Darum ist es so wichtig, die beiden Zustände auseinanderzuhalten.

Wenn du dich mit Gefühl und Verstand entschieden hast, dann komm in die *Tat*. Manche Menschen treffen Entscheidungen, setzen sie dann aber nicht in die Handlung um. Das bringt sie so viel weiter, als wenn sie keine Entscheidung getroffen hätten. Es gibt nichts Gutes, außer man tut es. Die Blockade im Bewegungsablauf rührt entweder aus einem *Nach-Entscheidungs-Konflikt* oder aus *Trägheit* her. Ein Nach-Entscheidungs-Konflikt entsteht, wenn wir eigentlich eine Entscheidung getroffen haben, dann aber doch wieder an ihr zweifeln. Versagensangst und die Angst vor Ablehnung lähmen den Tatendrang. Überangepasste streben oft nach der zu 100 Prozent richtigen Entscheidung, und die gibt es meist nicht. 80 Prozent reichen völlig aus, um ins Handeln zu kommen. Frag dich, was dir im schlimmsten Fall passieren kann, wenn du dich falsch entscheidest. Die meisten Entscheidungen sind auch wieder rückgängig zu machen. Das betrifft auch die Partnerwahl. Wie ich bereits geschrieben habe, sind viele Bindungsängstliche der Ansicht, dass sie sich nie wieder trennen dürften, wenn sie einmal Ja gesagt haben. Hierbei handelt es sich um eine alte Projektion aus der Kindheit – häufig durch eine fordernde Mutter ausgelöst. Es geht also immer und immer wieder darum, das Schattenkind zu erkennen, ihm die Führung abzunehmen und es stattdessen von seinen tiefsitzenden Ängsten und Zweifeln zu befreien.

Und wie steht es um die Trägheit? Man ist beispielsweise ganz klar dafür, dreimal pro Woche Sport zu treiben, nur leider tut man es nicht. Wie bei so vielen Problemen, die sich in unserem Leben stellen, gibt es auch hier eine genetische Komponente. So verfügen wir neben unserem Aktivitätssystem auch über ein *Energiesparprogramm*. Dieses sorgt für unsere Erholung und hilft uns, unsere Kräfte gut einzuteilen. Faulheit oder Trägheit gehören also genauso zu uns wie die Aktivität. Beide Zustände haben zudem eine selbstverstärkende Wirkung: Je aktiver ich bin, desto mehr Freude habe ich an der Aktivität, und je fauler ich bin, desto träger werde ich. Dies hängt mit dem Gesetz der Trägheit zusammen.

Wenn deine guten Vorsätze also durch deine Faulheit immer wieder versanden, entscheide dich bewusst dafür, dass du beispielsweise Sport machen möchtest und dies auch regelmäßig tun willst (Metahaltung!). Dann mach dir feste Termine. So kommst du nicht immer wieder in die Verlegenheit, dich selbst zu befragen, ob du gerade vielleicht doch zu faul bist, um joggen oder zum Yoga zu gehen.

Ich werde nicht müde, in meinen Büchern darauf hinzuweisen, dass wir am besten funktionieren, wenn wir unserem Tagesablauf eine Struktur geben. Diese sollte Aktivität genauso wie Freizeit beinhalten. Wenn du also etwas regelmäßig tun möchtest, dann plane es fest in deine Tages- und Wochenstruktur ein. Sobald der Anfang gemacht ist und es zu einer gewissen Routine kommt, wird es dir leichtfallen, diese Struktur beizubehalten. Falls du unter Aufschieberitis leidest, schau bitte auf dein Schattenkind und seine Versagensangst, denn häufig ist sie der eigentliche Grund für das ständige Aufschieben. Bitte bedenke, dass Aufschieben und Verdrängen sehr viel mehr Kraft und Zeit kosten, als etwas hinter sich zu bringen. Aufschieben kann ich nämlich 24 Stunden am Tag und sieben Tage die Woche. Eine Aufgabe zu erledigen, kostet dagegen nur einen sehr begrenzten Zeitraum und sehr viel weniger Energie. Wenn aufgrund deiner Aufschieberitis bereits ein riesiger Berg an Unerledigtem vor dir liegt, dann nimm dir vor, jeden Tag etwas von diesem Berg abzuarbeiten – »Etwas« bedeutet zum Beispiel, eine halbe Stunde lang täglich die Briefe wegzusortieren oder die Anrufe zu erledigen, die anstehen. So verliert der »riesige Berg« seinen lähmenden Schrecken.

Bitte bedenke immer: Jede Entscheidung ist besser, als ständig auf der Stelle zu treten.

Diskutiere und argumentiere

Wenn du es geschafft hast, dich für etwas zu entscheiden, bedeutet dies nicht zwangsläufig, dass deiner Umgebung, insbesondere deinem Partner, deine Entscheidung gefällt. Deshalb musst du deine Entscheidung auch nach außen vertreten können. Dies ist für angepasste Schattenkinder zumeist der größte Horror – hier besteht ein starker Entwicklungsbedarf. Nun gibt es Ratgeber in Hülle und Fülle, wie man sich durchsetzt, überzeugt, argumentiert usw. Da dieses Buch ohnehin schon einen hohen Input hat, möchte ich mich hier kurz fassen und dir nur eine, dafür aber effektive und leicht umsetzbare Strategie vorstellen, mit deren Hilfe du dir den Rücken stärken kannst.

Das Wichtigste ist – wie so oft im Leben – die *innere Haltung*, mit der du deinem Konfliktpartner begegnest. Menschen, deren Schattenkind sich häufig unterlegen fühlt, haben notorische Angst, in eine unterlegene Position zu geraten. Unterlegen/überlegen – siegen/verlieren sind die Kategorien, in denen sie denken. Dabei musst du dich ertappen und dann umschalten: Begib dich in dein Erwachsenen-Ich und erkenne aus der Beobachterposition, dass du und dein Partner (bzw. Konfliktpartner) auf Augenhöhe seid. Lege dir eine Metahaltung zurecht: Es geht ausschließlich darum, in einer gemeinsamen Sache weiterzukommen, und nicht um einen Machtkampf. Du kannst dich im Erwachsenen-Ich auch noch in den Modus deines Sonnenkindes »upgraden«, indem du dich bewusst mit deinen Stärken und Ressourcen verbindest. So versetzt du dich nicht nur in die Position deines Erwachsenen-Ichs, sondern zusätzlich auch in eine positive, kraftvolle Stimmung. Im Sonnenkindmodus kann es dir sogar gelingen, auch deinen Konfliktpartner mit einem gewissen Wohlwollen zu betrachten – schließlich hat auch sie/er ein Anliegen und ein Schattenkind.

Bevor du die folgenden Schritte durchgehst, überprüfe bitte aus der Beobachtersituation, welche Schattenkindanteile deinerseits die Beziehung zu deinem Konfliktpartner belasten könnten: Fühlst du dich ihm/ihr über- oder unterlegen? Bist du vielleicht neidisch auf ihn oder sie? Falls du ihm misstraust, frage dich: Gibt es Fakten, an denen du dein Misstrauen festmachen kannst? Oder resultiert dein Misstrauen aus deinem Schattenkind?

1. Überlege dir, welche Argumente für deinen Standpunkt/dein Anliegen sprechen, am besten schriftlich.
2. Überlege dir, welche Argumente dein Gegenüber haben könnte.
3. Falls dein Gegenüber bessere Argumente hat, gib ihm recht, dann ist der Konflikt gelöst. Falls nicht, setze dich für deinen Standpunkt ein.

4. Stelle aktiv eine Situation her, in der du den Konflikt ansprichst. Warte nicht darauf, dass es sich »irgendwie ergibt«. Geh vorher ganz bewusst in deinen Sonnenkindmodus – falls das nicht gelingt, in dein Erwachsenen-Ich.
5. Trage deinen Standpunkt vor und höre danach genau zu, was dein Gegenüber zu sagen hat. Falls er oder sie gute Argumente vorbringt, die dich spontan überzeugen, gib ihm Recht. Falls du dir unsicher bist, bitte um Bedenkzeit. Falls du dir sicher bist, dass deine Argumente besser sind, verbleibe bei deinem Standpunkt oder handle einen Kompromiss aus.

Bitte bedenke immer, dass du alles, auch schwierige Probleme, aus dem Zustand der guten Stimmung viel besser und leichter ansprechen kannst. Dein Standpunkt verliert nicht an Überzeugungskraft, wenn du ihn freundlich vorträgst. Und mach dir bewusst, dass du dir jederzeit Bedenkzeit erbitten darfst. Gerade unsichere Menschen, aber auch Introvertierte, müssen ihre Gedanken erst einmal sortieren, bevor sie zu einer klaren Entscheidung kommen.

Lerne, Nein zu sagen

Überangepasste Schattenkinder wollen gefallen und es jedem recht machen, deswegen fällt ihnen ein ehrliches Nein schwer. Aufgrund ihrer verzerrten Schattenkind-Wahrnehmung projizieren sie in ihr Gegenüber eine große Enttäuschung, wenn sie sich abgrenzen. Sie sind beflissen, die Erwartungen, die an sie gerichtet sind, zu erahnen und lautlos zu erfüllen. Tatsächlich machen Menschen, die lernen, auch einmal Nein zu sagen, jedoch durchweg die Erfahrung, dass überhaupt nichts Schlimmes passiert und ihr Gegenüber sogar häufig Verständnis für sie aufbringt. Das sollte dich nachdenklich stimmen.

Analysiere deine Nein-sage-Schwäche doch bitte einmal in Bezug auf deine Kindheit – was hat sie mit deinen Erfahrungen im Elternhaus oder mit anderen Personen zu tun? Versuche deinen Schattenkindanteil genau zu verstehen.

Die Metahaltung, die dir helfen könnte, mehr Verantwortung für deine Wünsche und Bedürfnisse zu übernehmen, ist, dass du dadurch wesentlich transparenter und greifbarer für deinen Partner und deine Mitmenschen wirst. Das macht den Umgang mit dir weniger kompliziert. Es ist nämlich sehr entlastend, wenn man weiß, woran man mit dir ist. An mehreren Stellen dieses Buches habe ich schon ausgeführt, dass Harmoniestreben die Beziehungen zu anderen Menschen stark belasten, ja sogar zerstören kann.

Mach dir also bewusst, dass es darum geht, mehr Verantwortung für dich selbst zu übernehmen. Das bedeutet zwangsläufig, dass dein Gegenüber weniger Verantwortung für dich übernehmen muss – und das ist gut so!

Bitte befolge auch hier wieder den Zweischritt: Ertappen und umschalten! Geh in dein Sonnenkind oder in dein Erwachsenen-Ich und schau von dort aus, ob es Argumente dafür gibt, dass dein Gegenüber *zu Recht* enttäuscht sein könnte, wenn du ihm eine Bitte abschlägst oder eine Vereinbarung ändern möchtest. Du musst dir wirklich nicht jeden Schuh anziehen. Vor allem Menschen mit leicht narzisstischen Zügen sind schnell gekränkt, wenn man ihnen etwas abschlägt. Durch derartige Reaktionen musst du dich jedoch nicht manipulieren lassen. Frage dich stattdessen mit deinem Erwachsenen-Verstand, was du deinem Gegenüber zumuten kannst. Bitte mach dir bewusst, dass du nicht für das Schattenkind deines Gesprächspartners verantwortlich bist. Wenn der andere gekränkt oder wütend ist, weil du von deinem Recht Gebrauch machst, Nein zu sagen, dann ist das sein Problem! Er muss sich dann mit seinem Schattenkind auseinandersetzen – es sei denn, du stehst wie unser Beispiel Robert häufig auf der autonomen Seite und schlägst auch völlig berechtigte Bitten ab. Schattenkinder, die innerlich oft trotzig sind, grenzen sich nämlich manchmal viel zu hart ab oder sind schlichtweg unzuverlässig, weil sie mit den Erwartungen ihres Gegenübers schlecht umgehen können. Sie finden passende Schatzstrategien unter dem nächsten Abschnitt: »Schatzstrategien im Dienste der Bindung«. Wenn du also aus der Erwachsenen-Position feststellst, dass dein Gegenüber aus nachvollziehbaren Gründen enttäuscht wäre, wenn du dich ihm (mal wieder) entziehst, dann ist es wichtig, dein zu autonomes Schattenkind zu regulieren. Falls du jedoch aus dem Erwachsenen-Ich keine Argumente erkennst, die dagegen sprechen würden, Nein zu sagen, übernimm bitte Verantwortung für deine Weigerung und sprich sie aus. Auch hier gilt: Man kann das auch ganz nett formulieren. Ein ehrliches Nein tut der Beziehung wesentlich besser als ein zähneknirschendes Ja.

Wichtig ist mir, dass es nicht darum geht, sich ständig abzugrenzen und jedem kleinen eigenen Bedürfnis eine enorme Bedeutung zu verleihen. Manchmal kann es nervig sein, wenn Leute »neustark« von einem Selbstbehauptungsseminar zurückkommen und nur noch von sich und ihren Bedürfnissen sprechen. Ich weiß aber aus Erfahrung, dass man ein sehr gutes Gespür für angemessene und unangemessene Abgrenzung aus der Beobachterposition entwickeln kann. Aus dieser Perspektive wirst du ziemlich leicht erkennen, ob du ein Recht darauf hast und es fair ist, Nein zu sagen, oder ob es angemessener wäre, dem Anliegen deines Gegenübers zu entsprechen.

Erinnere dich bitte an verschiedene Situationen, in denen du Ja statt Nein gesagt hast, und frage dich, was eigentlich im schlimmsten Fall hätte passieren können, wenn du ehrlich gewesen wärst. Diese Frage ist von entscheidender Bedeutung und wird meist nicht zu Ende gedacht.

Wie ich bereits mehrfach erwähnt habe, können wir nur in die Tat umsetzen, was wir uns vorstellen können. Trainiere deswegen in deiner Vorstellung Situationen, in denen du dich abgrenzt. Sehr hilfreich ist es auch, wenn du das Nein-Sagen auch öfter mal sprechend trainierst. Du kannst vielleicht in Situationen beginnen, die du nicht als überlebenswichtig einstufst. Zum Beispiel ein Nein zum Fachverkäufer, der dir noch ein Extra zu deinen Einkäufen anbietet. Oder ein freundliches Nein zum Callcenter-Mitarbeiter, der dir am Telefon etwas erklären möchte. Überlege dir, wie du dein Nein zwar klar, aber dennoch freundlich formulieren kannst, damit dein Gegenüber sich möglichst nicht gekränkt fühlt.

Lass los

Bindungssehnsüchtige Schattenkinder tun sich sehr schwer damit loszulassen. Sie halten lieber an einer unglücklichen Beziehung fest, als sich zu trennen. Ihre Angst vor dem Alleinsein blockiert ihre Freiheit. Aber manchmal ist eine Trennung der einzige Ausweg aus einer verfahrenen Partnerschaft. Dies ist vor allem dann der Fall, wenn der Partner ein sehr schwieriger Mensch ist und sich der persönlichen Reflexion und Weiterent-

wicklung verschließt. Im Folgenden möchte ich ein paar Gründe aufzählen, die meines Erachtens eine Trennung nahelegen:
- Kompromisslosigkeit und einseitige Machtverteilung. Der Partner macht stur sein eigenes Ding. Absprachen werden häufig nicht eingehalten – oder nur nach ihren/seinen Regeln getroffen.
- Kritikunfähigkeit. Der Partner reagiert äußerst gekränkt auf echte und vermeintliche Kritik. Entweder steht man ganz auf seiner/ihrer Seite, oder es gibt Streit.
- Weigerung zur Reflexion und Weiterentwicklung. Der Partner vertritt den Standpunkt, dass er diesbezüglich keinerlei Bedarf aufweist, und wertet alles, was mit Psychologie und Reflexion zu tun hat als »Psycho-Sch...« ab. Oder er meint, er sei hochreflektiert, ist es aber nicht, wie es zum Beispiel manchmal bei Menschen vorkommen kann, die esoterisch orientiert sind.
- Zu große Abhängigkeit. Der Partner hängt sich mit seinem ganzen Gewicht der eigenen Bedürftigkeit an die Schultern des anderen und benötigt ständige Aufmerksamkeit und Unterstützung. Er oder sie ist extrem unselbstständig und hegt den Anspruch, dass der Partner ständig für ihn da zu sein hat.
- Zu große Autonomie. Der Partner leidet unter aktiver Bindungsangst und ist nicht bereit, hieran etwas zu verändern.

Wenn ich an einen Partner geraten bin, der offensichtlich schwierig, aber nicht gewillt ist, an sich zu arbeiten, kann die Beziehung nur fortgesetzt werden, wenn ich einen Großteil meiner eigenen Bedürfnisse hintanstelle und mich quasi seiner Diktatur unterwerfe, oder indem ich mein eigenes Ding mache und wir nebeneinanderher leben. Beides macht keinen Sinn. Abhängige Schattenkinder sind gefährdet, sich in unglücklichen Partnerschaften zu verlieren, indem sie die traurige Realität ihrer Beziehung verleugnen, wie ich bereits unter dem Abschnitt »Mach die Augen auf« erläutert habe. Des Weiteren bauen sie immer wieder Brücken der Empathie, sodass sie fast alles entschuldigen, was ihr Partner so anrichtet. Sie schaffen es nicht, sich zu trennen.

Wie kann ich lernen loszulassen? Ein krasser Kitt, der zerrüttete Beziehungen zusammenhält, ist die Hoffnung auf Besserung: Einer oder beide Partner werden nicht müde, darauf zu hoffen, dass der andere sich ändert. Als Erstes sollte man die Beziehung also einem Realitätscheck unterziehen. Falls du dich angesprochen fühlst, geh bitte in die Beobachterposition und analysiere von dort aus die Anteile deines Partners und deine Anteile, die zu der schwierigen Beziehung beitragen. Ziehe hierfür am besten vor deinem inneren Auge eine Glaswand zwischen euch, um dich bildlich aus der Verstrickung herauszunehmen. Nimm die Haltung eines Richters/einer Richterin ein und befasse dich objektiv mit der Frage: Wie realistisch ist es, dass dein Partner sich verändert? Falls du zu dem Ergebnis kommst, dass dies nicht realistisch ist, gib dieser Realität bitte in deinem inneren Erleben einen Raum, indem du dir erlaubst, sie zu spüren. Lenke deine Aufmerksamkeit auf deine Atmung und deinen Brust-Bauch-Raum und sage dir innerlich: »Es gibt keine Hoffnung.« Das mag zwar für diesen Moment sehr traurig sein, aber es motiviert dich, für ein besseres Leben zu sorgen.

Vor dem nächsten Schritt versuche bitte deine Trauer von dir abzuschütteln, indem du dich ablenkst oder abklopfst.

Nun entwickle in deiner Fantasie bitte ein Bild von einem Leben ohne deinen Partner und überlege dir, worauf du deine Energie konstruktiv richten möchtest. Es ist nämlich schwer, etwas Altes loszulassen, wenn man nichts Neues hat, das die entstehende Lücke füllt. Deswegen können viele Menschen sich auch nur aus einer Beziehung lösen, wenn bereits ein neuer Partner in den Startlöchern steht. Davon würde ich dir jedoch abraten, weil die Gefahr groß ist, dass du dich an den Nächstbesten bindest und erneut in einer Beziehungsfalle landest. Ich rate dir stattdessen, deine gesamte Energie auf Dinge und Beschäftigungen zu lenken, bei denen dein Glück in deiner Hand liegt. In deiner Partnerschaft erleidest du nämlich einen großen Kontrollverlust, und es ist sehr wichtig, dass du die Kontrolle zurückerlangst. Dies kannst du mit allen Beschäftigungen erreichen, die dich erfüllen und glücklich machen oder die dich einfach nur weiterbringen. Es ist jetzt also die große Zeit der persönlichen Veränderung gekommen. Hier eine Checkliste von Dingen, die du möglicherweise in deinem Leben verbessern kannst:

- Vielleicht musst du die Wohnumgebung wechseln, wenn du dich von deinem Partner trennst. Richte deine Energie darauf, es dir in deiner neuen Wohnung richtig schön zu machen. Falls du in deiner alten Wohnung/Haus verbleibst – schau, ob du es dir dort noch schöner gestalten kannst. Verändere die Einrichtung, indem du beispielsweise die Möbel umstellst. Die äußere Veränderung markiert eine neue Phase in deinem Leben und hilft, alte Erinnerungen zu verbannen.
- Wie stehst du beruflich da? Jetzt ist eine gute Zeit für eine berufliche Veränderung oder Weiterbildung.
- Wie steht es um deine Freundschaften? Intensiviere sie und/oder suche neue Freundes-Kontakte im Internet oder indem du dich einem Verein anschließt. Du kannst auch alte Freunde um Kontakte zu interessanten Menschen bitten. Freunde sind immer wichtig, aber jetzt ganz besonders.

- Welche Hobbys und Leidenschaften pflegst du? Denke darüber nach, ein altes Hobby zu vertiefen oder ein neues zu beginnen. Vielleicht wolltest du schon immer tanzen lernen oder Gitarre spielen? Jetzt ist die beste Zeit dazu.
- Richte deine Aufmerksamkeit auf deine persönliche Weiterentwicklung. Analysiere und verändere deine eigenen Anteile, die eine Rolle dabei gespielt haben, dir deinen Ex auszusuchen und die eventuell dazu beigetragen haben, dass die Beziehung gescheitert ist. Arbeite intensiv mit diesem Buch und nutze so die Krise für dein persönliches Wachstum.
- Genieße dein Leben, so oft und so viel es geht. Gönne dir alles, was dich glücklich macht.

Male dir in deiner Fantasie ein richtig schönes Leben ohne deinen Partner aus. Alles, was wir uns vorstellen können, können wir nämlich auch tun. Wenn du dir also ein schönes, buntes Leben ohne deinen aktuellen Partner vorstellen kannst, dann kannst du es auch tatsächlich leben. Im Übrigen wird bestimmt wieder eine neue Liebe in dein Leben kommen. Wenn du dein Schattenkind an die Hand nimmst, suchst du dir das nächste Mal den richtigen Partner aus und wirst viel glücklicher, als du es heute bist. Dieser Weg ist aber nur frei, wenn du den Mut aufbringst, ihn zu beschreiten. Die Angst, du könntest niemanden mehr finden, ist ein Gespenst, das fast jeden aufsucht, der sich trennt – egal, ob er oder sie 20 Jahre oder 70 Jahre alt ist. Es geht immer weiter, glaub mir das einfach.

Schatzstrategien im Dienste der Bindung: Lerne, dich anzupassen, vertraue und lass dich ein!

Menschen, die außerordentlich viel Wert auf ihre Autonomie legen, setzen harte Grenzen im Außen, um ihr verunsichertes Schattenkind zu beschützen. In manchen Fällen ist es aber auch so, dass die Betroffenen nur einen »Autonomie-Schaden«, aber keinen »Bindungs-Schaden« in sich tragen, nämlich dann, wenn ihre Mütter sehr gut ihre Bindungsbedürfnisse erfüllen konnten, aber ihre Freiheit zu stark eingeschränkt haben. In diesen Fällen können die Betroffenen sich innerlich durchaus wertvoll fühlen, aber sobald eine Beziehung enger wird, springt ihr altes Schattenkind-Programm an, das Liebe mit der übergriffigen Mutter oder dem übergriffigen Vater assoziiert.

Der wesentliche Teil der Veränderung ist also auch wieder hier: Löse die alten Projektionen auf und stärke dein Erwachsenen-Ich.

Löse deinen Widerstand auf

Wie ich immer wieder betone, tragen autonome Schattenkinder eine Menge Trotz und Wut in sich. Aggression ist die Emotion der Selbstbehauptung und für sich genommen gut. Wenn die Wut jedoch durch Schattenkind-Projektionen ausgelöst wird, ist sie unangemessen. Solange ich jedoch in meinem Schattenkind feststecke, erlebe ich alle meine Gefühle und Gedanken als angemessen und berechtigt. Der grundlegendste Schritt zur Veränderung ist also – wie immer – die Erkenntnis, dass meine Wahrnehmung verzerrt ist. Also muss ich mich mit der Frage auseinandersetzen: »Welche Wahrnehmungsverzerrung treibt mich in den Widerstand?« Vielleicht hast du diese Frage schon hinreichend durch die Übungen in diesem Buch ergründet. Möglicherweise fehlt dir aber auch noch ein Puzzleteil.

Falls du immer wieder aus der Nähe deiner Partnerschaft flüchtest oder dich gar nicht erst auf eine Partnerschaft einlässt, versuche bitte zu ergründen, was der Kern deines Widerstands ist. Dies gelingt dir am besten, wenn du an einen Menschen denkst, mit dem du dich oft im Widerstand befindest. Spüre bitte in dich und versuche, emotional zu erfassen, worum es eigentlich geht. Hier ein paar Vorschläge:
- Ich habe Angst vor Vereinnahmung und Festlegung.
- Ich habe Angst, verletzt und verlassen zu werden.
- Ich habe Angst, ohnmächtig und abhängig zu sein.
- Ich sehne mich nach Nähe, finde sie aber irgendwie peinlich.

Wenn dir eine oder mehrere dieser Ängste bekannt sind, handelt es sich um eine Projektion deines Schattenkindes. Dein Schattenkind wähnt sich unterlegen und meint, es müsse lieb und artig alle Erwartungen des Partners erfüllen und somit seine Freiheit an den Nagel hängen. Dadurch produzierst du in deiner Partnerschaft das Gefühl von Gefangenschaft und Ohnmacht. Dein Schattenkind nimmt fälschlicherweise an, dein Partner oder die Beziehung engten dich ein, dabei ist es dein eigenes Anpassungsprogramm, mit dem du dir Grenzen im Kopf setzt und dich einengst. Gegen diese Einengung rebelliert dein Schattenkind und stößt den Partner nach Momenten der Nähe immer wieder von sich. Vielleicht hat dein Schattenkind große Angst, dass es verlassen wird. Als Schutzstrategie will es um jeden Preis die Kontrolle behalten, deswegen hält es den Partner auf Abstand. Ich erinnere daran, dass die Verlustangst und die Überanpassung ein Geschwisterpaar sind: Die Verlustangst verleitet viele Menschen zu der Überzeugung – die gleichzeitig ihre Schutzstrategie ist –, dass sie sich den Wünschen ihres Partners unterordnen müssen. Es ist genau dieser Gedanke, der den trotzigen Widerstand produziert.

Vielleicht hast du aufgrund deiner Kindheit aber einfach auch nicht gelernt, mit Gefühlen der Nähe und Zärtlichkeit umzugehen, und sie sind dir peinlich? Auch hier bist du in deinem Schattenkind gefangen, das deine Kindheitserfahrung auf das Heute überträgt. Vermutlich haben deine Eltern dich öfter zurückgewiesen, und du hast dich sehr für deine Gefühle geschämt. Und nun fühlst du dich wie eingemauert, wenn dein Partner dir näherkommt.

Wie auch immer der Kern deines Widerstands aussieht – deine Projektion kannst du mit den drei Positionen der Wahrnehmung auflösen:

Übung:
Widerstand auflösen mit den drei Positionen der Wahrnehmung

1. Erinnere dich bitte an eine Situation, in der dein Schattenkind im Widerstand zu deinem Partner oder Expartner gewesen ist. Begib dich bitte in die erste Position der Wahrnehmung und lass dein Schattenkind ganz bewusst zu Wort kommen.

Was ist seine Angst (zum Beispiel vor Manipulation, Vereinnahmung, Ohnmacht, Scham)? Welche schlechten Absichten unterstellt es seinem Gegenüber?
2. Wenn du dein Schattenkind hinreichend erkundet hast, schüttle alle negativen Gefühle von dir ab und begib dich einmal in die zweite Position der Wahrnehmung, also in dein Gegenüber. Wie geht es ihm oder ihr mit dir, wenn du dich immer wieder zurückziehst und abblockst? Nimm dich bitte mit den Augen deines Gegenübers wahr und fühle auch seine bzw. ihre Gefühle.
3. Wenn du damit fertig bist, schüttle wieder alle Gefühle ab und geh in die dritte Position, die Beobachterposition, und analysiere dein Verhalten aus dem Erwachsenen-Ich heraus. Werde gewahr, dass du heute erwachsen und auf Augenhöhe mit deinem Partner oder Gegenüber bist. *Du bist frei und handlungsfähig* und musst dir das nicht immer wieder beweisen, indem du dich trotzig verweigerst. Du hast selbstverständlich dieselben Rechte wie dein Partner oder deine Partnerin. Analysiere bitte, ob seine/ihre Wünsche nach mehr Nähe und Verbindlichkeit nicht durchaus auch berechtigt sind. Auch darfst du deine Gefühle zeigen, du darfst anhänglich und zärtlich sein – deinen Partner wird es freuen. Er oder sie ist nicht Mama und Papa.

Falls du traumatisiert bist, ist es ganz besonders wichtig, diesen Abstand zu den Projektionen deines Schattenkindes herzustellen. Das Problem bei Traumata ist, dass dein Gehirn nicht glauben kann, dass du heute in Sicherheit bist und es auch Menschen gibt, denen man vertrauen kann. Wenn du kaum einen Abstand zu deinen alten Erfahrungen herstellen kannst, suche dir am besten professionelle Begleitung in Form einer Traumatherapie.

Lass deine schwachen Gefühle zu

Autonome Schattenkinder können schlecht mit schwachen Gefühlen wie Angst, Scham, Trauer oder Ohnmacht umgehen. Dies kann unterschiedliche Ursachen haben. Häufig kamen die eigenen Eltern mit diesen Gefühlen ihrerseits schlecht zurecht. Oder die eigene Mutter, der eigene Vater waren sehr schwach und haben das Kind mit ihrer Schwäche und Bedürftigkeit überfordert, sodass es früh sehr stark und autonom sein musste. Oder ein Elternteil war zu bestimmend und/oder überbehütend, sodass das Kind immer dagegenhalten musste und auf keinen Fall schwach sein durfte, um nicht in seine Fänge zu geraten.

Von der positiven Seite betrachtet, sind überautonome Menschen tatsächlich oft starke Typen, Frauen wie Männer. Zumeist sind sie auch beruflich sehr erfolgreich. Aber auf der Beziehungsebene macht ihnen ihr großes Maß an Unabhängigkeit und Stärke häufig Probleme, weil sie sich nicht richtig binden können. Dazu müssten sie Gefühle zulassen, die sie überhaupt nicht mögen.

Liebe macht stark und schwach zugleich. Stark macht sie mich durch die Unterstützung, Zuwendung und Wertschätzung, die ich durch sie erhalte. Schwach macht sie mich, weil sie mich auch abhängig und verletzbar sein lässt. Wenn ich jedoch sehr viel Wert darauf lege, möglichst unverletzbar und mit kugelsicherer Weste durchs Leben zu gehen, muss ich sie abwehren. Ansonsten müsste ich den Gedanken und damit auch das Gefühl zulassen, dass ich verletzbar bin. Nur wenn ich dieses Gefühl in mir zulassen und bejahen kann, kann ich mich an einen anderen Menschen binden. Das bejahende Annehmen der Wirklichkeit ist hier also wieder einmal gefragt und sehr wohltuend.

> *Übung:*
> *Schwache Gefühle bejahen*
>
> Wenn du möchtest, schließe jetzt kurz die Augen und lenke deine Aufmerksamkeit auf deine Atmung und gestehe dir zu: »Ja, ich bin verletzbar«; »Ja, ich bin auch abhängig«; »Ja, ich habe Angst vor zu viel Nähe und Bindung«, ... Bitte formuliere noch weitere Ja-Sätze, die genau zu deiner individuellen Situation passen, und spüre, wie es sich anfühlt, wenn diese Gefühle einfach da sein dürfen. Meist tritt dann der Effekt ein, dass sie sich weitaus weniger schlimm und dramatisch anfühlen, als man immer befürchtet hat.

Wenn du nur Gefühle von Stärke wie Wut oder Freude zulassen kannst, bist du zwar ein starker Typ, aber du sperrst einen Teil von deinem Sein aus. Du bist quasi nur mit der Hälfte deiner Person in diesem Leben anwesend. Wenn du ganz werden willst, was eine andere Formulierung für »heil« ist, lass bitte auch die anderen Gefühle zu – die unliebsamen, die schwachen. Du wirst sehen, sie werden dich nicht umhauen, und wenn doch, dann nur für kurze Zeit. Kein Gefühl hält ewig an. Mach dir bitte bewusst, dass du noch in den Fängen deiner alten Projektionen steckst – dein Schattenkind hat noch nicht kapiert, dass du heute groß bist und nicht mehr von Mama und Papa abhängst. Auch wenn dein Partner dich verlassen sollte, wirst du es überleben. Du bist nämlich groß und selbstständig.

Bitte geh noch einmal ganz bewusst in die dritte Position der Wahrnehmung und analysiere von dort aus deine heutige, erwachsene Situation in Bezug darauf, ob du es überleben wirst, falls du verletzt wirst. Überlege dir bitte auch von dort aus, wie verletzend dein Verhalten gegenüber deinem Partner ist. Durch deine Schutzstrategien des »Innerlich-Dichtmachens« fügst du nämlich deinem Partner jene Schmerzen zu, die du selbst nicht spüren möchtest. Mach dir bitte bewusst, dass das nicht ganz fair ist, und entscheide dich dafür, einfach mit dir selbst und mithin auch mit deinen Mitmenschen etwas weicher zu werden. Du wirst überrascht sein, wie viel einfacher dein Leben dadurch wird. Immer stark und unabhängig sein zu müssen kostet nämlich auch sehr viel Energie.

Lerne zu vertrauen

Du hast sicherlich schon bemerkt, dass die Schatzstrategien alle sehr eng miteinander verknüpft sind und es fließende Übergänge gibt. So liegt auch das Vertrauen-Lernen sehr nah beim Zulassen von schwachen Gefühlen, und dies wiederum sehr nah daran, seinen Widerstand aufzulösen.

Wie ich schon an anderer Stelle geschrieben habe, gibt es kein Fremdvertrauen ohne Selbstvertrauen. Nur wenn ich mir zutraue, einen Verlust, eine Verletzung zu überleben, kann ich es wagen, einem anderen Menschen zu vertrauen. Vertrauen setzt immer eine Vorschuss-Investition in mich selbst voraus. Schließlich ist Vertrauen nicht Wissen, und somit bleibt immer eine Restwahrscheinlichkeit, dass der andere mich verlassen und verletzen könnte. Nur wenn ich diese Möglichkeit in meiner inneren Vorstellung überlebe, kann ich mich hingeben. Ansonsten ist die subjektiv wahrgenommene Gefahr zu groß, an der Beziehung kaputtzugehen. Willst du also mehr vertrauen, dann setze beim Schattenkind und deinem Selbstwertgefühl an – bzw. gib deinem Sonnenkind ganz viel Raum. Wie immer geht es darum, die alten Projektionen in Form von unangemessenen Glaubenssätzen aufzulösen. Daran haben wir schon viel gearbeitet.

Im Übrigen kannst du von der Beobachterposition aus jederzeit einen verstandesgeleiteten Realitätscheck machen, ob dein Misstrauen in deinen Partner oder in deine Partnerschafts-Anwärter angebracht ist. Dies ist recht einfach durch Argumente zu überprüfen: Ist dein Misstrauen diffus und grundsätzlich, kommt es aus dem Schattenkind. Ist dein Misstrauen hingegen objektiv berechtigt, wird es Aktionen und Taten auf Seiten deines Partners gegeben haben, die – auch durch unbeteiligte Dritte verifizierbar – dein Misstrauen begründen. Es ist jedoch eine Gratwanderung zu entscheiden, was noch zu akzeptierendes Verhalten ist und was tatsächlich als Vertrauensbruch zu bewerten ist. Behalte also dein Schattenkind kritisch im Auge, vor allem dann, wenn es schnell gekränkt und nachtragend ist. Bedenke bitte, dass dein Partner vielleicht manchmal auch mit Recht wütend sein darf und dann Dinge sagt, die er oder sie gar nicht so meint. Wenn er oder sie sich für solch einen Ausbruch bereits entschuldigt hat, solltest du keine Staatsaffäre mehr daraus machen. Zieh bitte auch das Temperament deines Partners mit in Betracht: Gerade extravertierte Menschen neigen zu Impulsivität und sagen dann Dinge, die sie nicht so meinen. Es ist menschlich, dass es im Streit gelegentlich etwas lauter zugeht, und man sollte dies dem anderen nicht auf Dauer nachtragen.

Wenn du also aus der dritten Position heraus analysierst, ob du deinem Partner vertrauen kannst, lege bitte faire Maßstäbe an sein Verhalten an. Dies wären aus meiner Sicht die folgenden:

- Ich kann mich auf die Zusagen meines Partners meistens verlassen – gestehe ihm aber auch zu, dass er manchmal vergesslich ist oder einen kleinen Rückzieher macht (es gibt keine hundertprozentige Zuverlässigkeit).
- Ich kann mich im Großen und Ganzen darauf verlassen, dass mein Partner mir sagt, was sie/er will und was sie/er nicht will.
- Er oder sie verletzt mich nicht vorsätzlich. Verletzungen resultieren, wenn überhaupt, aus einem akuten Streit oder in Reaktion auf eine Verletzung, die ich meinem Partner zufüge (zum Beispiel durch mein distanziertes Verhalten).
- Ich erlebe meinen Partner auch in Bezug auf Freundschaften und Arbeitsbeziehungen als loyal und zuverlässig.
- Mein Partner zeigt ein aufrichtiges Interesse an mir und begegnet mir mit Wohlwollen und Verständnis.
- Mein Partner ist treu, und ich fühle mich sicher (Vorsicht: Falle für sehr eifersüchtige Schattenkinder).
- Mein Partner engagiert sich für mich und die Beziehung und übernimmt Verantwortung. Wir praktizieren in der Regel eine faire Aufteilung von Geben und Nehmen.
- Ich fühle mich von meinem Partner geliebt.

Falls du anhand einer objektiven Prüfung zu dem Ergebnis kommst, dass dein Misstrauen berechtigt ist, suche das Gespräch mit deinem Partner. Prüfe, ob der Vertrauensbruch wieder zu kitten ist und du ihm verzeihen kannst. *Verzeihen* ist unumgänglich, wenn du mit ihm oder ihr zusammenbleiben willst, ansonsten wird dieser Vorfall eure Beziehung auf ewig vergiften.

Falls du schon viele Gespräche mit ihm oder ihr hattest und beispielsweise einen Seitensprung dennoch nicht verzeihen kannst, sondiere, ob dies daran liegt, dass dein Partner grundsätzlich nicht vertrauenswürdig ist und du dich trennen müsstest, oder ob er grundsätzlich vertrauenswürdig ist, aber dein Schattenkind einfach nicht verzeihen kann, weil hinter deiner akuten Verletzung noch andere Verletzungen aus der Kindheit nicht verheilt sind. Falls du zu dem Ergebnis kommst, dass du dich trennen müsstest, befasse dich bitte noch einmal mit dem Abschnitt »Lass los« auf S. 284 und kümmere dich ganz intensiv um dein Schattenkind, das möglicherweise schreckliche Angst vor dem Alleinsein hat. Falls dein Schattenkind aus Gründen, die in ihm selbst liegen, nicht verzeihen kann, kannst du deine ursprüngliche Verletzung aus der Vergangenheit mit vielen Übungen in diesem Buch heilen.

Wenn hingegen aus deinem Erwachsenen-Ich betrachtet sehr viel dafür spricht, dass du deinem Partner vertrauen kannst, entscheide dich ganz bewusst dafür, ihm zu vertrauen. Wie fast alles im Leben ist auch das Vertrauen eine Frage der persönlichen Entscheidung.

Übe dich in Wohlwollen und Empathie

Wenn man ständig mit der Verteidigung seiner Autonomie beschäftigt ist, befindet man sich häufig in der ersten Position der Wahrnehmung und ist mit seinem Schattenkind identifiziert. Die zweite Position der Wahrnehmung, die empathische Perspektiven-Übernahme, kommt hingegen zu kurz. Der Grund ist, dass ich – in meinem Schattenkind fixiert – meinen Partner schnell als feindselig, übergriffig, manipulativ, böswillig, abhängig etc. wahrnehme. Wenn der Partner aber in den Augen meines Schattenkindes ein potenzieller Angreifer ist, dann kann ich ihm kein Wohlwollen entgegenbringen. Die Natur hat es so eingerichtet, dass wir mit unseren Feinden kein Mitleid haben, damit wir unser Leben verteidigen können. Außerdem wähne ich mich ja auch völlig im Recht: Wenn ich angegriffen werde, muss ich mich wehren!

Die Partner von zu autonomen Schattenkindern fühlen sich kalt zurückgestoßen, einsam und hilflos. Wie ich bereits an mehreren Stellen ausgeführt habe, haben autonome Schattenkinder große Probleme, mit den Erwartungen ihrer Partner umzugehen. Eine Partnerschaft kommt aber nicht ohne Erwartungen aus. Wer sich bei den geringsten Erwartungen, die sein Partner an ihn stellt, eingeengt fühlt, ist nicht beziehungsfähig.

Übung:
Wohlwollen einüben mit den drei Positionen der Wahrnehmung

Falls du dich angesprochen fühlst, erforsche bitte dein Schattenkind: Welche Glaubenssätze sind aktiv, wenn du »zumachst« und deinen Partner auf Abstand hältst? Welche Projektion aus deiner Vergangenheit könnte hier wirksam sein?

Wenn du zu einer liebevolleren Haltung kommen möchtest, müsstest du dich aus deinem Opfer-Denken befreien und realisieren, dass du und dein Partner oder deine Partnerin auf Augenhöhe seid. Begib dich bitte in die dritte Wahrnehmungsposition und realisiere von hier aus, dass du heute groß und frei bist. Realisiere, dass du per se die gleichen Rechte wie dein Partner oder deine Partnerin hast und es deswegen nicht nötig ist, ständig deine Autonomie zu verteidigen.

Nun geh bitte in die zweite Position der Wahrnehmung und spüre, wie es deinem Partner bzw. deiner Partnerin geht, wenn du dich immer wieder distanzierst und abschottest. Welche Gefühle löst dein Verhalten in ihm aus? Spüre sie bitte ganz bewusst.

Dann versetze dich bitte in dein Sonnenkind, indem du dir deine neuen, positiven Glaubensätze hervorholst und sie innerlich spürst. Je besser unsere Stimmung ist, desto wohlwollender können wir auch anderen Menschen begegnen. Nun betrachte deinen Partner bzw. deine Partnerin bitte aus der gehobenen Stimmung deines Sonnenkindes mit Wohlwollen und beantworte die folgenden Fragen:

1. Wie steht mein Partner zu mir?
2. Welche Bedürfnisse hat er/sie?
3. Sind seine/ihre Bedürfnisse angebracht?
4. Wenn ich mein eigener Coach bin, was kann ich in Zukunft anders machen, damit ich mich nicht immer wieder mit meinem autonomen Schattenkind identifiziere?

Bitte trage deine Erfahrungen mit dieser Übung in dein Reflexionsheft ein.

Du darfst dir auch mal helfen lassen

Es liegt in der Natur der Sache, dass autonome Schattenkinder sich nicht gern helfen lassen, lautet doch einer ihrer Glaubenssätze: »Ich muss es allein schaffen.« Das ist aber nicht wahr. Aus deinem Erwachsenen-Ich heraus kannst du hoffentlich erkennen, dass du Hilfe annehmen darfst. Dies bedeutet auch, dass du dich mit anderen Menschen jederzeit verbinden darfst. Du musst nicht einsam hinter deinen Mauern sitzen. Du musst auch nicht perfekt sein, um deine Tarnung und Distanz aufzugeben. Du kannst so sein, wie du bist, und das bedeutet, dass du Fehler und Schwächen haben darfst, so wie jeder andere Mensch auch.

Wenn du Hilfe brauchst, und sei es nur in Form eines Gesprächs mit einem guten Freund, dann hole sie dir. Es ist kein Zeichen von Schwäche, über seine Probleme zu reden. Es ist vielmehr ein Zeichen dafür, dass du eine gute Kompetenz hast, mit Problemen umzugehen. Schließlich zeigt jede psychologische Studie, dass es enorm hilfreich ist, über seine Probleme zu reden, während Schweigen kontraproduktiv ist.

Fang doch einfach mit einem Menschen an, vielleicht deinem Partner oder einem guten Freund oder einer Freundin, und öffne dich. Sprich darüber, was dir Sorgen macht und was dir schwerfällt. Du wirst erfahren, dass es deine Freunde und deinen Partner freut, wenn du über dich sprichst und sie dir zugeneigt sind. Du wirst erleben, dass solche Gespräche erleichtern und du leichter deine Probleme lösen kannst.

Aus den Schilderungen vieler meiner Klienten weiß ich, dass sich ihre Anfälle von Bindungsangst auflösen, wenn sie, anstatt zu flüchten, das Gespräch mit ihrem Partner suchen und ihm erklären, wie ihnen gerade zumute ist. Der Fluchtimpuls lässt nach, und sie fühlen sich ihrem Partner auf eine angenehme Weise nah.

Mach dich also einfach mal locker, vertraue und mach dir klar: Ich darf mir Hilfe suchen!

Sag einfach mal Ja

Liebe ist eine Frage der Entscheidung. Verliebtheit hingegen ist ein Widerfahrnis – nicht selten ist unser Schattenkind mit seinem vertrackten Beuteschema daran beteiligt. Liebe dagegen bedeutet, sich für jemanden zu entscheiden und sich im positiven Sinne für ihn verantwortlich zu fühlen. Dies wiederum heißt aber auch, dass ich mich wieder neu entscheiden darf, wenn ich mich zu einem späteren Zeitpunkt – aus welchen Gründen auch immer – von meinem Partner trennen möchte. Ich bin frei, Ja zu sagen, und ebenso frei, Nein zu sagen. Nur aus dieser tief gefühlten Freiheit, dass ich auch Nein sagen darf, kann ich mit einem ehrlichen Gefühl Ja sagen und auf eine gesunde Weise Verantwortung übernehmen. Gesunde Verantwortung bedeutet, dass man aus einem tiefen Gefühl der Zuneigung heraus möchte, dass es dem anderen gut geht. Ungesunde Verantwortung bedeutet hingegen, dass man sich zu 100 Prozent verantwortlich für das Gelingen der Beziehung fühlt.

Meine bindungsscheuen Klienten sind oft von Zweifeln zersetzt, ob der Partner, die Partnerin wirklich zu ihnen passt. Wie ich bereits geschrieben habe, gehören Zweifel am Partner und der Verlust von Liebesgefühlen zum Distanzierungsprogramm. Ob dein Partner, deine Partnerin tatsächlich nicht zu dir passt, kannst du ziemlich genau aus der Beobachterposition erfassen. Von dort aus – so meine Erfahrung – erkennen die meisten Menschen ziemlich genau, ob ihre Zweifel aus ihrem Schattenkind rühren oder ob der Partner tatsächlich nicht zu ihnen passt. Ein großes Problem ist auch die sexuelle Lustlosigkeit, die sich häufig einstellt, wenn Bindungsangst wirksam ist. Diese hat nicht selten etwas mit einem Mangel an Authentizität zu tun. Ich erinnere dich an dieser Stelle daran, dass Bindungsangst eine Folge von Überanpassung ist, und das kann der Beziehung die Vitalität und Lebendigkeit rauben. Überlege also, in welcher Hinsicht du noch offener und authentischer mit deinem Partner umgehen kannst.

Eine weitere sehr wichtige Quelle sexueller Lustlosigkeit ist der Unwille, die Erwartungen des Partners zu erfüllen. Wenn der Partner Sex von einem erwartet, hat man schon allein deswegen keine Lust darauf. Hier gilt es natürlich wieder, die Schattenkind-Projektion aufzulösen, wie ich es unter anderem im Abschnitt »Löse deinen Widerstand auf« beschrieben habe.

Häufig empfehle ich meinen bindungsscheuen Klienten, dass sie sich doch einfach mal für einen Monat ganz bewusst für ihren Partner entscheiden sollen – wenn sie aus ihrem Erwachsenen-Ich heraus befunden haben, dass er oder sie eigentlich gut zu ihnen passt. Nach einem Monat können sie sich ja wieder neu entscheiden. Viele machen die Erfahrung, dass die bewusste Entscheidung für den Partner – und wenn es nur für einen Monat ist – tatsächlich ihre innere Einstellung zum Partner verändert und sie ihm näherkommen.

Wenn du also immer noch Zweifel hast, ob dein Partner der oder die Richtige ist, entscheide dies aus der Beobachterposition, also deinem Erwachsenen-Ich heraus, und wenn du zu einer positiven Entscheidung kommst, sage einfach mal Ja, und wenn es nur für einen begrenzten Zeitraum ist, und lass dich überraschen, was passiert.

Finde deine persönlichen Schatzstrategien

Aus dem großen Pool von Schatzstrategien kannst du nun jene auswählen, die für dich persönlich besonders relevant sind, und sie in den Fußraum deiner Sonnenkindschablone eintragen (vgl. dazu das Beispiel im hinteren Buchinnendeckel). Notiere sie am besten in einer ganz persönlichen Formulierung. Schreibe zum Beispiel: »Ich spüre mindestens zehn Mal am Tag in mich hinein und achte auf meine Gefühle.« Oder: »Ich mache um 18 Uhr Feierabend und geh im Anschluss eine Stunde spazieren.« Oder: »Ich höre genau zu, was …(Name des Partners) sagt und öffne mich für sein/ihr Anliegen« usw. Je konkreter du deine persönlichen Schatzstrategien formulierst, desto wahrscheinlicher ist es, dass du sie auch umsetzt.

Falls dir beim Lesen Schatzstrategien eingefallen sind, die ich hier nicht aufgeführt habe, kannst du sie selbstverständlich genauso gut nutzen. Wichtig ist, dass du das Verhalten, das du in Form der Schatzstrategien formulierst, auch tatsächlich in deinem Alltag einübst – du wirst überrascht sein, wie schnell du Fortschritte machen wirst.

Zusammenfassung:
Acht Schritte in ein neues Leben

Liebe Leserin, lieber Leser – wenn du hier angelangt bist, hast du hoffentlich viel aus diesem Buch mitgenommen und gelernt. Ich bin mir durchaus darüber bewusst, dass dieses Buch viel persönlichen Einsatz verlangt und dass einem dabei auch mal die Puste ausgehen kann. Ich selbst bin übrigens auch kein Freund von zu viel Fleißarbeit. Aber mit meinem Anspruch, dass du dir mit diesem Buch selbst helfen kannst, sah ich keine andere Möglichkeit, als sehr praxisorientiert vorzugehen, was immer ein wenig Einsatz verlangt. Ich bin nämlich davon überzeugt, dass man für viele Probleme keinen Therapeuten benötigt, wenn man einen roten Faden an die Hand bekommt, wie man sie lösen kann. Dabei habe ich auch immer die psychotherapeutische Versorgungssituation im Auge, die miserabel ist. Menschen, die gewillt sind, den Schritt zum Psychotherapeuten zu machen, müssen lange Wartezeiten in Kauf nehmen, die häufig ihre Motivation lahmlegen. Darüber hinaus ist auch nicht jeder Therapeut, jede Therapeutin für jeden Menschen hilfreich. So schaffen es zwar einige nach langer Wartezeit, den Therapeuten persönlich zu sprechen, aber so richtig helfen tut ihnen das in manchen Fällen auch nicht. Dies kann zum einen am Therapeuten selbst liegen, zum Beispiel, wenn dieser das Problem nicht richtig erfasst, zum anderen kann es auch am Klienten liegen, wenn dieser wenig geneigt ist, die Verantwortung für seinen Wachstumsprozess zu übernehmen. Wer aber gewillt ist, Verantwortung für sich und sein Schattenkind zu übernehmen, der macht vermutlich nicht nur bei einem (guten) Therapeuten Fortschritte, sondern auch mithilfe von (guter) Ratgeber-Literatur. Ich weiß von vielen meiner Leserinnen und Leser, dass sie sich mithilfe meiner Bücher selbst geheilt haben – was sie zuvor bei manchen Therapeuten oder in der psychosomatischen Klinik nicht geschafft hatten. Ich sage dies nicht, um zu prahlen, sondern um dir nochmals Mut zu machen, dass *du* diese positive Veränderung und Heilung in deinem Leben wirklich auch allein schaffen kannst, wenn du dein Schattenkind an die Hand nimmst. Aber hierfür ist ein wenig Fleiß notwendig, damit du dein Gehirn neu trainierst. Ein Instrument, eine Sportart oder eine Sprache lernst du schließlich auch nur durch Übung.

Das Wichtigste, das du hoffentlich aus der Lektüre mitnimmst ist, dass du dir deine Wirklichkeit im Kopf selbst konstruierst. Der rote Faden, der sich durch dieses Buch zieht, ist der Rat, dass du deine alten Projektionen entmachten und stattdessen eine angemessene Perspektive auf die Realität gewinnen kannst. Ich wiederhole: *Ertappen und Umschalten* ist die Basis jeglicher Veränderung. Sobald du dich in deinem alten Film, also deinem Schattenkindmodus, ertappst, schaltest du von der Feldperspektive in die Beobachterperspektive um und gelangst somit in dein Erwachsenen-Ich, das einen realistischen Blick auf die Situation hat. Darüber hinaus solltest du unbedingt das Sonnenkind in dir trainieren – ja, auch das ist leider mal wieder eine Sache der Übung. Wie wir aus der psychologischen Forschung wissen, sind die Garanten für Erfolg in diesem Leben Disziplin und Fleiß. Klingt leider sterbenslangweilig, ist aber so. Tröstlicherweise ist das Sonnenkind ja eine fröhliche Angelegenheit, und wenn du dir eine spielerische Haltung zulegst, kannst du eine Menge Spaß mit ihm haben. Am besten nimmst du dir jeden Morgen ein paar Minuten, um dein Sonnenkind zum Leben zu erwecken: Erinnere dich an deine neuen Glaubenssätze, deine Stärken, und nimm dir für jeden Tag vor, eine deiner neuen Schatzstrategien zu üben. Am leichtesten kommst du mit deiner Lieblingsmusik in dein Sonnenkindgefühl.

Aber auch deine Sonnenkindhaltung (siehe auch die Abschnitte »Powerposen«, S. 242 und »Spüre dein Sonnenkind«, S. 254) sowie deine persönliche Kraftquelle, (siehe Abschnitt »Kraftquellen« auf S. 240) helfen dir, dich blitzschnell in dein Sonnenkind zu katapultieren. Höre dir bitte auch immer wieder die Sonnenkind-Trance an (siehe S. 258) – von vielen Lesern weiß ich, dass sie – ebenso wie die Schattenkind-Trance (S. 238) – sehr hilfreich ist. Beide Trancen verankern deine neuen Einstellungen in deinem Unterbewusstsein.

Ich fasse zusammen:
1. Verstehe genau, welche falschen Prägungen du in deiner Kindheit erhalten hast und wie sie dir jahrelang das Leben und deine Beziehungen schwergemacht haben. Erstelle also dein Schattenkind mit seinen Glaubenssätzen.
2. Verstehe, wie sich deine Glaubenssätze ganz konkret auf dein Verhalten in Beziehungen auswirken, finde also deine persönlichen Schutzstrategien.
3. Nimm Abstand von deinem alten Programm, deinem Schattenkind, indem du in typischen Situationen Distanz

zu ihm herstellst und dich in dein Erwachsenen-Ich begibst. Nimm von dort aus einen Realitätscheck vor. Sobald du dich im Schattenkindmodus ertappst, schalte auf dein Erwachsenen-Ich um!
4. Geh in deine Ressourcen, indem du dein Sonnenkind entdeckst. Finde neue, angemessene Glaubenssätze, die die alten, dysfunktionalen entmachten.
5. Spüre und fühle dein Sonnenkind, deine Kraft und gute Stimmung, indem du dir deine neuen Glaubenssätze, deine Stärken und Ressourcen in dein Gefühl »herunterlädst«. Das tust du, indem du bewusst atmest und spürst, wie sich das alles im Brust-Bauch-Raum anfühlt (siehe auch »Spüre dein Sonnenkind« auf S. 254).
6. Geh mit deinem Sonnenkind in die Beobachterposition und nimm wahr, wie sich dein altes Problem von dort aus darstellt (siehe »Vom Sonnenkind in die Beobachterposition«, S. 256).
7. Finde deine persönlichen Schatzstrategien und übe sie täglich in deinem Verhalten ein.
8. Bleib mit diesen Übungen so lange am Ball, bis sie dir in Fleisch und Blut übergegangen sind.

So, nun sind wir am Ende unseres gemeinsamen Weges durch dieses Buch angelangt, und ich hoffe, dass du deine Beziehungen fortan viel glücklicher gestalten kannst. Liebe, Zuneigung, Verständnis und Wohlwollen sind schließlich die Essenz jeder menschlichen Verbindung und die Hoffnung, die uns verbleibt.

Lebe dein Leben mit Freude und sei einfach du selbst,
alles Liebe, deine Steffi

Literaturverzeichnis

Branden, N. (^{5}2014). Die 6 Säulen des Selbstwertgefühls. Erfolgreich und zufrieden durch ein starkes Selbst. München, Piper.

Corssen, J. & Tramitz, C. (2014). Ich und die anderen. Als Selbst-Entwickler zu gelingenden Beziehungen. München, Knaur.

Dahm, U. (2011). Mit der Kindheit Frieden schließen. Wie alte Wunden heilen. Darmstadt, Schirner.

Dwoskin, H. (2015). The Sedona Method: Your Key to Lasting Happiness, Success, Peace and Emotional Well-Being. Sedona Press.

Frankl, V. E. (2015). Das Leiden am sinnlosen Leben: Psychotherapie für heute. Freiburg, Kreuz.

Gendlin E. T. (^{11}2016). Focusing: Selbsthilfe bei der Lösung persönlicher Probleme. Berlin, Rowohlt.

Heyman G. M. (2010). Addiction: A Disorder of Choice. Harvard University Press.

Grawe, K. (2004). Neuropsychotherapie. Göttingen, Hogrefe.

Jacob, G. & Arntz, A. (2014). Schematherapie. Fortschritte der Psychotherapie. Göttingen, Hogrefe.

Jellouscheck, H. (^{10}2007). Wie Partnerschaft gelingt – Spielregeln der Liebe: Beziehungskrisen sind Entwicklungschancen. Freiburg, Herder.
Klein, S. (2014). Einfach glücklich. Die Glücksformel für jeden Tag. Frankfurt am Main, Fischer.
Klein, S. (2011). Der Sinn des Gebens. Warum Selbstlosigkeit in der Evolution siegt und wir mit Egoismus nicht weiterkommen. Frankfurt am Main, Fischer.
Nöllke, M. (^{4}2017). Schlagfertigkeit. Freiburg im Breisgau, Haufe Lexware.
Reddemann, L. (2015). Imagination als heilsame Kraft. Zur Behandlung von Traumafolgen mit ressourcenorientierten Verfahren. Stuttgart, Klett-Cotta.
Röhr, H.-P. (^{6}2016). Die Kunst, sich wertzuschätzen. Angst und Depression überwinden. Selbstsicherheit gewinnen. Ostfildern, Patmos.
Ruppert, F. (^{4}2014). Symbiose und Autonomie. Symbiosetrauma und Liebe jenseits von Verstrickungen. Stuttgart, Klett-Cotta.
Sachse, R. (2006). Persönlichkeitsstörung verstehen: Zum Umgang mit schwierigen Klienten. Bonn, Psychiatrie-Verlag.
Schnarch, D. (^{6}2015). Intimität und Verlangen. Sexuelle Leidenschaft in dauerhaften Beziehungen. Stuttgart, Klett-Cotta.
Stahl, S. (^{8}2015). Leben kann auch einfach sein! So stärken Sie Ihr Selbstwertgefühl. Hamburg, Ellert & Richter.
Stahl, S. (2014). Jein! Bindungsängste erkennen und bewältigen. Hilfe für Betroffene und deren Partner. Hamburg, Ellert & Richter.
Stahl, S. (^{2}2015). Vom Jein zum Ja! Bindungsangst verstehen und lösen. Hilfe für Betroffene und ihre Partner. Hamburg, Ellert & Richter.

Stahl, S. (¹⁴2015). Das Kind in dir muss Heimat finden. Der Schlüssel zur Lösung (fast) aller Probleme. München, Kailash.

Stahl, S. (2017). Das Kind in dir muss Heimat finden. In drei Schritten zum starken Ich. Das Arbeitsbuch. München, Kailash.

Stahl, S. & Alt, M., (¹¹2016). So bin ich eben! Erkenne dich selbst und andere. Hamburg, Ellert & Richter.

Süfke, B. (2010). Männerseelen. Ein psychologischer Ratgeber. München, Goldmann.

Sunbeck, D. & Lippmann, E. (⁶2005). Was die 8 möglich macht: Laufend neue Aufgaben lösen. Kirchzarten, VAK.

Unger, H.-P. & Kleinschmidt, C. (²2015). »Das hält keiner bis zur Rente durch!«. München, Kösel.

Register

Abgrenzungsaggression 176, 177
Abgrenzungsfähigkeit 269
Aggression 29, 41, 100, 133, 176
- aktive 100
- Depression und 133, 134
- passive 100, 176, 179
Alleinsein 38
- Extravertierte und 53
Annäherungsverhalten 92
Anpassung 31
Aufmerksamkeit 136, 227, 272, 288
Autonomieprogramm 97-106
Autonomiesystem 47-49

Bauchgefühl 233, 276
Beobachterperspektive 114, 225
Beobachterposition, Realitätscheck aus 296
Beziehung 26
- Babytalk in 216
- feste 37
- Liebe und 20
- Nähe-Distanz-Ebene und 149, 150
- Schutzstrategien und 122

- Sexualität und 216
- Verzeihen in 298
Beziehungsangst 20, 21
Beziehungsdynamik 31
Beziehungsfähigkeit 17, 20, 21
- Abgrenzungsfähigkeit und 74, 75
- Überanpassung und 74
Beziehungsproblem 36
- Ursache für 31
Beziehungsprogramm 37, 39, 61
- kindliche Prägung und 64
- Lebensumstände und 75
- persönliches 79
- Prägung und 74, 80
Beziehungsqualität 20
- Schutzstrategien und 122
Beziehungsunfähigkeit 20, 21
Bindung 16-18, 23-25, 32
- Autonomie und 103
- ewige 55
- Schutzstrategien und 130
- Selbstbehauptung und 69, 70
- Selbstwert und 30
Bindungsangst 27, 44, 53, 301
- Fluchtimpuls und 149

- sexuelle Lustlosigkeit
  und 303
- Verbindlichkeit und 50
Bindungsfähigkeit 66
Bindungsprogramm 80-96
- Gene und 60
Bindungssystem 50
- aktiviertes 45-47
Bindungstrauma, frühes 55
Bindungsvermeider 51
Bindungswunsch 22, 28, 47
- Schattenkind und 132

Depression 161-164
Dissoziation 58, 174, 196
Distanzierungsprogramm 168, 169, 302
Drogen 151
Durchsetzungsaggression 177

Eifersuchtswahn 170
Einfühlungsvermögen, elterliches 66
Eltern 21, 22, 24, 28, 33
- Einschätzung der 77
- Idealisierung der 78
- Traumatisierung durch 73
- Vorbildfunktion der 70
Eltern-Kind-Passung 61
Emotionen, Verstand und 116
Empathie 27, 41, 42, 66, 191, 225, 227, 298
Empathiemangel 41
Erleben, autonomes 69
Erwachsenen-Ich 218
- Beobachterperspektive und 222
- Beobachterposition und 231
Erwartungen, imaginierte 129
Erziehungskompetenz 66

Extraversion 123
- Selbstschutz und 154

Feldperspektive 114, 225
Frau 40-43, 59
- Bindungsprogramm der 143
- überangepasste 139, 142
- Unabhängigkeit der 20
Freiheitsverlust 29

Gehirn 33
- Bindungssystem im 45
Geschlechter, Andersartigkeit der 43
Geschlechtsunterschiede, angeborene 40
Glaubenssätze 86, 87, 115
- Eltern und 115
- Reichweite der 113

Haltung, innere 279
Harmonieliebe, Konfliktunfähigkeit und 136
Hysterie 153-160, 183
- Selbsterkenntnis und 160
- Zwanghaftigkeit und 187

Idealpartner 147
Idealselbst 182
Internet 20
Introversion 123

Kind 16, 21, 22, 65-69
- Bindungswünsche des 69, 70
- inneres 35, 56, 58, 77
- Trennungsaggression des 68
Kindheit, Bild von 76
Kindheitsprägungen 33

Konditionierung 62, 76
Kontrolle 170
- Macht und 171
Kontrollfreak 170, 171
Kontrollstreben 121
Kritik 171
- als Kränkung 158

Liebe 214, 302
Liebesbeziehung 34, 35
- feste 58
- Singleleben und 59

Macho 172
Machtstreben 101, 121
Mann 40, 42, 58, 59
- männlicher 140
- sexuelle Versagensängste des 141, 142
- überangepasster 139
Meditation 274
Metahaltung 220, 262, 278, 282

Nach-Entscheidungs-Konflikt 277
Narzissmus 52, 53, 154, 182, 186
- Aggressivität und 52
Nervensystem, sympathisches 124
Nervensystem, vegetatives 123, 124

Paarbeziehung 205
Partnerschaft 126, 206
- Kontrollverlust in 287
- Opferrolle und 207
- schizoide 198
- verfahrene 284
Perfektionismus 19
Persönlichkeitstest 127
Perspektivenwechsel 225

Prägung 62, 76, 78, 112
- durch Eltern 67
- Glaubenssätze und 112
- willkürliche 115
- willkürliche 219
Projektion 49, 117, 144, 178, 220, 229, 262, 276, 291, 292, 296, 306

Rationalität 180, 181
Regeltreue, radikale 187
Rollenmuster 202, 203
Rollenvorstellungen, emanzipierte 135

Schattenkind 110, 112, 113, 116, 219, 229
- Alltagsstrategien des 238-242
- autonome Strategien des 165
- depressives 163
- Erwachsenen-Ich und 117, 234, 256
- mentale Disziplin und 220
- rebellisches 168, 170, 171
- Schatzstrategien für 268-304
- Verstand und 118
Schattenkind-Trance 238
Schatzstrategien 259-304
- allgemeine 259-268
Scheidung 20
Schutzstrategien 121
- autonome 167, 171
- der Frauen 121, 122
- der Männer 121, 121
- Glaubenssätze und 120
Sekundärgefühle 93
Selbstaufmerksamkeit 220
Selbstbehauptung, Aggression und 289

Selbstdarstellung 52
Selbstgefühl 148
- Perfektion und 146, 147
Selbstoptimierungswahn 18
Selbstschutzstrategie 113, 120
- Angriff und Attacke 175, 176
- Anpassung 128
- Flucht und Vermeidung 173, 174
- Harmoniestreben 120
- Intellektualisieren und Rationalisieren 180-182
- Mauern und Gesprächsverweigerung 176-179
- narzisstische 182-187
- schizoide 192-199
- Selbstwertgefühl und 90
- zwanghafte 187-192
Selbstverlust 49
- Angst vor 167
Selbstvertrauen, Fremdvertrauen und 295
Selbstwert 47, 219
Selbstwertempfinden, gespiegeltes 65-71
Selbstwertempfinden, Konditionierung und 157
Selbstwerterleben, Gene und 60
Selbstwertgefühl 30, 31
- Helfersyndrom und 144
Selbstwertsteigerung, durch Shoppen 152
Single 56-59
- Bindungsangst des 57
- sexuelle Freiheit und 57
Sonnenkind 111, 244, 256, 257

Sonnenkind-Trance 258
Sparsamkeit, extreme 187, 191
Sucht 92, 151, 152

Täter-Opfer-Perversion 172, 183
Totstellreflex siehe Dissoziation
Trauma 72
Trennungsaggression 94

Überanpassung, Bindungsverlangen und 167
Überbindung 70
Unabhängigkeit 38
Unterwerfung 31
Urvertrauen 65-71

Verantwortung 121, 138, 148, 214, 260, 282
- in Beziehungskonflikten 209
Verdrängung 270
Verliebtheit 58, 213, 302
- Liebe und 189
Verlustangst 92, 93, 166, 291
Vermeidungsverhalten 92
Versagensangst 92, 93, 188
Vertrauen 65, 170
- zum Partner 297

Wahrnehmung 131
- Position der 226, 227, 232, 291, 295
Wiederholungszwang 143
Wut 29, 41, 67, 68, 93, 133, 185

Zurückweisung 47

Stefanie Stahl

Die Bestseller vo[n]
bekannteste

ISBN: 978-3-424-63107-4

ISBN: 978-3-424-63143-2

ISBN: 978-3-424-63139-5

ISBN: 978-3-424-63181-4

Mehr Infos zur Autorin und ihren Büchern finden Sie auf kailash-verlag.de

© Roswitha Kaster

bei kailash

Deutschlands Psychotherapeutin

ISBN: 978-3-424-63201-9

ISBN: 978-3-424-63199-9

ISBN: 978-3-424-63200-2

ISBN: 978-3-424-63202-6

ISBN: 978-3-424-63203-3